CW01645539

La création des identités nationales

Du même auteur

La Plaine et la Route
Mémoire populaire du Vexin français et du pays de France
(en collaboration avec Michel Bozon)
Fondation Royaumont, 1982

Le Roman du quotidien
Lecteurs et lectures populaires à la Belle Époque
Chemin vert, 1984
Seuil, « Points Histoire » n° 277, 2000

La Terre promue
Gens du pays et nouveaux habitants
dans les villages du Valois
(en collaboration avec Michel Bozon)
Fondation Royaumont, 1986

Écrire la France
Le mouvement littéraire régionaliste
de la Belle Époque à la Libération
PUF, 1991

Ils apprenaient la France
L'exaltation des régions dans le discours patriotique
Maison des sciences de l'homme, 1997

Faire les Français
Quelle identité nationale ?
Stock, « Parti pris », 2010

Anne-Marie Thiesse

La création des identités nationales

Europe XVIIIe-XXe siècle

Éditions du Seuil

ISBN 978-2-02-041406-7
(ISBN 2-02-034247-2, 1re publication)

© Éditions du Seuil, mars 1999, octobre 2001
pour la bibliographie mise à jour

Le Code de la propriété intellectuelle interdit les copies ou reproductions destinées à une utilisation collective. Toute représentation ou reproduction intégrale ou partielle faite par quelque procédé que ce soit, sans le consentement de l'auteur ou de ses ayants cause, est illicite et constitue une contrefaçon sanctionnée par les articles L. 335-2 et suivants du Code de la propriété intellectuelle.

Pour Donatien, Florent,
Romain et Emmy,
à l'avenir européen.

Remerciements

Je tiens à exprimer ma gratitude à la Fondation Alexander-von-Humboldt qui m'a permis de mener dans les meilleures conditions des recherches à l'université de Tübingen. Je remercie les membres du Ludwig-Uhland Institut, dirigé par le professeur Bausinger, pour l'aide qu'ils m'ont apportée durant mon séjour. Le projet de ce livre est issu de ces échanges internationaux. Ma reconnaissance va également à tous ceux qui ont contribué, par leurs informations et leurs conseils, à ce travail : Réka Albert, Guy Barbichon, Catherine Bertho Lavenir, Fabrizio Bigazzi, Gudleiv Bø, Dominique Durin, Michel Espagne, Daniel Fabre, Afranio Garcia, Stéphane Gerson, Mihaï Gheorghiu, Tamás Hofer, Hans-Ulrich Jost, Guy Latry, Ileana Loewy, Daniel Maggetti, Francis Maguet, Vera Mark, Philippe Martel, Jérôme Meizoz, Svetla Moussakova, Peter Niedermüller, Ruben Oliven, Monique Pavillon, Louis Pinto, Bärbel Plöttner, Robert Sayre, Danièle Schmidt, Anne-Lise Seipp, Anne Tricaud, Dany Trom, Michael Werner.

Que Michel Bouchaud soit remercié pour ses lectures critiques du manuscrit, et Florent Bozon pour son aide matérielle. Cet ouvrage a été achevé dans la quiétude du Vieux-Palais d'Espalion : j'en sais gré à l'Association qui œuvre à la renaissance de cette demeure historique.

L'Europe des nations

> Il est peut-être regrettable au point de vue pratique que la population de l'Europe ne soit pas une comme race, langue et aspirations ; mais elle ne l'est pas ; et les groupes différenciés qui y subsistent ne semblent disposés ni les uns ni les autres à s'assimiler réciproquement, ni capables de s'anéantir à jamais dans le sein d'un seul d'entre eux.
>
> ARNOLD VAN GENNEP, *Traité comparatif des nationalités*, Paris, Payot, 1922, p. 24.

Rien de plus international que la formation des identités nationales. Le paradoxe est de taille puisque l'irréductible singularité de chaque identité nationale a été le prétexte d'affrontements sanglants. Elles sont bien pourtant issues du même modèle, dont la mise au point s'est effectuée dans le cadre d'intenses échanges internationaux.

Les nations modernes ont été construites autrement que ne le racontent leurs histoires officielles. Leurs origines ne se perdent pas dans la nuit des temps, dans ces âges obscurs et héroïques que décrivent les premiers chapitres des histoires nationales. La lente constitution de territoires au hasard des conquêtes et des alliances n'est pas non plus genèse des nations : elle n'est que l'histoire tumultueuse de principautés ou de royaumes. La véritable naissance d'une nation, c'est le moment où une poignée d'individus déclare qu'elle existe et entreprend de le prouver. Les premiers exemples ne sont pas antérieurs au XVIIIe siècle : pas de nation au sens moderne, c'est-à-dire politique, avant cette date. L'idée, de fait, s'inscrit dans une révolution idéologique. La nation est conçue comme une communauté large, unie par des liens qui ne sont ni la sujétion à un même souverain ni l'appartenance à une même religion ou à un même état social. Elle n'est pas déterminée par le monarque, son existence est indépendante des aléas de l'histoire dynastique ou militaire. La nation ressemble fort au Peuple de la philosophie politique, ce Peuple qui, selon les théoriciens du contrat social, peut seul conférer la légitimité du pouvoir. Mais elle est plus que cela. Le Peuple est une abstraction, la nation est vivante.

Mais de quoi est faite la nation ? On connaît bien la définition de Renan : « L'existence d'une nation est un plébiscite de tous les jours[1]. » Cette formule est souvent invoquée pour accréditer la thèse d'une conception spécifiquement française, non organique, de la nation. On omet généralement de citer les préalables, qui répondent implicitement à la question essentielle, à savoir pourquoi les Auvergnats et les Normands sont tous appelés à participer au plébiscite de la nation française, mais non point les Lettons ou les Andalous. Ce qui fait la nation, selon Renan, « c'est un riche legs de souvenirs », « comme l'individu, c'est l'aboutissant d'un long passé d'efforts, de sacrifices et de dévouements ». Et Renan de préciser : « Le culte des ancêtres est de tous le plus légitime ; les ancêtres nous ont faits ce que nous sommes. » L'objet du plébiscite, en fait, c'est un héritage, symbolique et matériel. Appartenir à la nation, c'est être un des héritiers de ce patrimoine commun et indivisible, le connaître et le révérer. Les bâtisseurs de nation, par toute l'Europe, n'ont cessé de le répéter.

Tout le processus de formation identitaire a consisté à déterminer le patrimoine de chaque nation et à en diffuser le culte. La première étape de l'opération n'allait pas de soi : les ancêtres n'avaient pas rédigé de testament indiquant ce qu'ils souhaitaient transmettre à leurs descendants et il était en outre nécessaire de choisir parmi les ancêtres ceux qui étaient rete-

1. Ernest Renan, « Qu'est-ce qu'une nation ? », conférence faite en Sorbonne le 11 mars 1882, première publication : *Bulletin hebdomadaire*, Association scientifique de France, 26 mars 1882 ; dans *Œuvres complètes*, Paris, Calmann-Lévy, 1947 (édition établie par Henriette Psichari), tome I, section « Discours et conférences ».

nus comme donateurs, voire de trouver d'hypothétiques ascendants communs aux Auvergnats et aux Normands (aux Souabes et aux Saxons, aux Siciliens et aux Piémontais). Pour faire advenir le nouveau monde des nations, il ne suffisait pas d'inventorier leur héritage, il fallait bien plutôt l'inventer. Mais comment ? Que devait-on trouver qui pût devenir vivant témoignage d'un passé prestigieux et représentation éminente de la cohésion nationale ? La tâche était d'ampleur, elle fut longue et collective. Un vaste atelier d'expérimentation, dépourvu de maître d'œuvre et pourtant intensément animé, s'est ouvert en Europe au XVIIIe siècle et a connu sa plus haute productivité au siècle suivant. Sa caractéristique fut d'être transnational. Non pas qu'il y ait eu concertation préalable et division du travail : mais tout groupe national se montrait fort attentif à ce qu'accomplissaient ses pairs et concurrents, s'empressant d'adapter pour son propre compte une nouvelle trouvaille identitaire, étant à son tour imité dès qu'il avait conçu un perfectionnement ou une innovation. A peine les lettrés allemands avaient-ils exhorté, avec succès, leurs compatriotes à suivre l'exemple anglais dans l'exhumation de leur patrimoine culturel national que leurs homologues scandinaves ou russes appelaient à s'inspirer des Allemands. Quelques décennies plus tard, les érudits français fustigeaient leurs concitoyens qui avaient tardé à s'engager dans une entreprise où, entre-temps, les Russes, les Espagnols et les Danois avaient fait leurs preuves. Les expositions internationales, hauts lieux d'exhibitions identitaires, ont été, à partir du milieu du XIXe siècle, des occasions privilégiées de ce commerce symbolique. Les rivalités furent intenses, mais généralement pacifiques, les concertations fréquentes, ainsi que les échanges de conseils, ou même les encouragements aux débutants.

Le résultat de la fabrication collective des identités nationales n'est pas un moule unique, mais bien plutôt, selon l'expression provocatrice du sociologue Orvar Löfgren [2], une sorte de kit en « do-it-yourself » : une série de déclinaisons

2. Orvar Löfgren, « The Nationalization of Culture », dans *National Culture as Process*, rééd. de *Ethnologica Europea*, XIX, 1, 1989, p. 5-25.

de l'« âme nationale » et un ensemble de procédures nécessaires à leur élaboration. On sait bien aujourd'hui établir la liste des éléments symboliques et matériels que doit présenter une nation digne de ce nom : une histoire établissant la continuité avec les grands ancêtres, une série de héros parangons des vertus nationales, une langue, des monuments culturels, un folklore, des hauts lieux et un paysage typique, une mentalité particulière, des représentations officielles – hymne et drapeau – et des identifications pittoresques – costume, spécialités culinaires ou animal emblématique. Les nations qui ont accédé récemment à la reconnaissance politique, et surtout celles qui en sont encore à la revendiquer, témoignent bien, par les signes qu'elles prodiguent pour attester leur existence, du caractère prescriptif de cette « check-list » identitaire. Le « système IKEA » de construction des identités nationales, qui permet des montages tous différents à partir des mêmes catégories élémentaires, appartient maintenant au domaine public mondial : l'Europe l'a exporté en même temps qu'elle imposait à ses anciennes colonies son mode d'organisation politique. Le recours à la liste identitaire est le moyen le plus banal, parce que le plus immédiatement compréhensible, de représenter une nation : que ce soit pour une cérémonie d'ouverture aux Jeux olympiques, les festivités accompagnant la visite d'un chef d'État étranger, l'iconographie postale et monétaire, ou la publicité touristique.

La nation naît d'un postulat et d'une invention. Mais elle ne vit que par l'adhésion collective à cette fiction. Les tentatives avortées sont légion. Les succès sont les fruits d'un prosélytisme soutenu qui enseigne aux individus ce qu'ils sont, leur fait devoir de s'y conformer et les incite à propager à leur tour ce savoir collectif. Le sentiment national n'est spontané que lorsqu'il a été parfaitement intériorisé ; il faut préalablement l'avoir enseigné. La mise au point d'une pédagogie a été le résultat d'observations intéressées sur les expériences menées dans d'autres nations et transposées lorsqu'elles semblaient efficientes. Quand les responsables de l'Instruction publique française estimèrent que l'instituteur allemand, plus que le chef d'état-major, avait triomphé à Sadowa, ils conclurent à l'urgence d'une analyse de l'enseignement d'outre-Rhin pour l'adapter à la France. Et les organisateurs de fêtes patriotiques ou les fondateurs d'associations dévolues à la célébration du patrimoine invoquèrent fréquemment les réalisations étrangères en la matière pour souligner la nécessité et la valeur de leur entreprise.

Tant d'échanges croisés indiquent bien que la construction identitaire nationale n'a pas été associée à une forme de gouvernement précise. La Révolution française a donné à la nation une souveraineté absolue et fait de la République son expression politique. Mais dans la plupart des cas la nation émergente est parvenue à l'existence étatique dans un cadre monarchique : quand les rapports de forces internes et internationaux excluaient une organisation de type républicain, il a pu s'établir une sorte de compromis historique qui maintenait ou installait un roi ou un empereur. Le monarque apparaissait dès lors non comme le descendant d'une dynastie qui imposerait son pouvoir à des sujets mais comme le représentant par excellence de la nation. A charge pour lui de s'investir dans cette fonction et de prodiguer tous les signes de son appartenance à la communauté nationale. La « nationalisation » des monarques à partir du XIXe siècle est flagrante dans les iconographies officielles et l'organisation des cérémonies qui inscrivent la personne du souverain au sein de la symbolique identitaire. Les descendants de la germanique maison de Hanovre ont même été amenés, sous le coup de l'exacerbation nationaliste engendrée par la Première Guerre mondiale, à troquer leur nom dynastique pour celui de Windsor, à la consonance indubitablement britannique. Les régimes les plus internationalistes, selon leur idéologie officielle, ont aussi abondamment mis en scène la symbolique nationale : les républiques socialistes d'Europe centrale et orientale ont intensément pratiqué le « folklorisme d'État ». La Roumanie de Ceauşescu a poussé à ses limites le culte des grands ancêtres daces et la célébration de l'âme nationale.

La formation des nations est liée à la modernité économique et sociale. Elle accompagne la transformation des modes de production, l'élargissement des marchés, l'intensification des échanges commerciaux. Elle est contemporaine de l'apparition de nouveaux groupes sociaux. Le volontarisme conscient et militant à l'œuvre dans les élaborations identitaires montre bien cependant qu'elles ne sont pas la conséquence spontanée de bouleversements dont elles sont l'indispensable corollaire. Un espace économique n'engendre pas *ipso facto* un sentiment d'identité commune parmi les individus qui y participent.

Au demeurant, l'idée même de nation semble *a priori* aller à rebours de toute prise en compte de la modernité, puisque son principe repose sur le primat d'une communauté a-temporelle dont toute la légitimité réside dans la préservation d'un héritage. Mais c'est sans doute parce qu'elle relève du conservatisme le plus absolu, le moins contingent, que la nation s'avère une catégorie politique éminemment apte à supporter l'évolution des rapports économiques et sociaux. Tout peut changer, hormis la nation : elle est le référent rassurant qui permet l'affirmation d'une continuité en dépit de toutes les mutations. Le culte de la tradition, la célébration du patrimoine ancestral ont été un efficace contrepoids permettant aux sociétés occidentales d'effectuer des mutations radicales sans basculement dans l'anomie. La nation, parce qu'elle instaure une fraternité laïque et par conséquent une solidarité de principe entre les héritiers du même legs indivis, affirme l'existence d'un intérêt collectif. Elle est un idéal et une instance protectrice, donnée pour supérieure aux solidarités résultant d'autres identités : de génération, de sexe, de religion, de statut social. Le nationalisme intégral, qui définit l'individu par sa seule appartenance nationale, déclare illégitimes les groupements, partis, syndicats fondés sur d'autres référents. Il les fustige comme antinationaux et dénonce en leurs responsables des individus extérieurs à la communauté nationale qui fomenteraient en fait sa perte. Mais, à l'exception de ce nationalisme d'exclusion, les formations politiques ou idéologiques établissent généralement des relations complexes entre l'identité nationale et les autres déterminations identitaires. L'existence d'un héritage commun, mythe nécessaire, fait rarement l'objet d'une mise en cause : c'est sa composition qui varie selon les options politiques et dans le temps. Les conflits peuvent de ce fait se traduire par des controverses sur la composition du patrimoine, des ajouts ou des retranchements dans cet ensemble éminemment plastique. Des ossements blanchis depuis des décennies ou des siècles entrent au Panthéon sous le coup d'un changement de majorité parlementaire qui les promeut brusquement en reliques symboliques du génie de la patrie. Mais les grands hommes promis à l'éternité nationale peuvent aussi mourir une seconde fois, d'oubli, et éventuellement renaître à la faveur d'une nouvelle conjoncture politique. L'exégèse sur tel ou tel élément de la liste identitaire, sur son authenticité, sur ses connotations exprimées en termes contemporains, est une des formes les plus banales du débat idéologique moderne. La France des années 1990 a retraduit certains de ses conflits d'actualité en affrontements sur la signification de divers personnages de sa galerie de héros.

On pourrait croire pourtant que la référence au patrimoine identitaire, dans les nations aujourd'hui solidement établies, est plutôt désuète et propice surtout aux jeux de la distanciation et de la dérision. De fait, la France des années gaulliennes a fait un large succès à *Astérix*, qui jouait du comique d'anachronisme en projetant sur « nos ancêtres les Gaulois » la « check-list » identitaire nationale. Comme les touristes français de l'époque, les deux héros de la bande dessinée franchirent ensuite les frontières, les concepteurs de la série appliquant le même procédé aux Ibères, aux Germains et aux Grands-Bretons. La caricature, douce ou acerbe, n'indique pas cependant l'abandon de la référence identitaire : toujours sous-jacente elle peut revenir sur le mode sérieux, voire offensif, dès lors que la nation semble confrontée à un avenir incertain. Le film *Les Faiseurs de Suisses*[3] a plaisamment mis en scène les épreuves par lesquelles devaient passer des candidats à la citoyenneté helvétique : soumis à un examen de contrôle où il leur fallait montrer qu'ils connaissaient précisément la liste des emblèmes de la Confédération, depuis la série des sommets alpins avec leur altitude au mètre près jusqu'aux anecdotes historiques, ils étaient en outre tenus de prouver qu'ils étaient devenus de vrais Suisses, amateurs de Rösti, adeptes du propre-en ordre et peu portés sur les mani-

3. *Die Schweizermacher* (*Les Faiseurs de Suisses*), comédie de Rolf Lissy, Suisse, 1978.

festations syndicales de rue. Le ton était clairement satirique, fustigeant l'arriération de la Confédération puisque les États-nations modernes sont censés être parvenus à une maturité politique qui définit le droit à la citoyenneté sur d'autres critères que les pratiques culinaires, les usages vestimentaires, la décoration du logis par des chromos du paysage national ou le soutien à une équipe sportive. La réalité est moins simple. Un pays de forte immigration comme la France a longtemps accordé la naturalisation sans faire de la reconnaissance du patrimoine national une condition préalable : mais elle était supposée venir « naturellement » aux nouveaux ressortissants – en tout cas à leurs enfants. Les débats actuels qui mettent en avant la notion d'*intégration* engagent la question essentielle en l'esquivant : dans quoi précisément les étrangers vivant sur le sol national doivent-ils s'intégrer, et quelles sont les preuves tangibles qu'ils doivent fournir de leur volonté et de leur capacité à le faire ? On voit bien que l'enjeu n'est pas seulement l'adhésion des immigrés aux lois fondamentales de l'État...

L'exacerbation actuelle des interrogations sur les identités nationales et leur préservation dans l'Europe contemporaine tient sans doute moins à la présence d'une main-d'œuvre d'origine étrangère qu'à un constat : les nouvelles formes de la vie économique exigent la constitution d'ensembles plus vastes que les États-nations. Or l'entité supranationale de l'Union européenne devient un espace juridique, économique, financier, policier, monétaire : ce n'est pas un espace identitaire. Lui fait défaut tout ce patrimoine symbolique par quoi les nations ont su proposer aux individus un intérêt collectif, une fraternité, une protection. Le repli sur les identités nationales comme refuges est somme toute compréhensible. L'euro ne fait pas un idéal. Et si les Pères de l'Europe l'avaient instituée en oubliant de la construire ?

PREMIÈRE PARTIE

IDENTIFICATION DES ANCÊTRES

Le paysan est donc, si l'on peut ainsi dire, le seul historien qui nous reste des temps antéhistoriques.

GEORGE SAND,
Avant-propos des *Légendes rustiques*.

Tout acte de naissance établit une filiation. La vie des nations européennes commence avec la désignation de leurs ancêtres. Et la proclamation d'une découverte : il existe un chemin d'accès aux origines, qui permet de retrouver les aïeux fondateurs et de recueillir leur legs précieux. Le Peuple, par sa primitivité, est un vivant fossile qui garde jusqu'au cœur de la modernité l'esprit des grands ancêtres. Plonger dans les profondeurs de l'histoire, c'est aller retrouver dans le bas social les reliques enfouies du legs des pères. Là où l'on n'avait vu qu'absence de culture, là est situé justement le conservatoire de la culture première. La démarche archéologique prend forme ethnographique. La construction des nations, à partir du XVIIIe siècle, est d'abord faite d'expéditions rustiques. Des explorateurs partent à travers champs et vallées, à la recherche des vestiges les moins altérés du legs originel. Cette quête du Graal national est toujours placée sous le signe de l'urgence : les traditions sont délaissées, le passage vers la Terre des Héros va se refermer pour toujours. Mais au fil du temps et des investigations le trésor ne va cesser de s'enrichir.

Si la pérennité de la nation réside dans le Peuple, le prince n'est qu'avatar historique ou usurpateur. Cette subversion idéologique de la légitimité prépare une évolution – et quelques révolutions – politique. Elle va de pair avec un changement esthétique non moins radical : pour une nouvelle conception du monde, il faut des modes de représentations neufs. L'invention des nations coïncide avec une intense création de genres littéraires ou artistiques et de formes d'expression. Le retour aux origines est en fait œuvre d'avant-garde.

CHAPITRE I

Révolution esthétique

A partir du milieu du XVIIIe siècle, la nécessité de redéfinir les rapports entre l'universel et le particulier – préalable indispensable à la construction des nations – induit une mutation de la légitimité culturelle. Son centre de gravité fait l'objet d'un triple déplacement : historique, géographique et social. A l'Antiquité gréco-romaine sont substitués les âges barbares, au monde méditerranéen l'Europe du Nord, aux salons de l'élite raffinée les chaumières rustiques. Une nouvelle théorie de la culture est formulée, qui permet de poser le national comme principe créateur de la modernité.

L'Iliade calédonienne

En 1758, un jeune homme pauvre et ambitieux entre comme précepteur dans une famille d'Édimbourg. A vingt-deux ans, ce fils de fermier écossais a publié quelques poèmes qui lui ont valu l'estime des littérateurs d'Aberdeen. Il aspire à une gloire plus vaste. Il ne se doute pas que son œuvre va enthousiasmer l'Europe entière : mais sous un autre nom que le sien[1]. La famille qui a engagé James Macpherson a des relations parmi les hommes de lettres écossais en vue. L'un d'eux interroge le précepteur sur les traditions orales des Highlands et lui demande de traduire en anglais quelques légendes gaé-

1. Pour la présentation de l'œuvre de Macpherson, nous nous référons à Paul Désiré Van Thieghem, *Ossian en France*, Paris, Rieder, 1917.

liques. Macpherson, soucieux de s'attirer les bonnes grâces d'une sommité des lettres, s'exécute et fournit quelques textes qui circulent dans les cénacles d'Édimbourg. Ces premiers fragments suscitent l'intérêt, et on demande à Macpherson de poursuivre. Le jeune poète, qui voudrait faire avancer son œuvre personnelle, est quelque peu rétif, mais sa position ne lui laisse guère de choix. Pris en main par Hugh Blair, professeur de rhétorique et prédicateur, il se met au travail et fournit la matière d'un opuscule publié à Édimbourg en 1760 sous le titre *Fragments of Ancient Poetry, collected in the Highlands of Scotland and translated from the gaelic or erse language by James Macpherson*. La commande exécutée, le jeune homme voudrait revenir à sa Muse, mais ses protecteurs ne le tiennent pas pour quitte. Car l'enjeu n'est pas de proposer à la distraction des notables écossais quelques ballades populaires. Il ne s'agit de fournir rien moins qu'une œuvre exceptionnelle : une épopée venue du fond des âges. Les érudits du XVIIIe siècle savent bien ce qu'est une véritable épopée : le chant lyrique d'un antique aède qui court pieusement de bouche en bouche, d'âme en âme. Une authentique épopée cueillie sur les lèvres du Peuple a autrement plus de valeur que celle qui sort de la plume d'un écrivain contemporain. L'Europe a produit récemment quantité de ces épopées écrites en vers classiques, comme *La Henriade* voltairienne. Le coup d'éclat écossais va être de proposer à l'admiration et à l'envie une épopée nordique égale au prestigieux modèle homérique. C'est ce qu'écrit Blair dans la préface des *Fragments of Ancient Poetry*. Les textes publiés, déclare-t-il, ne sont justement que les fragments d'un grand poème épique – ou plutôt de deux : toute *Iliade* doit être flanquée d'une *Odyssée*. Et il en donne les grandes lignes à ses lecteurs : « *our epic* » s'organise autour d'un héros central, Fingal, dont un barde écossais, dans les temps héroïques, a chanté les exploits. Mais une fois annoncée la découverte de l'épopée, il reste à la produire. Mission est donnée à Macpherson de se faire rhapsode, au sens étymologique, c'est-à-dire de coudre ensemble les chants populaires qu'il a recueillis, de combler les lacunes et de fournir l'ensemble prévu par Blair. Il se dérobe : l'aréopage littéraire d'Édimbourg est convoqué pour le faire fléchir. Macpherson trouve son matériau par trop lacunaire, soit, mais ce qu'il n'a pas encore trouvé doit exister dans les lieux les plus reculés, où la tradition a été certainement mieux préservée. Qu'il aille donc dans les îles et les montagnes de l'Ouest et du Nord-Ouest : on se charge de couvrir ses frais de voyage par une souscription. Macpherson part donc en septembre 1760 et fait ce qu'il peut. Il sollicite des ministres du culte et des nobles pour qu'ils lui fournissent de vieux manuscrits, s'efforce de collecter des récits et chants oraux. Au terme de son voyage, coupé d'une halte dans son village natal, il commence à tenter une synthèse de ce qu'il a pu trouver. Pendant ce temps, ses commanditaires s'activent à trouver les moyens d'une publication à la hauteur du trésor mis au jour. Ils décident de faire publier leur épopée à Londres, sous le haut patronage de Lord Bute, aristocrate écossais et ministre. A la fin de l'année 1761 paraît *Fingal, an Ancient Epic Poem, in 6 books, together with several other Poems, composed by Ossian, the son of Fingal ; translated from the gaelic language by James Macpherson.* Le nom de l'aède écossais a été trouvé, de même que sa relation au héros. L'épigraphe, « *Fortia facta patrum* » (« les hauts faits de nos pères »), est toute virgilienne. Des premiers fragments, qui tenaient en 70 pages d'un volume in-douze, on est passé à une publication de poids : le livre ne fait moins de 270 pages en format in-quarto. Sa préface est une savante dissertation sur l'histoire des anciens Celtes et de leurs druides qui fournit le contexte de composition de l'épopée ossianesque. Il y est affirmé que la population des Highlands est issue des Calédoniens ayant vaillamment résisté aux armées romaines, et non pas d'envahisseurs venus d'Irlande au Ve siècle. Blair se répand en commentaires élogieux et signale qu'une *Odyssée* devrait suivre cette *Iliade*. De fait, Macpherson accouche en 1763 d'une seconde épopée, *Temora*, de même ampleur que la première : 247 pages in-quarto. Il a accompli ce qui lui avait été prescrit : fournir d'autres monuments culturels que les fondements gréco-latins de la culture européenne. La poésie épique de l'Antiquité n'était peut-être pas surpassable, mais le précepteur écossais aura donné le meilleur de lui-même pour prouver qu'elle n'était pas inégalable.

Là s'arrête l'œuvre littéraire de Macpherson, qui ne devint jamais le grand poète anglais qu'il avait rêvé d'être. Sa vie pour autant ne prend pas le même tour tragique que celle du

Chatterton de Vigny, conduit au suicide par la soudaine gloire du moine médiéval dont il avait inventé les chroniques. Polygraphe prolixe, Macpherson fait carrière en plaçant sa plume sous divers services : secrétaire du gouverneur de Floride, il est aussi publiciste stipendié du gouvernement anglais et rémunéré sur fonds secrets. Il publie en 1771 une *Introduction à l'Histoire de la Grande-Bretagne et de l'Irlande* et reçoit la tâche de continuer l'*Histoire de l'Angleterre* de Hume. Le gouvernement anglais, qui utilise sa plume notamment contre les insurgés américains, lui trouve en 1780 un siège à la Chambre des Communes, qu'il garde jusqu'à la fin de ses jours. L'inventeur de l'*Iliade* écossaise signe aussi une traduction anglaise de l'*Iliade* homérique, où il use du style particulier qu'il avait élaboré pour *Fingal* et *Temora,* réinscrivant ainsi le modèle dans son avatar. Il amasse une grosse fortune en rendant service à un prince hindou en conflit avec la Compagnie des Indes, se fait construire une villa de style italien dans son village natal et meurt en 1796 après avoir sacrifié au rousseauisme en procréant cinq enfants naturels. Son tombeau est à l'abbaye de Westminster, non loin du Coin des Poètes.

C'est au mythique barde Ossian que les pensums auxquels Macpherson avait dû consacrer sa jeunesse ont apporté la gloire littéraire : lui-même est passé à la postérité au mieux comme un collecteur dévoué, au pire comme un faussaire dénué de scrupules. A peine les épopées ossianesques sont-elles publiées qu'une controverse s'engage sur leur véracité. Elle fait rage de longues années, opposant de manière inconciliable ceux qui veulent à toute force croire à l'authenticité d'épopées trop désirées pour n'avoir pas dû exister, et ceux qui, en vertu d'arguments philologiques, estiment que Macpherson n'a pu trouver ailleurs que dans son imagination l'épopée du IIIe siècle. Le débat est d'autant moins soluble que la situation est d'une formidable complexité. Pour répondre à ses savants détracteurs, formés au commentaire de sources manuscrites et faisant peu de cas de l'oralité, populaire de surcroît, Macpherson a dû s'inventer des manuscrits antiques, éventuellement bardiques. Le problème n'est pas tant de les trouver – il y eut à l'époque quantité de faux manuscrits anciens – mais de savoir comment et dans quelle langue les rédiger. Par ailleurs, dans ses collectes, Macpherson a sollicité et obtenu auprès de lettrés des textes écrits – modernes – « transcrivant » des chants populaires ; les montrer mettrait à mal tous les arguments fondant l'authenticité sur la transmission pure au sein d'un Peuple préservé de toutes les influences corruptrices de la culture savante. Macpherson, pris entre Charybde et Scylla, se tient immobile et promet de publier les matériaux originaux établissant l'authenticité de sa collecte dès qu'il en aura les moyens financiers. Du coup, les partisans de l'épopée lancent une souscription parmi les employés de la Compagnie des Indes originaires des Highlands. La somme est remise à la *Highland Society* de Londres pour couvrir les frais de publication. Rien n'a encore paru, évidemment, à la mort de Macpherson. Les *Highland Societies* de Londres et Édimbourg prennent les choses en main. La première finit par publier en 1807 un ensemble en trois volumes qui juxtapose une traduction de la prose ossianesque en gaélique moderne, une traduction en latin et un commentaire « démontrant » l'authenticité de la collecte macphersonienne. La publication fournit des arguments aux convaincus et ne répond en rien aux critiques des sceptiques. La Société d'Édimbourg nomme en 1797, peu après la mort de Macpherson, une commission d'experts pour étudier ses méthodes de travail. Le rapport est rendu près de vingt ans plus tard, soit plus de cinquante ans après les publications de *Fingal* et de *Temora*. Délai opportun puisque les experts établissent que, s'ils n'ont rien trouvé d'identique aux textes de Macpherson, cela n'entame en rien la crédibilité de la collecte des années 1760 : entre-temps, déclarent-ils, la tradition s'est perdue, mais les populations locales se rappellent encore qu'elle a existé. Certes, estiment-ils, le défunt collecteur est bien intervenu sur le matériau originel, mais de manière secondaire, en épurant les passages grossiers, en interpolant quelques lacunes et en rajoutant des transitions. Rien en somme qui puisse lui valoir les foudres des érudits versés dans l'étude des textes antiques. La polémique va perdurer [2]. Mais, tandis

2. Le conflit sur l'authenticité de la collecte a été relancé en 1998 avec la publication de l'ouvrage *The Identity of the Scottish Nation* de l'historien écossais William Ferguson qui estime que le collecteur a

qu'elle s'engage, la *forgery* ossianesque devient un événement européen.

Les chants de Fingal sont connus sur le continent peu de temps après la publication originale en langue anglaise. Turgot et Diderot en font paraître des fragments, et une traduction intégrale en français est achevée dès 1777. Des traductions partielles ou intégrales paraissent rapidement en allemand, en polonais, en suédois, en italien. La République des Lettres européenne, plus exactement ses membres les plus modernistes ou les plus jeunes, salue dans l'épopée ossianesque le monument fondateur d'une Révolution culturelle. Le génie de Macpherson, aidé par des experts en la matière, a été de prendre en compte dans son œuvre les tendances esthétiques les plus neuves et de les attribuer à un antique aède. L'épopée ossianesque revêt donc une haute valeur stratégique dans la querelle contemporaine des Anciens et des Modernes. A ceux qui dénonçaient la sclérose du classicisme et se voulaient les champions d'une nouvelle esthétique, les gardiens du canon classique opposaient un argument qu'ils pensaient irréfutable : l'Antiquité gréco-romaine était l'unique source des cultures contemporaines et le classicisme en était le fidèle héritier. L'épopée d'Ossian « prouve » désormais qu'il existe d'autres traditions fondatrices des cultures européennes et qu'on peut en retrouver les chefs-d'œuvre. La modernité est légitimée par une source antique, aussi vénérable que celle dont se réclame le classicisme. La nature tourmentée et embrumée des chants de Fingal, la sensibilité élégiaque de ses héros correspondent bien à ce qu'aime et veut promouvoir la jeune génération. Elle a désormais une motivation éminente à son combat : la tradition savante a scandaleusement occulté au seul profit du classicisme les sources « barbares » des cultures européennes que le Peuple seul a su préserver. Et le décentrement de la légitimité culturelle est associé à un décentrement de la légitimité politique : cela explique bien l'appropriation européenne de l'épopée écossaise.

---

bien travaillé à partir de sources authentiquement celtes en les combinant entre elles.

Le combat contre le classicisme prend rapidement la forme d'un combat contre la tyrannie de l'absolutisme monarchique, au prix d'un habile glissement. Ce sont les Anglais qui sont considérés comme les véritables héritiers des héros ossianesques. La raison s'en conçoit aisément : dans l'Europe du XVIIIe siècle, l'Angleterre fait office de modèle pour la liberté politique et la démocratie. Saluer la redécouverte par les Anglais de leur tradition populaire nationale, c'est du même coup célébrer leur modèle politique. La fille de Necker exprime remarquablement ce raccourci intellectuel, qui fait du régime constitutionnel la conséquence du génie national illustré par les guerriers de Fingal : « Longtemps avant que l'on connût en Angleterre, et la théorie des constitutions, et l'avantage des gouvernements représentatifs, l'esprit guerrier que les poésies Erses et Scandinaves chantent avec tant d'enthousiasme donnait à l'homme une idée prodigieuse de sa force individuelle et de la puissance de sa volonté. L'indépendance existait pour chacun, avant que la liberté fût constituée pour tous [3]. » La situation de l'Écosse, au demeurant, facilite ce détournement d'héritage. L'écrasement des insurrections jacobites, dont la dernière échoue en 1745, a fait de l'ancien royaume des Stuarts une simple région du Royaume-Uni. Et l'habileté du vainqueur sera de faire progressivement du vaincu, non pas un ennemi soumis, mais un ancêtre prestigieux de la nation.

L'offensive contre la Culture unique

Ossian se retrouve d'autant plus britannique et épris de liberté que l'ennemi à combattre est français et oppresseur. La lutte contre le classicisme se confond en fait avec une offensive contre l'hégémonie culturelle française. Le français, dans l'Europe du XVIIIe siècle, n'est pas la langue de Versailles seulement, mais de la plupart des cours européennes. Et la culture

3. Mme de Staël, *De la littérature*, 1800. Cité ici dans l'édition Garnier-Flammarion, Paris, 1991, p. 206-207.

française a pu s'imposer partout comme l'expression la plus achevée de la culture lettrée, modèle qui peut être imité sans jamais être égalé. L'éclat du soleil français ne laisse exister ailleurs que ses reflets. Sauf à déclarer que sa lumière est artificielle et trompeuse.

Le combat contre la Culture unique passe donc par la réfutation de tous les fondements du modèle français. Il est savant et raffiné : la Nature et la simplicité sont proclamées sources par excellence de la culture vivante. Il s'épanouit dans les salons : on célèbre les chaumières. Il se réclame d'un héritage prestigieux : on trouve d'autres antiquités européennes. Il prétend conduire les Peuples à la civilisation : il est accusé de les corrompre. Il se veut achèvement suprême : on le déclare moribond.

Le succès retentissant de l'épopée ossianesque avait en fait été préparé par des appels à la subversion contre le despotisme culturel français exprimés de plus en plus fortement dans les décennies précédentes. Quarante ans avant les publications de Macpherson, le poète écossais Allan Ramsay commençait à publier de vieilles poésies anglaises et écossaises, et il évoquait avec nostalgie les temps où les lettres et les mœurs de son pays n'avaient pas encore été dégradées par les imitations du modèle français :

> Quand ces bons vieux Bardes écrivaient, nous n'avions pas encore fait usage de garnitures étrangères sur nos habits, ni de broderies étrangères dans nos écrits. Leur poésie est le produit de leur propre pays : elle n'est pas dérobée à autrui ni gâtée par les importations du continent. Leurs images sont naturelles, leurs paysages sont nationaux, copiés sur ces champs, sur ces prairies que nous admirons tous les jours [4].

A la même époque, le patricien bernois Béat Louis de Muralt dans ses *Lettres sur les Français et les Anglais* (1725) déplo-

4. Allan Ramsay, *The Evergreen, being a Collection of Scots Poems, wrote by the Ingenious before 1600*, 1724, cité par Paul Désiré Van Thieghem, *Le Mouvement romantique*, Hachette, 1912, p. 3. Allan Ramsay (1686-1758), perruquier, puis libraire-poète, publiait à la même époque une collection de vieilles chansons sous le titre *The Tea-Table Miscellany.*

rait l'influence que commençait à exercer la culture française sur la civilisation paysanne de son pays et il associait l'heureuse préservation des mœurs et traditions ancestrales à la pureté des montagnes nationales. Autre patricien bernois, le physiologiste Albrecht von Haller exprimait plus lyriquement la même idée dans son poème « *Die Alpen* » (1729). A Zurich se formait au même moment une société d'hommes de lettres qui avait pour but la constitution d'une haute littérature en langue allemande ; elle se proposait en un premier temps de substituer les influences anglaises à celles de la culture française. Son chef, Johann Jakob Bodmer, publiait en 1757 des fragments du *Nibelungenlied* où il déclarait trouver à la fois une littérature libre, authentique, et les vestiges d'une antique poésie reflétant les révoltes germaniques contre le joug romain. Esthétiquement et politiquement, le *Nibelungenlied* était pour lui frappé au sceau de la liberté. Il n'y voyait pas moins qu'une *Iliade* germanique. Bodmer exerça une forte influence sur l'Allemand Justus Möser, avocat d'Osnabrück qui exprimait fortement dans ses écrits la nécessité de débarrasser la pensée allemande des influences étrangères et de créer un état d'esprit national[5]. Möser tenait pour modèle l'esprit national suisse qui avait su résister à l'influence française et défendre les anciennes libertés contre toute emprise despotique. Et dans son drame *Arminius* (1749) il célébrait le guerrier germanique qui en l'an 9 après Jésus-Christ combattit victorieusement les légions romaines de Varus. Déplorant que les classes dominantes aient après la défaite adopté le mode de vie du conquérant, Möser affirmait que les antiques valeurs germaniques persistaient parmi les paysans de Basse-Saxe. Ses chroniques, publiées dans la gazette d'Osnabrück sous le titre *Fantaisies patriotiques* et publiées de 1774 à 1786, insistaient sur la nécessité de recueillir et de maintenir les traditions. Pour Bodmer comme pour Möser, la nation s'incarnait en un peuple de paysans libres. Le refus de l'imitation des Anciens, la revendication d'une poésie de la nature étaient aussi fortement exprimés par les poètes anglais et écossais du milieu du siècle comme Thomson ou Edward Young.

5. Cf. Renate Stauf, *Justus Mösers Konzept einer deutschen Nationalenidentität*, Tübingen, Niemeyer, 1991.

Espace britannique, espace helvétique : ce ne fut pas un hasard s'ils furent les deux plus ardents foyers de la lutte contre l'impérialisme culturel français. Ils étaient terre d'asile pour les victimes de son despotisme. Les attaques contre l'absolutisme culturel et les appels à la résistance prenaient forme dans les lieux les plus avancés, à leur époque, de la démocratie politique. Non sans échos dans les autres pays, ni parmi l'intelligentsia la plus moderniste de l'ennemi affiché.

Il n'est pas utile de rappeler combien le jeune homme pauvre et ambitieux qui décida un soir de 1728 de fuir sa cité natale de Genève fut un ardent propagandiste des idées concernant la pureté de la Nature, la corruption du raffinement et l'illégitimité d'un pouvoir politique non fondé sur la souveraineté populaire. *La Nouvelle Héloïse* (1761) et *Du contrat social* (1762) sont contemporains des publications macphersoniennes. Ce fut un autre Genevois, Paul-Henri Mallet, qui fournit les matériaux décisifs permettant d'affirmer la pluralité des sources de la culture européenne et d'en produire les monuments. Nommé professeur à Copenhague et chargé d'écrire une *Histoire du Danemark*, il commença par publier en 1755 un volume d'*Introduction* à cette Histoire, suivi un an plus tard par des *Monuments de la mythologie et de la poésie des Celtes, et particulièrement des anciens Scandinaves*. Ces deux volumes exposaient la mythologie de l'*Edda*, offraient la traduction de quelques fragments de poèmes mythologiques ou de sagas et une présentation des anciens peuples du Nord. Ces ouvrages écrits dans un français élégant eurent une audience beaucoup plus large que les publications antérieures des érudits sur la même matière. Les termes de runes, scaldes, sagas ou ballades se mirent à tenir une place de choix dans les débats sur le renouveau culturel[6]. D'autant que Mallet expli-

6. Les runes sont les inscriptions utilisant un alphabet particulier, dit germanique. Seules ont été conservées celles qui avaient été gravées sur pierre. On commence à les étudier au XVIIe siècle. L'*Edda* est le nom donné à deux ensembles de poèmes. Le premier, l'*Edda de Snorri Sturluson*, attribué à un aristocrate islandais du début du XIIIe, est un art poétique présentant – afin de la faire revivre déjà ! – l'ancienne littérature scandinave. Le texte, qui comprend des modèles d'expressions poétiques et des exemples métriques, présente en outre un exposé didac-

quait tout l'intérêt qu'il y avait à redécouvrir l'ancienne culture du Nord, plus appropriée, disait-il, que les antiquités gréco-romaines à la sensibilité moderne. Ossian dut beaucoup, probablement, à l'œuvre de Mallet, et notamment la délicatesse de ses héros, dont la vaillance n'exclut pas l'expression du sentiment amoureux. La poésie erse, nordique, scandinave, germanique, celte – les termes sont alors interchangeables –, entra dans le patrimoine européen sous les traits de la nouveauté, mais avec le sceau antique. Les vieux guerriers du Nord venaient à point nommé pour prêter main-forte à l'avant-garde intellectuelle de 1760 dans le combat contre l'ennemi classique.

Britanniques et Helvètes avaient préparé armes et munitions pour la croisade contre la Culture unique. Le dispositif d'ensemble vint d'Allemagne. Parmi les tout premiers admirateurs d'Ossian sur le continent figurait un jeune théologien

---

tique sur la mythologie nordique. Les érudits Ole Worm et Arngrimur Jonsonn établissent le texte de cet *Edda* sous le nom de *Codex Wormianus* dans la première moitié du XVIIe siècle. Peu après, l'évêque islandais Sveinsson découvre un recueil de manuscrits qu'il offre au roi Frédéric III de Danemark. Ce *Codex Regius*, publié sous le nom de *Edda de Saemund,* fut attribué à un érudit du XIIe, Saemund. Cet ensemble de poèmes fut sensiblement grossi par les découvertes d'érudits islandais tout au long du siècle. C'est dans l'*Edda* que l'on voit apparaître les personnages de Siegfried ou Brunehilde, ainsi que les divinités scandinaves. Le terme de « scalde » est attribué à la poésie médiévale (IXe-XIIIe siècle) composée par des poètes norvégiens parfois, plus souvent islandais, attachés à la personne d'un prince. Les sagas (XIIIe-XIVe siècle), que l'on fait succéder à la poésie scaldique comme littérature norvégienne-islandaise, sont des récits en prose dans lesquels sont parfois intercalées des strophes eddiques ou scaldiques. Les sagas s'attachent à l'histoire d'une famille, prennent la forme d'une chronique dynastique (*Saga des rois de Norvège*, de Snorri Sturluson) ou d'un récit d'expédition (*Saga d'Erik Le Rouge*). En fait, la saga embrasse à peu près tous les genres, du récit mythologique à la traduction d'œuvres étrangères. Le roi norvégien Hakonarson, pour illustrer son règne, fit traduire par des clercs la matière de Bretagne, des romans d'amour courtois, des lais de Marie de France, des chansons de geste : il y aura de ce fait des sagas de Tristan et Iseult, de Perceval, de Charlemagne, etc.

de Riga. Il allait donner cohérence théorique à l'ensemble des propositions antérieures éparses et inscrire dans une philosophie de l'histoire le rejet d'un modèle hégémonique.

Les chants des nations

Johann Gottfried Herder[7] est né en 1744 à Mohrungen, petite ville de Prusse orientale. Fils d'un tisserand devenu instituteur, il grandit dans un milieu piétiste. Un médecin militaire des troupes russes qui a remarqué la réussite scolaire de l'adolescent l'emmène à Königsberg pour qu'il puisse étudier la médecine. Johann Gottfried ne résiste pas à la première dissection et passe à la théologie. Une bourse d'études offerte par sa ville natale lui permet de subvenir à ses besoins. A la Hochschule de Königsberg, Herder rencontre Kant, qui l'initie à la philosophie contemporaine. Très vite, Herder engage de vastes lectures : Vico, Montesquieu, Leibniz, Rousseau. Il a aussi pour mentor Georg Hamann, qui développe une pensée hostile au rationalisme et au classicisme ; Hamann enseigne l'anglais à Herder qui se prend de passion pour Shakespeare et Ossian. En 1764, le brillant étudiant est nommé collaborateur de l'école épiscopale de Riga. La ville hanséatique est alors sous domination russe, mais c'est la bourgeoisie commerçante allemande qui donne le ton. Herder, qui se sent quelque peu à l'étroit à Riga et veut se mêler à un milieu intellectuel plus dense et plus animé, ne reste que cinq ans dans la ville balte. En 1769, il saisit l'occasion que lui offre le voyage d'un commerçant de Riga se rendant pour affaires à Nantes et s'embarque pour la France. Puis il fait route pour Paris, où il

7. Pour la présentation de la vie et de l'œuvre de Herder, nous nous référons principalement à Ernst Bauer, *Johann Gottfried Herder*, Stuttgart, Kohlhammer, 1960, Alexander Gillies, *Herder und Ossian*, Berlin, Junker und Dünnhaupt Verlag, 1933, et à Pierre Pénisson, *Johann Gottfried Herder. La Raison dans les Peuples*, Paris, Cerf, « Bibliothèque franco-allemande », 1992. Nous nous référons également, en l'absence d'une traduction intégrale en français des œuvres de Herder, à J.G. Herder, *Sämtliche Werke* (édition sous la direction de Bernhard Suplan), Berlin, Weidmann, 1877-1913, 33 volumes.

rencontre Diderot et d'Alembert. Au cours de ce séjour, il conforte son opinion sur la sclérose de la culture française. Son désir de participer aux débats intellectuels contemporains n'en est qu'avivé. Mais le fils de tisserand, qui ne sera jamais riche que de sa culture et de ses idées, n'a d'autres ressources pour subsister que de se mettre au service des puissants. Il accepte de devenir précepteur du fils du prince-évêque de Lübeck et le chaperonne lors d'un voyage vers Saint-Pétersbourg. Occasion de fréquenter des cours et des lettrés de l'espace allemand. Et plongée, selon Herder, dans l'univers ossianesque lorsqu'il essuie une violente tempête lors d'une étape maritime. Las de l'arrogance de l'héritier princier et de sa suite, Herder abandonne le préceptorat et séjourne quelque temps à Strasbourg où il essaie en vain de faire soigner une fistule lacrimale. Il rencontre là un riche étudiant de cinq ans son cadet, Johann Wolfgang Goethe. La rencontre est décisive pour le jeune patricien de Francfort, auquel Herder fait découvrir ses auteurs de prédilection – Shakespeare, Ossian – et les principes de construction d'une littérature nationale. Devenu pasteur à Bückeburg, en Basse-Saxe, à l'invite d'un comte fortuné en mal d'échanges intellectuels et mondains, Herder consacre aux correspondances intellectuelles et aux publications théoriques le temps qu'il peut soustraire au comte, à ses ouailles et aux chicaneries de la bourgade. Il entre notamment en relation épistolaire avec le pasteur zurichois Johann Caspar Lavater et remporte en 1775 le prix de l'Académie de Berlin qui avait mis au concours une dissertation sur « les causes du goût sain parmi les différents peuples ». Le salut intellectuel, et la possibilité de fréquenter un milieu cultivé et stimulant, lui vient en 1776 sous la forme d'une invitation à occuper le poste d'*Oberpfarrer* à Weimar, à l'incitation de son ancien disciple de Strasbourg. La capitale du grand-duché de Saxe est alors le plus vivant centre culturel de l'espace allemand : Schiller, Wieland, Goethe y séjournent. Herder déploie à Weimar une remarquable activité : prédicateur apprécié, directeur de conscience de la cour, il s'occupe intensément des questions d'enseignement et de liturgie, tout en rédigeant une œuvre théorique abondante. Il meurt épuisé en 1803, travaillant jusqu'à son lit de mort.

Herder laisse une œuvre de très grande ampleur, nourrie

d'une culture encyclopédique et animée par une constante préoccupation patriotique : comment faire accéder la nation allemande, politiquement éparpillée, à la conscience d'elle-même et lui donner une haute culture ? Dès sa première œuvre d'importance, publiée anonymement à Riga sous le titre *Fragments sur la nouvelle littérature allemande*, Herder porte un constat de carence et souligne la nécessité d'y remédier. Les questions liminaires de son exposé énoncent clairement que le niveau de la culture allemande est insuffisant et doit être relevé : « A quel niveau se trouve cette nation ? A quel degré pourrait-elle et devrait-elle parvenir ? Quels sont ses talents, quel est son goût ? Pourquoi ne sont-ils pas plus élevés et par quel moyen son esprit devrait-il soutenir les élans de liberté et d'enthousiasme ? » Développement culturel national et souffle de la liberté vont donc de pair. Et Herder de préciser qu'une véritable réflexion sur la littérature nationale et son histoire devrait « chercher à devenir la voix de la sagesse patriotique et viser à l'amélioration du Peuple ».

Dans ce premier opuscule, le jeune homme expose les prémices d'une pensée qu'il développera longuement dans ses écrits ultérieurs. Il faut, dit-il, s'opposer à la tendance des écrivains allemands qui produisent de serviles imitations de la culture française. Ce qui fait la valeur d'une culture, ce n'est pas sa plus ou moins grande proximité à un modèle dominant, c'est au contraire son originalité, son authenticité. L'idée n'est pas neuve parmi les lettrés allemands. Leibniz l'avait déjà exprimée huit décennies plus tôt dans son *Exhortation à l'adresse des Allemands d'avoir à exercer leur entendement et leur langue, accompagnée de la proposition d'une Société pour l'appartenance allemande*. Il y fustigeait « ces petits messieurs qui, cherchant à attraper l'ombre française, laissent échapper la consistance de la réalité allemande, incapables de voir tout l'insipide de ce qui, où que ce soit, est contraint et copié [8] ». Et Leibniz d'ajouter qu'il « vaut mieux être un original d'Allemand qu'une copie de Français ». Il appelait donc

8. Cité dans *La Langue, source de la nation. Messianismes séculiers en Europe centrale et orientale du XVIIIe au XXe siècle* (sous la direction de Pierre Caussat, Dariusz Adamski, Marc Crépon), Sprimont, Mardaga, 1996, p. 47-67.

les personnes de « droite intention à mettre en commun leur bonne volonté et fonder, sous un haut patronage, une Société pour l'appartenance allemande » destinée à œuvrer à la restauration de la gloire nationale par la production d'écrits de haut niveau intellectuel en langue allemande. Mais il ne précisait nullement sur quoi fonder une spécificité culturelle authentiquement allemande. L'impossibilité de désigner les fondements d'un esprit véritablement national ne permettait pas d'échapper à l'emprise du modèle français, jusqu'au renversement de la légitimité culturelle opéré dans le second XVIIIe siècle, qui fait du Peuple le dépositaire du génie national. L'œuvre de Herder, elle, énonce fortement ce changement de paradigme. Ce qui fait pour lui la valeur nationale d'une littérature, c'est son enracinement dans les profondeurs du génie national. L'écrivain doit s'immerger dans le Peuple, s'en faire l'élève. Si Shakespeare a été un grand dramaturge, c'est, selon Herder, que l'Angleterre et le peuple anglais étaient le véritable objet de son théâtre, que même ses César et Timon pensaient et ressentaient en Britanniques. La véritable culture vient du Peuple et doit lui revenir : elle ne doit pas être l'apanage de quelques individus formés par leur éducation aux raffinements. Fils du Peuple, en butte sa vie durant aux vexations ou aux caprices des princes, Herder est aussi ministre du culte d'une religion « démocratique » dont l'enseignement et la liturgie, pour s'adresser à tous, passent par la langue vernaculaire.

La question de la langue tient une place centrale dans la réflexion herdérienne. Pour lui, c'est dans le génie de la langue que réside l'âme de la nation. Thèse reprise dans une dissertation sur l'origine des langues qu'il rédige pendant son séjour à Strasbourg en réponse à la question mise au concours cette année-là par l'Académie de Berlin. Herder pose la spécificité de l'humain dans la constitution des langues. L'homme naît avec l'aptitude au langage, sa nature le pousse à un progrès constant. Enfant, il apprend la langue de sa mère et la transmet à son tour après l'avoir enrichie de ses expériences. « La première pensée dans la première âme humaine est reliée à l'ultime pensée de l'ultime âme humaine. » Comme l'humanité, en se développant, n'est pas restée en un seul troupeau, mais que des séparations géographiques successives se sont produites, l'influence des conditions matérielles – climats, modes de vie – a entraîné des diversifications et l'apparition de langues différentes qui sont les langues nationales. Chaque langue, selon Herder, est expression vivante, organique, de l'esprit d'un peuple, la somme de l'action efficiente de toutes les âmes humaines qui l'ont constituée au fil des siècles. Herder, qui remporte le prix de l'Académie avec cet exposé, ne cesse de mettre en avant la langue comme moyen de connaissance de la culture et des valeurs d'une nation, ainsi que la nécessité d'une langue commune pour la constitution d'une nation. Dans ses *Lettres sur l'avancement de l'Humanité*, publiées dans la dernière partie de sa vie, il déplore qu'en Allemagne, « depuis un siècle, les classes prétendument supérieures aient adopté une langue totalement étrangère » et n'aient utilisé l'allemand que pour parler aux domestiques. Or, insiste-t-il, « sans une langue territoriale et maternelle commune dans laquelle toutes les classes sociales sont reconnues comme les rejetons d'un même arbre et reçoivent une même éducation, il n'est plus de véritable intelligence des cœurs, de formation patriotique commune, de communication ni de communion des impressions, de public propre au pays de ses pères ». En abandonnant cette langue ou en l'abâtardissant, les élites allemandes ont trahi la nation.

Les attaques contre le maniérisme sclérosé de la culture française et de ses imitations vont de pair chez Herder avec une exaltation de la poésie populaire. « Plus un peuple est sauvage, libre, vivant, plus ses chants, s'il en a, doivent être vivants, libres, lyriques. Cette poésie n'est pas un art mort de lettrés, c'est la langue du cœur et l'esprit de la nature chante en elle », déclare-t-il dans *Extrait d'une correspondance littéraire sur Ossian et les chants des anciens peuples*. Par conséquent, pour réformer la littérature contemporaine et lui rendre vie, il faut s'inspirer de ces restes d'une poésie originelle, issue d'une époque où la langue, la poésie et le peuple ne faisaient qu'un. Lors de sa rencontre à Strasbourg avec Goethe, Herder exhorte le jeune étudiant et ses amis à collecter des chants populaires et à en nourrir leur expression poétique. Dans son essai de 1777, *De la similitude des arts poétiques en moyen anglais et moyen allemand,* Herder déplore de manière insistante le retard des Allemands sur les Anglais en matière de collecte des chants populaires et appelle de ses vœux un Macpherson tyrolien ou bavarois. Il énonce, en une formule devenue célèbre, que :

> Tous les peuples non policés chantent, agissent. Ils chantent leurs actions. Leurs chants sont archives du peuple, trésor de sa science et de sa religion, de sa théogonie et de ses cosmogonies. Ils sont le trésor des hauts faits des pères, retracent leur histoire, portent l'empreinte de leur cœur, illustrent leur vie domestique dans la joie et la peine, au lit nuptial et à la tombe [9].

Cette déploration irritée du retard allemand s'achève d'ailleurs par un recensement des autres nations coupables d'avoir négligé leur trésor. Herder lance donc un appel aux érudits concernés pour qu'ils se mettent à l'œuvre sans tarder :

> Et même en Europe il y a encore toute une série de nations laissées à l'abandon et non décrites. Estoniens et Lettons, Wendes et Slaves, Polonais et Russes, Frisons et Prussiens – ils n'ont pas pris la peine de recueillir leurs chants, comme l'ont fait les Islandais, les Danois, les Suédois – sans parler des Anglais, ou même des peuples du Sud. Et pourtant, il y a parmi eux bien des personnes dont la fonction est d'étudier la langue, les mœurs, les modes de pensée, les vieilles superstitions et les coutumes de leur nation ! et si elles le faisaient, elles fourniraient aux autres nations la plus vivante des grammaires, le meilleur dictionnaire et l'histoire naturelle de leur peuple. Mais elles devraient le faire dans la langue originelle et avec suffisamment d'éclaircissements, sans commentaires injurieux ni moqueurs, sans non plus chercher à enoblir ou enjoliver. Et de préférence en indiquant la manière de chanter et tout ce qui relève de la vie populaire. Quand bien même elles n'en auraient pas l'usage, cela pourrait être utile à d'autres [10].

La lutte contre l'hégémonie d'une culture sclérosante passe donc par la collecte des chants populaires des nations, de

9. Johann Gottfried Herder, « Von der Ähnlichkeit der mittleren englischen und deutschen Dichtkunst », dans *Herder's Sämtliche Werke*, *op. cit.*, 1893, vol. 9, p. 532 ; publication originale *Deutsches Museum*, novembre 1777.

10. Johann Gottfried Herder, « Von der Ähnlichkeit der mittleren englischen und deutschen Dichtkunst », cité ci-dessus, p. 533.

toutes les nations : Herder accorde la même valeur aux chants populaires lappons, écossais, scandinaves qu'aux chants allemands. Lorsqu'il publie, en 1778-1779, l'anthologie *Volkslieder* (Chants populaires), Herder y rassemble des textes des provenances les plus diverses. La poésie des âges primitifs transmise au sein du Peuple est pour lui le fondement par excellence d'un renouvellement culturel qui mettra fin à la tyrannie du classicisme. Lutte commune, avec des armes communes, dans le cadre de laquelle pourront être construites des littératures nationales authentiques. Mais il y a urgence à les recueillir : « Dans cinquante ans, il sera trop tard », lance-t-il en avertissement dans sa préface aux *Volkslieder*.

Herder ne s'est jamais départi de son admiration pour l'œuvre d'Ossian, quand bien même il a été averti à maintes reprises de la suspicion des érudits sur son authenticité. Mais, même lorsqu'il convient, avec quelque réticence, que l'épopée est peut-être plus macphersonienne et moderne qu'il ne l'aurait souhaité, il n'y voit pas contradiction avec ses théories sur la poésie primitive. Macpherson écrivant l'épopée écossaise n'a pu composer une œuvre admirable, estime-t-il, que parce qu'il était profondément pénétré de la langue, de l'esprit, de la force de ses ancêtres. Le poète moderne est alors l'exemple illustre d'un auteur véritablement national ayant su restituer le génie de son peuple. Tout comme Goethe, ou Shakespeare, dont Herder inclut des textes dans son recueil *Volkslieder*, au côté d'extraits d'Homère, d'Ossian ou du *Minnesang*.

Patriote allemand, Herder n'en est pas moins universaliste. Tout le sens de son œuvre est la substitution, à un universalisme reposant sur la prééminence d'un modèle unique et exclusif de toute autre formation culturelle, d'un universalisme posant l'égale dignité d'incarnations différentes d'une même essence. Dans ses *Idées sur la philosophie de l'histoire de l'humanité*, le grand ouvrage qu'il porte de longues années et qu'il achève en 1791, il a voulu faire une somme recourant à tous les savoirs géographiques, physiologiques, astronomiques, anthropologiques, historiques constitués à son époque pour exposer et expliquer l'histoire universelle. Le parti pris encyclopédique alourdit le raisonnement, mais on retrouve tout au long de l'œuvre la même option philosophique que dans les œuvres de jeunesse : l'humanité est une, mais s'est diversifiée sous l'influence de conditions matérielles comme le climat. Il faut donc prendre en compte ces différentes composantes dans leurs développements, sans jamais poser de principe unique de jugement qui puisse en condamner certaines au détriment d'autres. Le progrès anime l'évolution de l'humanité, mais il passe par des ramifications. Chacune d'elles présente une succession d'épanouissements tous d'égale nécessité, d'égale originalité, d'égal mérite, d'égal bonheur. Herder dénonce les méfaits du despotisme, de l'impérialisme et de l'intolérance : il se livre à de violentes critiques contre les Croisades et accorde en revanche une grande importance aux hérésies – cathares, bogomiles, hussites – dans le progrès de la raison et de la liberté. Et la formation politique la plus conforme à la Nature est pour lui constituée par un peuple ayant une unité de caractère national et dont le gouvernement est déterminé par le *Volksgeist*. Les États constitués par le fait des guerres sont artificiels et ne sont fondés ni en nature ni en raison. Herder, qui écrira un « Hymne au 14 juillet 1790 », salue la Révolution française avant de déplorer l'exécution de Louis XVI. Les *Lettres sur l'avancement de l'Humanité* publiées entre 1793 et 1797 réaffirment encore le caractère fallacieux d'une échelle de valeurs classant cultures et nations. C'est donc par un singulier coup de force intellectuel que les nationalistes du Second Empire ou du Troisième Reich, proclamant la supériorité de la germanité – ou de la race aryenne –, ont fait de Herder leur père spirituel. Herder, assurément, n'a cessé d'exprimer sa volonté de travailler à la grandeur de la nation allemande[11]. Mais il a été tout aussi bien la référence commune, régulièrement invoquée, de la plupart des lettrés européens soucieux

11. Il est amusant de noter que, sollicité en 1787 par le margrave de Bade pour concevoir les moyens de créer un milieu intellectuel allemand, Herder reprend dans ses grands principes le modèle français de l'Académie. Il projette la création d'une Académie fédérative des provinces allemandes, qui traiterait des questions concernant la langue, l'histoire et tout ce qui peut contribuer à la formation de l'identité nationale. Mais les querelles entre principautés et plus encore l'actualité politique font rapidement ajourner le projet.

de fournir à leur propre nation gloire et dignité. Herder a bien exprimé la seule voie que pouvait prendre, au moins dans ses commencements, la construction des nations : le rejet d'une suprématie et la reconnaissance d'une pluralité d'organismes déclarés équivalents en dignité dès lors qu'ils étaient authentiques. La force de l'œuvre de Herder tient à ce que cet homme, qui connaissait par expérience la diversité de l'espace social et avait su assimiler les éléments de la culture contemporaine, a pu opérer une synthèse théorique proprement européenne d'idées neuves au XVIIIe siècle : la lutte contre le monolithisme culturel et le despotisme politique, les aspirations au bonheur et à la liberté, le rejet des séparations entre ordres sociaux, l'élan vers le progrès et la redécouverte de la nature et de la tradition.

L'œuvre de Herder devient très rapidement une référence pour tous ceux qui, en Europe, se préoccupent de la question du national. Elle est d'autant plus mise en avant dans l'espace slave que Herder, dans ses *Idées sur la philosophie de l'histoire de l'humanité*, proclamait que les Slaves depuis Charlemagne avaient été asservis par les Germains, mais qu'un jour ces peuples briseraient leurs chaînes pour recouvrer liberté et dignité. Herder annonçait que bientôt « on rassemblerait les restes de leurs coutumes, qui ne cessaient de disparaître, ainsi que leurs chants populaires et leurs légendes ». Non sans enthousiasme, il prophétisait un avenir radieux et indiquait un programme d'action immédiat. Plus généralement, l'œuvre de Herder articule méthodes pratiques de construction du national par enracinement dans une langue et une tradition spécifiques et légitimation théorique du particulier dans l'universel. Les Hongrois, très vite, plus tard les Roumains ou les Grecs s'en saisissent. Elle n'a pas, bien évidemment, la même réception en France : assez tôt connue par quelques intellectuels, et élogieusement présentée par Mme de Staël, elle reste fort peu traduite. Des œuvres majeures de Herder, seules paraissent en français les *Idées sur la philosophie de l'histoire de l'humanité*, dans une traduction d'Edgar Quinet éditée en 1827-1828[12]. Pour autant, la pensée herdérienne ne reste pas incon-

12. Les traductions françaises de Herder au XIXe siècle portèrent essentiellement sur des contes qu'il avait publiés, présentés comme

nue en France, mais elle y entre plutôt – tardivement mais longuement – comme élément anonyme d'une sorte de pensée devenue commune sur l'enracinement dans la tradition, la langue et l'âme populaire. Nombre d'intellectuels du XIXᵉ siècle, parmi ceux qui traitent de la culture populaire, citent, plus ou moins approximativement, et sans le savoir, du Herder.

L'éclosion des bardes

Le triomphe de l'épopée ossianesque en Europe se fait sous le double signe de l'émotion romantique et des aspirations à la liberté. Le jeune Werther traduit pour sa bien-aimée des passages de l'épopée, qu'il lui lit dans une scène hautement pathétique et achevée dans un torrent de larmes. Modèle romanesque d'une sensibilité amoureuse liée à un renouveau culturel : Herder lui-même envoyait à sa fiancée ses traductions d'Ossian. La jeune génération multiplie les poèmes à la manière d'Ossian. Encore en 1817, l'adolescent Victor Hugo envoie une composition de ce style pour le concours des Jeux floraux. L'abbé italien Fortis, grand amateur d'Ossian et ami de Lord Bute, sous les auspices duquel a été publiée l'épopée écossaise, fait paraître en 1770 un *Voyage en Dalmatie* dans lequel il décrit les bardes morlaques et leur instrument d'accompagnement, la guzla, avant de reproduire des chants populaires[13]. L'un d'eux a un tel succès qu'il donne lieu à une trentaine de traductions étrangères, se retrouve dès 1778 dans le recueil *Volkslieder* de Herder et suscite un durable engouement pour les « Mor-

---

œuvres pour la jeunesse. Il faudra attendre les années de l'Occupation pour que paraissent le *Journal de voyage de 1769* et *Une autre philosophie de l'Histoire* (traduction et présentation par Max Rouché), et ce n'est que depuis peu que s'est engagée une entreprise plus suivie de traduction de l'œuvre.

13. Cf. Voyslav M. Yovanovitch, *« La Guzla » de Prosper Mérimée – Étude d'histoire romantique*, thèse présentée à l'université de Grenoble, Grenoble, Arthaud, 1910, 1ʳᵉ partie.

laques », terme utilisé alors pour désigner une population qui semble miraculeusement préserver en Europe du Sud une sauvagerie pure et admirable. Mais des entreprises plus importantes se forment pour célébrer les antiquités nationales.

Les lettrés russes, avec enthousiasme, découvrent Ossian dans la traduction française de Le Tourneur, ou dans l'édition russe établie par Kostov en 1792 à partir de celle-ci[14]. Les motifs de l'œuvre macphersonienne inspirent poésies et tragédies. La multiplication, par les poètes russes, d'adaptations des « chants des anciens bardes gaéliques » se double d'une révolution esthétique : l'introduction de la métrique populaire dans la poésie lettrée. Le contexte est d'autant plus favorable à la découverte de la culture nationale que l'écrasement du soulèvement populaire conduit par Pougatchev, en 1775, a, pour les intellectuels russes, porté le discrédit sur le despotisme éclairé de Catherine II. Les écrits de Mallet sur les antiquités scandinaves, qui arrivent à la connaissance des lettrés au même moment, suscitent eux aussi une première vague de recherche des antiquités russes. La Russie est d'ailleurs rapidement dotée d'une épopée nationale de type ossianesque, la première du genre sur le continent.

En 1795, le comte Moussine-Pouchkine déclare avoir découvert un manuscrit contenant une épopée relative à la lutte menée par les Russes au XIIe siècle contre le peuple nomade des Polovtses. Une transcription du manuscrit est remise à Catherine II et éditée en 1800 sous le titre de *Chant de la troupe d'Igor*, d'après le nom du prince russe qui avait commandé cette campagne infructueuse contre les ennemis. L'œuvre, attribuée à un auteur inconnu du XIIe siècle, est tout aussitôt estimée égale en valeur et en qualité à l'épopée d'Ossian. C'est ce que déclare le plus important des littérateurs et publicistes russes de l'époque, Nikolaï Karamzine, dans un article de 1797 paru dans *Le Spectateur du Nord*, et ce que souligne Moussine-Pouchkine dans sa préface à l'édi-

14. Pour l'influence de l'épopée ossianesque en Russie, cf. notamment J. D. Lewin, « Die russische Aufnahme der Ossian-Dichtung », dans *Romantik und Nationen im Osten Europas*, Vienne-Cologne, Corvina, 1990, p. 79-97.

tion de 1800. De fait, on retrouve dans le *Chant de la troupe d'Igor* l'héroïsme guerrier, la célébration d'une atmosphère païenne, les invocations à la nature qui avaient fait le succès de l'épopée écossaise. L'épopée est tenue pour preuve que les Slaves aussi ont eu leur Ossian, ou, mieux encore, leur Homère. Des doutes sont formulés quant à l'existence du manuscrit original, mais l'incendie de Moscou en 1812, aux pertes duquel il est porté, dispense opportunément ses champions d'avoir à le produire. La publication en 1838 d'une épopée du XIVe siècle, dont l'authenticité paraît incontestable, leur apporte un nouvel argument. On y relève des éléments fort semblables au *Chant de la troupe d'Igor.* Du coup, l'épopée du XIVe siècle est présentée comme une imitation tardive de la création du XIIe siècle dont on ne saurait donc plus mettre en cause l'existence. Les sceptiques rétorquent que le texte du XIVe siècle, accessible depuis longtemps, a pu être un modèle pour le texte produit en 1795. Le *Chant de la troupe d'Igor*, trop nécessaire à la fondation de la culture nationale pour être véritablement mis en cause, entre en fait dans le patrimoine russe comme monument culturel et document historique, quand bien même récurremment des philologues affirment qu'il s'agit d'un texte du XVIIIe siècle. L'opéra *Le Prince Igor* d'Alexandre Borodine, avec ses célèbres danses polovtsiennes, qui a été joué pour la première fois en 1890, en est l'illustration musicale la plus connue.

Les bardes antiques suscitent un peu partout sur le continent de modernes émules. En 1769 paraît *La Bataille d'Arminius (Die Herrmanschlacht)* : l'auteur en est Friedrich Gottlieb Klopstock, qui a précédemment composé une gigantesque épopée, *La Messiade*, à la manière du *Paradis perdu* de Milton que Bodmer avait traduit en allemand. Le héros de *La Bataille* est ce héros germanique de la résistance contre les Romains déjà célébré vingt ans auparavant par le drame de Justus Möser. Klopstock avait été invité en 1750 à Zurich par Bodmer et les poètes qui, autour de lui, voulaient retrouver des épopées germaniques. L'année suivante, il se rendait à Copenhague, où il devait séjourner près de vingt ans grâce à une pension royale que lui avait procurée une protection aristocratique. C'était l'époque où Mallet faisait connaître les épopées scandinaves. Klopstock entoure le héros germanique de bardes chantant des hymnes aux dieux de l'*Edda*. Les suites de l'épopée germanique (*Arminius et les Princes*, publié en 1784, *La Mort d'Arminius*, parue en 1787) prolongent cette célébration anticlassique des antiquités nordiques. Comme d'autres intellectuels allemands, Klopstock manifeste le souci de créer une culture nationale : en 1774, dans *La République allemande des savants*, il a, lui aussi, préconisé la création d'une Académie allemande. Mais ce patriotisme est placé sous les auspices de la liberté et d'un universalisme dans la diversité : Klopstock est fait citoyen d'honneur de la République française en 1792[15].

Parallèlement aux bardes germaniques naissent les bardes gallois[16]. En 1757, le poète Thomas Gray publie une ode intitulée *Le Barde* : le sujet est emprunté à une légende selon laquelle le roi d'Angleterre, conquérant le pays, aurait ordonné la mise à mort de tous les bardes gallois. L'ode met en scène un rescapé du massacre qui, rencontrant un jour le roi parti étouffer la résistance galloise, lance sur lui sa malédiction. L'imprécation se double d'un prophétisme qui annonce la résurrection de l'esprit bardique dans les poètes de l'avenir, Shakespeare ou Milton. Ce thème inspire nombre de compositions picturales, la plus connue étant due à William

15. Par décret du 26 août 1792 signé de Danton, la citoyenneté d'honneur française fut accordée à 16 étrangers qui par leurs écrits et leurs actions avaient servi la cause de la liberté et la libération des peuples ; parmi eux figuraient George Washington, Thomas Payne, Anacharsis Cloots, Johann Pestalozzi, Tadeusz Kościuszko. Friedrich Schiller, dont la pièce *Les Brigands* venait d'être saluée à Paris comme apologie de la liberté, fut ajouté peu après à la liste. Le portrait de Klopstock en barde couronné de chêne, exécuté en 1790 par Gerdt Hardorff, fut acheté par un admirateur français, le ministre Roux de Rochelle. Ce tableau est actuellement au musée national du château de Versailles. Cf. catalogue de l'exposition « Marianne und Germania, 1789-1889 », Berlin, sept. 1996-janvier 1997, Berlin, Argon Verlag, 1996, p. 141.

16. Pour la présentation du bardisme gallois, cf. Prys Morgan, « From a Death to a View : The Hunt for the Welsh Past in the Romantic Period », dans *The Invention of Tradition* (sous la direction d'Eric Hobsbawm et Terence Ranger), Cambridge, Cambridge University Press, 1983, p. 43-100.

Blake. Sept ans après l'ode de Gray paraissent des *Spécimens des bardes gallois*, inspirés à Evan Evans par la production macphersonienne. Ils suscitent d'autant plus d'intérêt que le Pays de Galles est depuis le début du siècle, et à l'initiative d'un homme de lettres, le théâtre de réunions artistiques intitulées *Eisteddfodau*. Elles sont supposées continuer la tradition de joutes oratoires entre bardes des cours médiévales. Ces *Eisteddfodau* prennent une grande importance à la fin des années 1780, lorsqu'elles bénéficient du soutien financier des Sociétés galloises installées à Londres. A la réunion de 1791, où la joute lyrique dure plus de treize heures, les médailles données en récompense aux vainqueurs ont été conçues par Dupré, qui est alors Graveur général des Monnaies de la France. Les parrains londoniens du concours littéraire incitent les néo-bardes locaux à chanter les libertés politiques. Mais, quelques années plus tard, le prix revient au poème célébrant l'échec de l'invasion française au pays de Galles.

Les premiers organisateurs des *Eisteddfodau* déclaraient avoir renoué avec les fêtes des cours galloises, ultimes vestiges d'indépendance avant l'intégration ultime dans le royaume d'Angleterre. Mais la concurrence d'autres bardes plus antiques, à partir de la publication macphersonienne, entraîne une réévaluation de la tradition galloise : les bardes sont revus et corrigés en continuateurs des druides, chantres de la résistance héroïque des ancêtres de la nation contre l'envahisseur romain. Evan Evans avait commencé cette assimilation qui est portée aux extrêmes par le maçon Edward Williams, lequel se donne pour nom bardique Iolo Morganwg. Durant un séjour londonien en 1790-1791, Iolo Morganwg conçoit une religion druidique qui combine la religion unitarienne dans laquelle a été élevé son auteur avec une célébration de la nature en harmonie avec la sensibilité de l'époque. Il la dote d'une mythologie et d'une liturgie rapportée aux mégalithes de Grande-Bretagne : les alignements de pierre sont alors tenus pour édifices religieux des Celtes. Et, en 1792, il organise à Londres une cérémonie druidico-bardique tenue à Primrose Hill[17], avant de fonder dans tout le Pays de Galles

17. Le roman *Foreign Affairs* d'Alison Lurie (Londres, Random House, 1984) présente, sur le mode distancié et désenchanté, une

des associations néo-druidiques appelées *Gorseddau*. Le cérémonial haut en couleur inventé par Iolo Morganwg, dont l'imagination est soutenue par un usage intensif du laudanum, rencontre un certain succès et est introduit dans les *Eisteddfodau* après 1815.

L'invention du druidisme gallois, pas plus que l'écossaise épopée ossianesque, ne conduit à la revendication d'une nation galloise politiquement indépendante du Royaume-Uni. Elle est plutôt mise au service d'une critique du cléricalisme et d'une réinvention du christianisme comme religion populaire, naturelle, fondée sur la paix et la liberté. Il y aura d'ailleurs plusieurs tentatives, dans la première moitié du XIXe siècle, pour présenter la religion druidique comme la préfiguration d'un christianisme pur, non dénaturé par le pouvoir de l'Église romaine. L'invention du druidisme comme protochristianisme avait d'ailleurs été déjà esquissée par le pasteur berlinois Simon Pelloutier, fils d'un émigré huguenot et auteur d'une *Histoire des Celtes* (1740-1750). Le bardo-druidisme gallois servira aussi de modèle aux Français pour la fondation de leurs antiquités nationales, dès lors qu'ils prennent acte du grand mouvement culturel qui parcourt l'Europe et estiment qu'il convient d'y prendre place. Quant au motif du *Barde* de Gray, il va connaître une longue carrière sur le continent, comme symbole du combat engagé par les hommes de lettres contre la tyrannie et le pouvoir oppresseur.

Les antiquités nationales à redécouvrir étaient-elles médiévales ou contemporaines de l'Empire romain ? L'exemple gallois le montre bien, la question n'est jamais tranchée, et c'est dans le même mouvement qu'on se met à les découvrir. L'hypothèse souvent émise pour concilier l'un et l'autre aspect consiste à faire de la littérature médiévale le vestige de plus antiques épopées. Le recours au Moyen Age s'explique dans la mesure où il est possible pour cette période de produire des manuscrits, ce qui n'est pas le cas pour les premiers siècles. Or il faut apporter des arguments en faveur de la thèse selon

---

moderne célébration druidique au sommet de Parliament Hill, à Londres, à laquelle participe une universitaire américaine spécialiste d'études folkloriques.

laquelle la tradition populaire garde, sous une forme plus ou moins altérée, les épopées et la mythologie des Ages primitifs. En déclarant que les scribes médiévaux ont consigné des légendes populaires telles qu'elles circulaient à leur époque et que ces légendes étaient des fragments d'épopées ou des mythes, les collecteurs apportent une caution indispensable aux collectes modernes. Lorsqu'il publie en 1770 la première traduction anglaise des écrits de Mallet sur la mythologie scandinave, l'abbé Thomas Percy affirme que la poésie populaire est l'ultime reste d'antiques scaldes scandinaves. Cinq ans auparavant, il avait publié des *Reliques of Ancient English Poetry*. Il disait avoir trouvé sur un vieux manuscrit, sauvé *in extremis* de la cheminée flambante où il avait été jeté, près de 200 ballades anglaises et écossaises qu'il livrait à l'admiration du public. Bien que Percy fût soupçonné d'avoir mis beaucoup de lui-même dans ces poèmes et qu'il fût sommé en vain par des esprits suspicieux de montrer le manuscrit quelque peu calciné, les ballades soulevèrent un vif enthousiasme et furent présentées en exemple de prestigieux patrimoine national. Herder salua la publication de Percy comme règle à suivre par les lettrés patriotes allemands. De fait, ces ballades anglaises furent sources d'émulation pour des littérateurs germaniques, et notamment les jeunes gens du *Göttinger Hainbund* : grands admirateurs de Klopstock, ils s'adonnaient à la poésie bardique. L'un d'eux, Gottfried August Bürger, publia en 1774 ce qui allait devenir la plus célèbre des ballades allemandes et le modèle du genre sur le continent : *Lenore*. Herder apprécia et lança même un appel direct à Bürger pour fournir à l'Allemagne l'équivalent des épopées anglaises ou scandinaves :

> Ah ! si Bürger, qui a une connaissance intime de la langue et du cœur de ce sentiment populaire, nous donnait un jour un chant héroïque, une chanson de geste ayant toute la vigueur et l'élan de ces chansons, qui de vous, Allemands, n'accourrait pour l'écouter avec ravissement [18] ?

18. Johann Gottfried Herder, « Von der Ähnlichkeit der mittleren englischen und deutschen Dichtkunst », dans *Herder's Sämtliche Werke*, cité, p. 531.

L'entreprise de refondation de la culture européenne est menée avec assez d'ardeur pour qu'en 1800 la question mise au concours par l'université de Copenhague porte sur l'intérêt de remplacer la mythologie gréco-latine par celle des anciens Scandinaves. Anciens Scandinaves, Germains ou Celtes : on ne fait guère de différence, encore, entre ces grands ancêtres, et le ciel nordique semble abriter le commun Panthéon de la modernité européenne. Rien ne confirme mieux en tout cas l'ampleur prise par cette Révolution culturelle que la tentative engagée par la France de prendre rang – à la première place, bien sûr – dans ce nouvel héritage.

La fille aînée des Celtes

La rhétorique révolutionnaire avait fait largement usage de la tradition classique et de la référence latine. Mais le défi lancé à la première des nations politiques ne pouvait être longtemps ignoré : la France allait-elle continuer à se réclamer d'un classicisme ailleurs battu en brèche et associé à l'absolutisme ou bien saurait-elle trouver d'autres fondements culturels ? Dès 1795, dans ses leçons d'histoire données à l'École normale, Volney affirme qu'il faut recourir à d'autres sources culturelles que la Grèce et Rome, et suggère que l'on s'intéresse aux antiquités celtiques [19]. La question est d'autant plus cruciale qu'il importe de montrer l'unité de la nation après l'abolition des différences et des privilèges – sociaux et géographiques – de l'Ancien Régime. Plus encore qu'ailleurs, la culture populaire doit se voir accorder une nouvelle dignité comme conservatoire du patrimoine collectif.

Ce sont les Gaulois qui sont élus ancêtres de la nation [20]. Deux raisons à cela. La première, évidemment, tient au mouvement européen contemporain de promotion celtique. La

19. Cf. Jean-Yves Guiomar, « *Le Barzaz Breiz* », dans *Les Lieux de mémoire* (sous la direction de Pierre Nora), Paris, Gallimard, 1992, t. III, vol. 2, p. 545.

20. Sur le celticisme français, cf. Krzysztof Pomian, « Francs et Gaulois », dans *Les Lieux de mémoire*, *op. cit.*, t. III, vol. 1, 1992, p. 41-105.

seconde a des origines intranationales et politiques. Depuis près de deux siècles court en France, avec plus ou moins de vitalité, la thèse selon laquelle le pays est occupé par deux populations. La plus primitive, descendant des Gaulois, aurait été réduite en esclavage par les envahisseurs Franks et de cet asservissement serait issue la distinction entre le tiers état et la noblesse. La théorie de la double population avait été initialement lancée par une aristocratie soucieuse de poser contre l'absolutisme royal la légitimité irréfutable des droits nobiliaires. En les faisant découler, non de la faveur royale, mais du droit de conquête, elle affirmait ses privilèges intangibles. La thèse, évidemment, peut être retournée contre la noblesse dès lors qu'apparaît l'idée de nation comme communauté originelle du Peuple. L'aristocratie, en se disant étrangère à la nation, s'en exclut d'elle-même. Et l'abbé Sieyès, dans son fameux pamphlet *Qu'est-ce que le Tiers État ?*, suggère ironiquement que l'on procède à une épuration nationale en renvoyant les aristocrates à l'Est. Il ne désigne pas Coblence, mais les forêts de Germanie :

> Si les aristocrates entreprennent, au prix même de cette liberté dont ils se montrent indignes, de retenir le peuple dans l'oppression, le tiers état osera demander à quel titre ; si on lui répond « à titre de conquête », il faut en convenir, ce sera remonter un peu haut ; mais le tiers état ne doit pas craindre de remonter dans les temps passés. Pourquoi ne renverrait-il pas dans les forêts de Germanie toutes ces familles qui conservent la folle prétention d'être issues de la race des conquérants, et d'avoir succédé à leur droit de conquête ? La nation épurée se consolera, je pense, d'être réduite à ne plus se croire composée que des descendants des Gaulois et des Romains, et se persuadera qu'elle vaut au moins autant que celle qui viendrait des Sicambres, des Welches et autres sauvages sortis des bois et des marais de Germanie.

La thèse de la double population sera reprise par les historiens libéraux, comme Augustin Thierry[21], ou Guizot, qui, en 1829, interprète la Révolution française comme un conflit ethnique :

21. Augustin Thierry, *Sur l'antipathie de race qui divise la nation française*, 1820.

> La Révolution a été une vraie guerre, telle que le monde la connaît entre peuples étrangers. Depuis plus de treize siècles, la France en contenait deux, un peuple vainqueur et un peuple vaincu. Depuis plus de treize siècles, le peuple vaincu luttait pour secouer le joug du peuple vainqueur. [...] La lutte a continué dans tous les âges, sous toutes les formes, avec toutes les armes. Et lorsqu'en 1789, les députés de la France entière ont été réunis dans une seule assemblée, les deux peuples se sont hâtés de reprendre leur vieille querelle : le jour de la vider était enfin venu [22].

Les Gaulois étaient-ils des Celtes comme les autres ? Assurément non pour leurs descendants, qui jugent que la nation française ne peut avoir d'autre place que la première, dans le passé comme dans le présent. L'abandon d'un modèle culturel classique à bout de course et son remplacement par un nouveau ne conduisent pas au renoncement à la prééminence. La marche triomphale des armées françaises en Europe va conforter ce sentiment. D'autant que le plus ambitieux de leurs jeunes généraux, en mal d'un Homère à la hauteur de sa gloire, vit ses expéditions comme une épopée ossianesque. On ne sait, si, comme le raconte sa légende, Bonaparte emportait l'œuvre de Macpherson sur tous les champs de bataille, dans la traduction italienne de l'abbé Cesarotti. Le Premier consul en tout cas multiplie les commandes de tableaux à thèmes ossianesques. Le salon de Joséphine au château de la Malmaison se trouve ainsi décoré d'une œuvre du baron Gérard intitulée *Ossian évoque les fantômes au son de la harpe* et d'une ahurissante composition de Girodet, *Ossian recevant les héros français*. Selon la longue notice rédigée par Girodet dans le livret du Salon de 1802, figurent sur le tableau :

> le vieux barde de Morven, Ossian, privé de la vue, [qui] marche à la tête de ses guerriers ; ses dogues fidèles l'accompagnent ; il s'appuie sur sa lance renversée pour embrasser Desaix. Kléber tend une main à Fingal en signe d'alliance et de l'autre il porte avec Desaix un trophée d'armes enlevé aux

22. François Guizot, *Du Gouvernement de la France depuis la Restauration et du ministère actuel*, 1829.

> Mameluks. [...] Marceau regarde Ossian avec admiration. Les généraux Dampierre, Dugommier, Hoche, Championnet et Joubert expriment les mêmes sentiments. [...] La Tour d'Auvergne, premier grenadier de la République, marche au second rang à la tête de ses braves frères d'armes, leur bonnet est ombragé d'olivier, ils arrivent tambour battant. Sur le troisième plan sont les généraux Kilmaine, Marbot et Duphot. [...] Plus bas, on voit le roi de Lochlin, le féroce Starno, ennemi de Fingal, son corps est couvert de fer, un poignard est fixé à sa ceinture d'où pend un crâne humain qui lui sert de coupe. Il a saisi par les cheveux Agandecca, sa fille, amante de Fingal, qui s'était jointe aux belles de Morven pour célébrer l'arrivée des Français. Il était prêt à la frapper de son épée mais un jeune dragon vole pour la défendre ; déjà, le panache et le cimier de son casque sont abattus, sans s'effrayer il saisit et arrête d'une main le glaive de Starno, de l'autre, ayant engagé le fer, il le rompt et perce son ennemi d'outre en outre avec un sabre d'honneur que lui a décerné le Premier consul. Un aigle traverse le nuage où se meuvent toutes ces ombres. A l'aspect de l'oiseau vigilant, symbole du génie de la France, qu'une gloire brillante environne, il a laissé échapper une colombe qu'il tenait dans ses serres. Il fuit épouvanté [...] [23].

Le Premier consul ne reculait décidément devant aucune outrance pour conquérir une pièce de choix du patrimoine européen et l'offrir à la France, sous les auspices de la Paix et de la Liberté.

Théophile Malo Corret de La Tour d'Auvergne, « premier grenadier de la République » et natif de Carhaix, a trouvé la mort en 1800 sur un champ de bataille bavarois, à la tête de ses soldats. Mais, avant d'entrer au paradis d'Ossian, il a glorieusement mérité des antiquités nationales. En 1792 il publie *Nouvelles Recherches sur la langue, l'origine et les antiquités des Bretons, pour servir à l'histoire de ce peuple*. L'ouvrage est republié en 1797 à Paris puis en 1801 à Hambourg

23. Notice de Girodet dans le livret du Salon de 1802, reproduite dans *La Légende d'Ossian illustrée par Girodet*, brochure rédigée pour l'exposition organisée par les musées de Montargis, présentée à Montargis au musée Girodet en 1988, p. 63-65. Je remercie Catherine Bertho Lavenir de m'avoir communiqué ce document.

sous le titre *Origines gauloises, celles des plus anciens peuples d'Europe puisées dans leur vraie source ou Recherches sur la langue, l'origine et les antiquités des Celto-Bretons de l'Armorique, pour servir à l'histoire ancienne et moderne de ce peuple, et à celle des Français.* Le long titre expose la théorie de La Tour d'Auvergne. L'auteur affirme que les Gaulois ont constitué le plus ancien des peuples européens, que les mégalithes de Bretagne étaient leurs anciens lieux de culte et que le breton contemporain est du celte authentique [24]. Grâce à la Bretagne, la France opère donc la conversion des antiquités gréco-latines aux celtiques sans perdre sa prééminence européenne. Et la presqu'île qu'on avait pu croire le haut lieu d'une insurrection dangereuse pour la République devient le prestigieux conservatoire de la plus glorieuse tradition ancestrale. La publication de La Tour d'Auvergne enthousiasme Jacques Cambry, qui a été en 1794-1795 le représentant du gouvernement chargé d'une mission d'inventaire en Bretagne après les accès de vandalisme révolutionnaire. Cambry développe l'idée d'une religion druidique gauloise, toute fondée sur la sagesse et la nature. Et le récit de son *Voyage dans le Finistère*, qu'il publie à Paris à l'Imprimerie-librairie du Cercle social en 1799, est orné d'une gravure sur cuivre représentant un druide prêchant du haut d'un dolmen, à l'orée d'une forêt de chênes, devant un parterre de héros et quelques jeunes vierges en longue robe façon Directoire. En 1805, Cambry donne un exposé plus détaillé sur la religion druidique dans ses *Monumens celtiques ou Recherches sur les cultes des pierres*. La Velléda des *Martyrs* de Chateaubriand – lequel est au demeurant amateur d'Ossian –, publiés quatre ans plus tard, doit beaucoup à la religion druidique façon Cambry.

Le 9 germinal an XIII – le 30 mars 1805 – a lieu à Paris la séance d'ouverture d'une société savante, l'Académie celtique, qui se donne notamment pour tâche la confection d'une « grammaire celto-ossianique composée d'après le

24. Cf. notamment *Breizh, Bretagne, zwischen keltischem Erbe und französischer Gegenwart* (sous la direction de Bernhard Lauer et Bärbel Plöttner), catalogue de l'exposition présentée à Cassel en 1993 au musée des Frères Grimm, Cassel, Brüder-Grimm Museum, 1993.

texte gallique original d'Ossian, monument précieux de la langue et de la mythologie des Gaulois [25] ». Les annexions culturelles vont du même pas que les conquêtes territoriales et la réaffirmation de la suprématie française en Europe [26]. Parmi les fondateurs de l'Académie figurent Cambry, Johanneau, un professeur de collège, Mangourit, un diplomate féru de druidisme, et Alexandre Lenoir – qui a créé le musée des Monuments français [27]. Lenoir, à la suite du vandalisme des premières années révolutionnaires et de la vente des biens du clergé, a voulu constituer un musée abritant les monuments architecturaux de la nation française. C'est là qu'auront lieu les premières réunions de l'Académie. Un de ses membres, le philologue Le Gonidec, publie dès 1807 la *Grammaire celto-bretonne* projetée et la dédie à l'Académie. Mais l'objectif est autrement plus vaste puisqu'il s'agit d'illustrer, sur tous les plans, toutes les antiquités nationales. L'Académie, dont les membres sont des érudits, souvent archivistes ou philologues, poursuit deux objectifs conjoints, science et patriotisme. Lenoir expose clairement dans son *Épître dédicatoire*

25. Prospectus de présentation de l'Académie celtique, dans *Mémoires de l'Académie celtique*, tome 2, 1808, cité dans Denise Glück, « Ossian et l'ossianisme », dans *Hier pour demain, Arts, Tradition et Patrimoine*, catalogue de l'exposition du Grand Palais, juin-septembre 1980, Paris, Réunion des Musées nationaux, 1980, p. 61.

26. Mangourit, un des fondateurs de l'Académie, souligne que la question celte est affaire européenne : « Tout ce qui dépasse l'horizon historique, tout ce qui nous paraît éternel sur l'Europe par les masses ou l'immobilité, porte une inauguration celtique », cité par Mona Ozouf, « Les Gaulois à Clermont-Ferrand », article publié dans *Le Débat*, 6 novembre 1980, reproduit dans *L'École de la France. Essais sur la Révolution, l'utopie et l'enseignement*, Paris, NRF-Gallimard, 1984, p. 345.

27. Parmi les premiers membres de l'Académie celtique, on trouve plusieurs francs-maçons du rite écossais philosophique, dont Cambry, Mangourit, Lenoir ou Lavallée. Cf. Jean-Yves Guiomar, « Le *Barzaz Breiz* », dans *Les Lieux de mémoire*, cité, p. 545. Cambry, président du district de Quimperlé lorsqu'il est chargé officiellement de faire l'inventaire des objets ayant échappé au vandalisme révolutionnaire, devint ensuite préfet de l'Oise. Mangourit, fondateur en janvier 1789 du *Héraut de la nation*, un des premiers journaux révolutionnaires, a été en 1798 missionné par le Directoire comme président de la République française en Valais.

à sa Majesté l'Impératrice que ses amis et lui veulent faire pour la nation française ce que les moines bénédictins ont fait pour la royauté :

> Le désir de retrouver et de réunir les titres de gloire légués à leurs descendants par les Celtes, les Gaulois et les Francs[28], a fait naître l'Académie celtique. Un sentiment tout à la fois aussi noble et national a dû se manifester à une époque où les Français se montraient si dignes de leurs ancêtres.

Comme cela a déjà été fait ailleurs, l'Académie celtique se propose donc de reconstituer les antiquités nationales à partir des vestiges qu'on peut encore trouver dans la culture populaire – la tâche étant, comme il est usuel, placée sous le signe de l'urgence :

> Le double but que se propose l'Académie celtique est aussi important, aussi utile que bien déterminé, c'est la recherche de la langue et des antiquités celtiques, comme l'exprime la devise que je vous propose : *Sermonem patrium moresque requiret*. Ainsi notre but doit être, premièrement, de retrouver la langue celtique dans les auteurs et les monuments anciens ; dans les deux dialectes de cette langue qui existent encore, le breton et le gallois, et même dans tous les dialectes populaires, les patois et les jargons de l'empire français, ainsi que les origines des langues et des noms de lieux, de monuments et d'usages qui en dérivent, de donner des dictionnaires et des grammaires de tous ces dialectes, qu'il faut se hâter d'inventorier avant leur disparition totale ; deuxièmement, de recueillir, d'écrire, de comparer et expliquer toutes les antiquités, tous les monuments, tous les usages, toutes les traditions : en un mot, de faire la statistique antique des Gaules, et d'expliquer les temps anciens par les temps modernes[29].

28. La réintégration des Francs dans la nation s'explique probablement par le contexte politique : instauration de l'Empire et retour des émigrés.

29. Discours d'ouverture d'Éloi Johanneau, reproduit dans *Mémoires de l'Académie celtique*, tome I, 1807. Pour les études sur l'Académie celtique et son œuvre, cf. notamment Nicole Belmont, « L'Académie celtique et George Sand. Les débuts des recherches folkloriques en France », *Romantisme*, 1975, n° 9, *Le Peuple* ; Nicole Belmont (sous la direction de), *L'Académie celtique*, Paris, Éd. du Comité des

« Faire la statistique [30] antique des Gaules » : l'expression renvoie bien au statut particulier de la recherche sur les origines au sein d'une nation qui a un cadre étatique. Les érudits de l'Académie disposent d'une référence – le relevé systématique de connaissances sur les réalités contemporaines entrepris par les autorités [31] –, qui explique l'ambition d'exhaustivité. Ils peuvent de surcroît envisager un soutien logistique à leur recherche grâce au réseau mis en place par les autorités pour connaître le territoire qu'elles doivent administrer. De fait, les académiciens élaborent un copieux questionnaire, transmis aux préfets en 1807 afin qu'ils le soumettent aux érudits locaux. Le réseau d'informateurs doit effectuer la collecte et faire remonter les résultats, *via* les préfets, à l'Académie. Puissance de l'État et du centralisme qui doit permettre non seulement de rattraper le retard français en matière de constitution des antiquités nationales, mais aussi de dépasser les initiatives étrangères par l'ampleur des recherches et des résultats. Les académiciens prévoient même que l'abondance de réponses excédera peut-être ce qu'ils sont en mesure de traiter, mais que le corps pérenne qu'ils forment permet d'envisager une entreprise continuée par les générations à venir [32]. La liste des questions établies par les académiciens dresse un programme de relevé des traditions populaires qui préfigure l'ensemble des collectes menées par les folkloristes européens du XIXe siècle. Les questions à traiter sont groupées en quatre grandes rubriques : usages liés au cycle calendaire, usages liés au cycle de vie, monuments antiques et

---

travaux historiques et scientifiques, 1996 ; *Hier pour demain, Arts, Tradition et Patrimoine*, section « L'Académie celtique », catalogue cité ; et Mona Ozouf, « L'invention de l'ethnographie française : le questionnaire de l'Académie celtique », *Annales ESC*, mars-avril 1981.

30. Le terme « statistique » n'a pas alors son sens moderne, mathématique, mais correspond à la notion d'exposé méthodique des différents objets qui forment la richesse et la force d'un État.

31. Cf. Marie-Noëlle Bourguet, *Déchiffrer la France. La statistique départementale à l'époque napoléonienne*, Paris, Éd. des Archives contemporaines, 1988.

32. Cf. lettre de l'académicien Mangourit à l'Académie, 29 messidor an XIII.

« autres croyances et superstitions ». Les érudits apprennent donc ainsi quels sont les usages populaires dignes de retenir leur attention et de susciter leur curiosité : distribution d'œufs colorés au moment de Pâques, pratique des arbres de mai, amulettes de protection attachées aux nouveau-nés, procession de dragons dans les fêtes, existence d'un « argo [*sic*] ou langage des gueux », etc. Le projet archéologique de reconstitution des antiquités nationales s'exprime – parce qu'il est porté par une ambition d'exhaustivité et qu'il est couplé à un dispositif officiel d'inventaire des populations administrées – en un programme ethnographique à longue portée. Le questionnaire sur les traditions est en outre associé à une enquête linguistique menée sous la responsabilité de Coquebert de Montbret, chef du bureau de statistique : il est demandé aux préfets de faire établir une transcription, dans tous les idiomes locaux en usage sur le territoire qu'ils administrent, d'un même texte, la parabole de l'Enfant prodigue. Le questionnaire sera diffusé dans tous les départements, y compris ceux qui résultent des conquêtes territoriales récentes. L'ambition de l'Académie est de prendre une place éminente dans les échanges internationaux et la recherche comparative sur les antiquités nationales, et elle accueille en son sein des étrangers, comme le Genevois Adolphe Pictet, le ministre de Hesse à Paris von der Marburg ou plus tard, pendant son séjour à Paris, le jeune Jacob Grimm.

L'intérêt pour les traditions et parlers populaires était apparu déjà dans une enquête précédente, celle qu'avait lancée l'abbé Grégoire en 1790 par l'intermédiaire d'un réseau qu'il avait constitué à cette fin. Mais la visée, en ce début de la Révolution, était tout autre. Il s'agissait de repérer, pour mieux les combattre, des usages définis comme des archaïsmes et des obstacles à l'unité de la nation, entravant la marche de sa réussite politique. La France, devenue nation de citoyens, devait être unifiée sur le plan linguistique. La valorisation des idiomes pratiqués sur le territoire national, en 1805, ne correspond pas à une inversion idéologique, mais à une démarche complémentaire apparue entre-temps comme indispensable. Les usages populaires et les dialectes, pour les académiciens, ne doivent pas être prorogés, mais conservés sur le mode patrimonial ; condamnés pour l'avenir, ils sont cependant les clés d'un passé sur lequel doit être fondée la légitimité de la nation. Grossiers et méprisables si on ne les considère que dans leur instantanéité, ils sont néanmoins une version dégradée d'une haute culture, comme le déclare Éloi Johanneau dans son discours d'ouverture :

> Ce que nous méprisons aujourd'hui comme des contes populaires, comme des monuments grossiers, sont des vestiges précieux de la sagesse des anciens législateurs.

En 1814, l'Académie celtique cesse ses activités, certains de ses membres formant un nouveau groupement, la Société royale des antiquaires de France. Celle-ci est également dévolue à l'établissement de l'histoire des temps anciens, mais la période gauloise perd sa prééminence. Cependant, les druides et leurs cérémonies à l'ombre des mégalithes vont continuer à hanter l'imaginaire national français et deviennent un thème abondamment diffusé par l'iconographie romantique. Et c'est sur la tradition « bretonne-celtique » que sera constituée, dans les années 1830, l'épopée française de type ossianesque.

La nation au secours de la patrie

« Quoi ! des cohortes étrangères feraient la loi dans nos foyers ! [...] Grand Dieu ! par des mains enchaînées nos fronts sous le joug se ploieraient ! [...] Amour sacré de la patrie, conduis, soutiens nos bras vengeurs. Liberté, liberté chérie, combats avec tes défenseurs. » Le *Chant de guerre pour l'armée du Rhin* a été singulièrement entendu à l'est du fleuve. La marche victorieuse des armées françaises à travers l'Europe a définitivement couplé nation et patrie. Car, désormais, ce n'est plus des princes, toujours susceptibles de pactiser avec l'ennemi selon leurs intérêts propres de monarques, que l'on attend le salut et la sauvegarde de la patrie, mais de l'élan sacré de la nation consciente d'elle-même et luttant pour sa survie. C'est ce que proclame Fichte dans ses *Discours à la nation allemande* prononcés en 1808 :

> C'est exclusivement la caractéristique générale de la germanité qui peut nous permettre d'éviter l'effondrement de notre nation par sa fusion avec l'étranger et de reconquérir un Moi reposant sur lui-même et incapable de supporter la dépendance [33].

Et l'exorde final des *Discours* s'appuie sur une prosopopée des grands ancêtres de la nation, rappelant le devoir de transmission des vertus d'honneur et de résistance aux tyrans et à l'étranger :

> Vos ancêtres mêlent leur voix à celle qui prononce ces discours et vous adjurent eux aussi. Pensez que, par ma bouche, ce sont aussi les voix de vos ancêtres les plus éloignés que vous entendez, ceux qui ont opposé leurs corps à la menace de la monarchie universelle imposée par Rome, et qui ont conquis au prix de leur indépendance des montagnes, des plaines et des fleuves dont, à votre époque, l'étranger a fait sa proie. Ils vous crient : « Soyez nos représentants, transmettez notre souvenir à la postérité, aussi rempli d'honneur et irréprochable qu'il était parvenu jusqu'à vous, et comme vous vous glorifiez de l'avoir reçu et d'être nos descendants » [34].

Les *Discours* exposent longuement la nécessité de construire une nouvelle éducation, inspirée de l'œuvre du pédagogue suisse Pestalozzi – un des citoyens d'honneur de la République française –, propre à régénérer la nation allemande. Si Fichte n'en donne que les grands principes, Friedrich Ludwig Jahn tente au même moment de promouvoir une éducation patriotique allemande. Passé à la postérité sous le sobriquet de *Turnvater* (le Père-gymnastique), Jahn fonde des sociétés d'éducation physique destinées à former le caractère autant que la résistance corporelle de la jeunesse. Dans les réunions d'athlètes, il lit aux juvéniles patriotes le *Nibelungenlied*. Jahn invente le terme *Volkstum*, construit sur une racine germanique et non latine, pour désigner l'âme, l'esprit, la spécificité de la nation. Son ouvrage *Deutsches Volksthum*, publié en 1810, qui étudie la nation allemande sur

33. Johann Gottlieb Fichte, *Discours à la nation allemande,* cité dans l'édition française présentée et traduite par Alain Renaut, Paris, Imprimerie nationale, 1992, premier discours, p. 54.
34. *Ibid.*, quatorzième discours, p. 372.

le mode de la statistique – au sens d'époque –, consacre un chapitre aux coutumes et au mode de vie traditionnels. Jahn marque bien le sens politique de l'idée nationale en soulignant fortement que l'État n'est rien sans le Peuple et qu'un gouvernement sage ne place pas l'État au-dessus du Peuple, mais le Peuple dans l'État[35]. Patriote conséquent, participant aux batailles contre les troupes françaises, Jahn est aussi vigoureusement partisan de profondes réformes sociales : abolition du féodalisme et des privilèges, libre possession de la terre par les paysans, éducation de base pour tous. Jahn, qui connaîtra la prison pour menées subversives et sera membre du Parlement de Francfort en 1848, ne dissocie pas le patriotisme du combat pour l'égalité de statut au sein de la nation. Autre futur député de l'Assemblée de Francfort, défenseur des principes démocratiques et des droits parlementaires, le Souabe Ludwig Uhland compose des ballades inspirées des antiquités germaniques avant de se consacrer à la collecte de chants populaires. Son poème « La malédiction du chanteur » (« *Des Sängers Fluch* »), publié en 1810, reprend le motif du barde gallois maudissant le despote sanguinaire : le tyran sera englouti dans la ruine et l'oubli, ni chant ni épopée ne garderont trace de son pouvoir. Prophétie à l'usage du conquérant qui se voulait héros ossianesque.

Dans l'Europe en guerre, tandis que se succèdent batailles sanglantes, annexions et traités, la découverte et la célébration des antiquités nationales sont menées comme une tâche patriotique majeure. Premier combat politique, souvent, pour les futurs libéraux. Au Danemark, le jeune poète Oehlenschlager, initié en 1802 au renouveau culturel allemand par Henryk Steffens, nourrit son œuvre de ballades et de sagas. Le pasteur Nikolai Grundtvig, féru d'antiquités nordiques, publie des études sur la mythologie scandinave, les manuscrits médiévaux et l'histoire nationale. Se proposant de ranimer l'énergie scandinave, il compose une poésie héroïque consacrée aux grands ancêtres. Particulièrement intéressé par

35. Cf. Hermann Bausinger, *Volkskunde ou l'Ethnologie allemande*, Paris, Éd. de la Maison des sciences de l'homme, 1993, p. 33 (éd. originale allemande publiée en 1971).

les questions d'éducation, Grundtvig lancera en 1844 le mouvement des « hautes écoles populaires », destinées à l'éducation des adultes ; en 1848, il fera partie de l'Assemblée constituante.

En Suède, des jeunes gens fondent à Lund en 1811 la « Société gothique » dotée d'une revue, *Iduna*. L'année précédente, les États de Suède ont désigné comme héritier du roi Charles XIII, dépourvu de descendance, le maréchal français Jean Bernadotte, alors en conflit avec Napoléon. Le jeu complexe des alliances nouées dans le cadre du grand affrontement militaire européen et les conflits politiques internes expliquent ce choix d'un Français, qui aura d'ailleurs l'habileté de se « nationaliser », changeant son prénom pour s'inscrire dans la continuité dynastique suédoise (il devient Charles XIV), se convertissant au luthéranisme et engageant l'offensive contre les troupes napoléoniennes. La Société gothique, qui se veut avant tout patriotique, se donne pour tâche d'étudier les sagas et les chroniques des anciens Goths. Poussant assez loin l'imitation de Klopstock et de ses amis adeptes du bardisme, les jeunes « gothiques » veulent réintroduire les usages des anciens Scandinaves, se réunissent dans les forêts pour boire de l'hydromel dans des cornes et se donnent des noms de héros légendaires. L'un d'eux est Per Henrik Ling, qui pratique avec autant d'ardeur l'escrime que la poésie : il entrera dans l'histoire comme père de la gymnastique suédoise. Autre « gothique », Erik Gustaf Geiger a séjourné comme précepteur en Angleterre. Les découvertes culturelles qu'il y a faites l'ont profondément marqué : la Société est d'ailleurs fondée l'année qui suit son retour. Chantre des vertus ancestrales du peuple suédois, auteur de poèmes intitulés « Le Viking » ou « Le Paysan », il publie entre 1814 et 1817 des *Chants populaires suédois* (*Svenska Folk-visor*) qu'il a collectés avec un autre membre du groupe, Afzelius. Les deux auteurs y affirment que la ballade est la forme nationale de la poésie. Professeur d'histoire à Uppsala, Geiger sera rédacteur d'une *Histoire du peuple suédois* (1832-1836). Un autre membre important du groupe, Essaias Tegner, professeur puis évêque, est fortement marqué par l'influence d'Oehlenschläger : il publie de nombreux récits épiques et des cycles de romances, presque tous de sujet scandinave, dont le plus célèbre est la *Saga de Frithiof*, inspirée d'une saga nordique du XIVe siècle.

Dans la Russie envahie par les troupes napoléoniennes, les poètes célèbrent l'héroïque combat des guerriers par des chants bardiques inspirés d'Ossian et du *Chant de la troupe d'Igor*. La légende veut qu'à la veille de la bataille de Borodino les généraux Jermolov et Koutouzov aient soutenu leur vaillance patriotique par la lecture de ces poèmes. Mais la lutte contre l'impérialisme français donne aussi un élan décisif aux collectes de chants populaires et au mouvement de construction d'une culture nationale russe, particulièrement intense dans les milieux intellectuels liés aux décabristes, ces conjurés qui tentent en 1825 un coup d'État pour instaurer un régime constitutionnel.

Les publications de littérature nationale, à partir des premières années du XIXe siècle, s'inscrivent désormais moins dans la lutte contre un classicisme au dernier degré de l'agonie que dans un projet éducatif visant à unir toutes les composantes sociales de la nation dans la conscience de leur communauté de destin. Fervent admirateur de la Révolution française jusqu'au coup d'État de Bonaparte – il était venu à Paris en 1799 comme représentant des « patriotes rhénans » –, Johann Joseph von Görres, devenu professeur à l'université de Heidelberg, s'adonne à la quête des antiquités nationales, notamment médiévales. Il publie en 1807 une étude sur la littérature populaire allemande. A Heidelberg est paru peu auparavant le recueil d'Arnim et Brentano *Des Knaben Wunderhorn* (*Le Cor enchanté de l'enfant*) dont la publication a été suivie par un appel par voie de presse d'Arnim sollicitant des collaborations pour la collecte au nom d'intérêts éducatifs et patriotiques. Arnim affirme que les Allemands, en prenant conscience de leur patrimoine commun, pourraient découvrir leur unité culturelle et renforcer leur résistance aux troupes napoléoniennes. Il rêve même de créer des écoles de chanteurs pour participer à la diffusion profonde dans le peuple de la culture et de la langue allemandes.

La Révolution française a prouvé à l'Europe que l'accession de la nation à la souveraineté politique n'était ni utopie, ni idéal situé dans un avenir lointain et indéterminé. D'autant plus que la crainte d'un soulèvement révolutionnaire a incité certains monarques, comme le roi de Prusse, à atténuer à titre préventif la rigueur absolutiste et à accorder quelques concessions en matière de droits individuels. La construction de la culture nationale est fortement liée au libéralisme. Le combat contre l'absolutisme s'inscrit désormais dans la temporalité immédiate et s'accompagne pour les intellectuels d'un devoir exigeant : fournir à la nation tous les éléments lui permettant de se connaître pour telle. Et l'échange d'idées et de références entre nations, plus que jamais, a une place centrale dans cette entreprise.

Cosmopolitisme du national

Le rôle tenu par l'œuvre des frères Grimm dans la construction des cultures nationales européennes est l'un des plus remarquables témoignages de ces échanges internationaux. Nés respectivement en 1785 et en 1786, Jacob et Wilhelm Grimm sont issus d'une famille de la Hesse qui compta de nombreux pasteurs [36]. Ayant engagé des études de droit à Kassel, les deux frères font connaissance avec un jeune professeur, Friedrich von Savigny, qui les initie à la méthode de la jurisprudence historique et leur ouvre sa vaste bibliothèque. Les Grimm y découvrent avec enthousiasme les publications sur les antiquités allemandes. En 1804, ils se lient avec Arnim et Brentano, et participent à la collecte qui donnera lieu au *Cor enchanté de l'enfant*. En 1808, Jacob, qui a fait un voyage à Paris en 1805 avec Savigny, devient bibliothécaire du nouveau roi de Westphalie, Jérôme Bonaparte. Il sera fait l'année suivante auditeur au Conseil d'État de son gouvernement.

36. Cf. la chronologie établie par Bernhard Lauer, directeur du musée des Frères Grimm à Kassel, publiée dans *Europe*, n° 787-788, nov.-décembre 1994, p. 164-171. Cf. également Bärbel Plöttner, « Langue, littérature et identités nationales et régionales. Jacob Grimm entre l'Allemagne et la France. Le cas breton », dans *Philologiques III* (sous la direction de Michel Espagne et Michael Werner), Paris, Éd. de la Maison des sciences de l'homme, 1994, p. 211-235.

Parallèlement, il commence avec son frère des publications sur la littérature médiévale allemande. L'année de la retraite de Russie, les Grimm publient ce qui sera leur œuvre la plus célèbre, les *Contes des enfants et du foyer*. Lorsque Jérôme Bonaparte est chassé et remplacé par l'Électeur de Hesse, Jacob est nommé secrétaire de légation et accompagne à ce titre son nouveau souverain à Paris. Il y entre en contact avec l'Académie celtique. Le secrétaire de légation est ensuite envoyé à Vienne, pour le Congrès : ce sera moins pour lui l'occasion d'apprendre la valse que d'entrer en contact avec les érudits de l'Empire des Habsbourg. Il entreprend aussi de fonder une association d'érudits qui aura pour objet de collecter sur toute l'Allemagne les chants, légendes, coutumes, superstitions, expressions linguistiques, afin que soit recueilli, avant sa disparition présentée par Grimm comme imminente, l'héritage des ancêtres de la nation. La similitude avec l'entreprise de l'Académie celtique est évidente, mais manque ici la logistique étatique qui a soutenu l'expérience française. Le projet de Grimm échoue en fait dans une Allemagne toujours politiquement divisée. Envoyé peu après à Paris par le gouvernement prussien, il est chargé de rapatrier les œuvres d'art dérobées par les Français. Les deux frères se retrouvent tous deux bibliothécaires à Kassel, qu'ils quittent en 1829 pour Göttingen où Wilhelm prend une charge de bibliothécaire et Jacob un poste de professeur. Sa conférence inaugurale, prononcée en latin, s'intitule *De desiderio patriae*. En 1837, Jacob et Wilhelm Grimm, ainsi que cinq autres de leurs collègues, protestent solennellement contre la violation de la loi constitutionnelle, promulguée en 1833 et abolie par le nouveau souverain de Hanovre. Relevés de leur fonction, ils retournent à Kassel jusqu'à leur nomination comme membres de l'Académie de Berlin en 1841. La même année, Jacob est décoré de la légion d'honneur à l'initiative de Guizot. Il recevra peu après des décorations prussiennes et suédoises. En 1848, les deux frères participent au Parlement qui prépare l'Assemblée nationale allemande dont Jacob sera député. Wilhelm meurt en 1859 et Jacob en 1863.

Les Grimm sont porteurs d'un projet patriotique – fournir à la nation allemande la connaissance de son passé nécessaire à la conscience de son unité – et d'une ambition – réaliser la totalité de ce programme. C'est précisément cela qui les conduit à porter leurs recherches sur l'ensemble du patrimoine européen et à bâtir un vaste réseau de correspondances érudites. Car, pour connaître la culture originelle allemande, il faut étudier une culture antique ou médiévale faite d'échanges, d'emprunts, de transmissions. Les contes et légendes populaires sont pour eux les restes d'une ancienne mythologie commune, les conditions particulières de l'évolution de chaque peuple expliquant les différences d'évolution. Migrations des peuples, ramification des langues, circulation des motifs et des thèmes : pas d'antiquités nationales qui ne s'inscrivent dans le trésor commun européen. Par conséquent, pas de nationalisme patriotique sans cosmopolitisme intellectuel. Politiquement libéraux, les Grimm ne connaissent pas de frontières aux échanges intellectuels dans l'exhumation des monuments nationaux. Le gigantisme de leur entreprise rassemble et dépasse tout ce qui a été produit antérieurement ici ou là : textes antiques et médiévaux, contes populaires, langue, droit, coutumes et traditions. *Légendes allemandes* (1818), *Grammaire allemande* (1819), *Documents juridiques allemands anciens* (1828), *Légende héroïque allemande* (1829), *Mythologie allemande* (1835), *Dictionnaire allemand* (à partir de 1852) : l'apport à la culture nationale est impressionnant, mais il alterne avec des publications sur les littératures scandinave, anglaise, finnoise, provençale ou espagnole. Et les Grimm rédigent aussi bien des écrits savants destinés aux érudits que des adaptations, aux fins d'une large diffusion et dans un but éducatif, des contes et des légendes. Leur œuvre devient donc la grande référence internationale du XIXe siècle pour toutes les constructions identitaires portant sur la langue et la littérature nationales. Les Grimm ont livré simultanément un savoir, une méthode d'investigation et d'analyse ainsi que des principes pédagogiques. Être reconnu par eux est très tôt tenu pour un honneur, se présenter comme leur disciple une caution. Leur influence est immense dans toute l'Europe, et notamment dans l'espace slave où les collectes de littérature populaire se développent parallèlement à l'établissement des matériaux – grammaires, dictionnaires – indispensables à la construction de langues nationales.

CHAPITRE II

Une nation, une langue

Les Suédois parlent le suédois, les Allemands l'allemand, les Italiens l'italien, les Bulgares le bulgare, etc. Les États-nations européens de la fin du XXe siècle sont à peu près tous pourvus d'une langue nationale bien identifiée, normée par des dictionnaires et des grammaires, et dont l'enseignement est une des bases fondamentales de l'éducation. Certes, on trouve des cas de langue nationale commune à plusieurs États (l'Autriche et l'Allemagne, par exemple) ou d'États reconnaissant plusieurs langues nationales (Belgique, Luxembourg, Suisse, Irlande, notamment). Mais on mesure bien la force de l'équation « une langue = une nation » à la proclamation, par les nouveaux États issus de l'éclatement de la Yougoslavie et de l'URSS, de nouvelles langues nationales. Le principe herdérien d'incarnation de la nation dans sa langue, toujours actif, ne laisse cependant pas de faire problème à la fin du XVIIIe siècle. Roumain, estonien, finnois : ces appellations, alors, ne désignent ni une nation, ni une langue, mais une population définie par son statut social. Roumain, finnois, estonien sont en fait synonymes de « paysan ». Et il serait aussi incongru pour les maîtres des domaines de parler le langage de leurs paysans que de labourer les terres ou de garder les bestiaux.

Fabrication des langues nationales

Nombreuses sont les actuelles langues nationales européennes qui n'existaient pas véritablement avant le XIXe siècle. Comme les nations, elles ont depuis été gratifiées d'une histoire qui remonte à la nuit des temps, mais leur naissance est toute récente. L'Europe des Lumières présente un paysage linguistique pour le moins complexe. La masse de la population, rurale et analphabète, parle des dialectes qui ne font généralement pas l'objet de transcriptions, tandis qu'existent des langues ayant une expression écrite aux statuts divers : langues de cour, langues de création littéraire ou philosophique, langues de l'enseignement religieux, langues liturgiques, langues administratives, langues de l'enseignement primaire, langues de l'enseignement secondaire et universitaire. Au sein d'un même État, il n'y a pas nécessairement coïncidence pour ces différentes fonctions. Dans les États allemands protestants, par exemple, la langue de l'enseignement religieux et de l'enseignement primaire est l'allemand, alors que l'enseignement secondaire réserve une place majeure au latin et que la langue de cour et d'expression culturelle est bien souvent le français. Les écrits de Leibniz, ainsi, sont rédigés pour l'essentiel en latin et en français, alors qu'il déclare ne pouvoir imaginer que « l'Écriture Sainte puisse sonner en quelque langue mieux qu'en allemand [1] ». Lorsque Joseph II, à des fins de modernisation, annonce dans son rescrit de 1784 que l'allemand devient la langue administrative de l'Empire des Habsbourg, il se heurte à des oppositions violentes contre ce qui apparaît comme une germanisation forcée [2]. La révocation du rescrit, en 1790, se traduit par une réintroduction du latin, qui est en fait la langue dans laquelle délibèrent les Diètes de Hongrie ou de Croatie, dans laquelle sont éduqués les nobles hongrois et que parle usuellement la bourgeoisie croate.

1. Cité dans *La Langue, source de la nation*, *op. cit.*, p. 61.
2. Cf. Bernard Michel, *Nations et Nationalismes en Europe centrale, XIXe-XXe siècle*, Paris, Aubier, 1995, p. 32.

La diffusion d'une langue vernaculaire standardisée par l'imprimé a-t-elle été un des éléments majeurs de l'éveil du sentiment national ? C'est la thèse soutenue par Benedict Anderson dans son essai *Imagined Communities. Reflection on the Origin and Spread of Nationalism*[3]. Selon lui, l'imprimerie, une des formes les plus anciennes de production capitaliste, s'est trouvée engagée dans une recherche incessante de nouveaux marchés. Une fois saturé celui des érudits latinisants, elle a dû s'attaquer au marché nouveau et autrement plus vaste des monoglottes, l'impact de la Réforme accentuant cette expansion dans les langues vernaculaires. Protestantisme et capitalisme d'imprimerie auraient ainsi créé de nouveaux lectorats, notamment parmi la bourgeoisie et les femmes, rarement initiées à la langue latine. Le développement de langues écrites vernaculaires par le biais de l'imprimerie aurait eu des conséquences importantes sur la prise de conscience nationale. Tout d'abord par la formation d'un médium d'expression commun indépendant du latin et des variantes dialectales orales, permettant à ses utilisateurs de prendre conscience du nombre élevé d'individus relevant de leur champ linguistique. D'autre part en donnant une fixité nouvelle à la langue, ce qui à terme permet de la penser comme très ancienne – idée centrale pour la conception de la nation – et encourage la constitution de grammaires et de dictionnaires.

Assurément, la diffusion d'imprimés joue un rôle important dans la prise de conscience d'une identité linguistique et nationale. Ce n'est pas non plus un hasard si la conception de l'union étroite entre langue et nation se forme plus particulièrement dans les pays qui ont été touchés par la Réforme et si elle est théorisée par un théologien protestant. Mais ce phénomène n'est pas susceptible de généralisation à l'ensemble de l'Europe, certaines aires n'ayant été que très peu concernées – voire pas du tout – par la diffusion d'imprimés en langue vernaculaire. Soit parce que la population alphabétisée ne l'était pas dans la langue vernaculaire, soit même parce qu'il n'existait pas localement de véritables imprimeries. Dans ces cas-là, la construction d'une langue vernacu-

3. Londres, Verso, 1983 ; trad. française d'Emmanuel Dauzat, *L'Imaginaire national*, Paris, La Découverte, 1996.

laire écrite destinée à devenir langue nationale est suivie rapidement de la production volontariste d'imprimés – livres et périodiques – destinés à promouvoir le nouveau médium. Elle se double, dans les pays qui en étaient dépourvus, de la création d'imprimeries. En fait, de la formulation initiale : « La nation existe puisqu'elle a une langue », on passe, lorsque se diffuse sur l'ensemble de l'Europe l'idée nationale, à une formulation toute différente : « La nation existe, donc il faut lui donner une langue. » Il n'en demeure pas moins évident que la création de journaux joue un rôle majeur dans la diffusion du sentiment identitaire, en fondant une nouvelle forme et un nouveau cadre des débats. La presse, qui initialement développe moins l'information événementielle que la discussion politique et idéologique, crée et structure l'opinion publique, définit les thèmes et les enjeux de discussions reprises oralement dans les cercles fréquentés par ses lecteurs qui se trouvent ainsi inclus dans un espace excédant celui de leurs expériences personnelles et professionnelles.

La question des langues nationales est une des grandes affaires européennes à partir de la fin du XVIIIe siècle. Ce que parlaient leurs différents sujets avait jusque-là peu compté pour les monarques, plus soucieux des rentrées d'impôts, de l'état de leur armée ou des possibles oppositions nobiliaires à leur pouvoir. La monarchie française, certes, avait imposé précocement le français dans les actes administratifs – par l'édit de Villers-Cotterêts –, puis soutenu la création littéraire et scientifique dans cette langue, et créé une Académie chargée de veiller à sa pureté et à sa gloire. Pour autant, les souverains successifs n'avaient pas jugé utile de faire parler le français à l'ensemble de la population. La proclamation de la République change radicalement la perspective : l'usage de la « langue du roi » était pour les sujets question d'éducation et de choix, pour les citoyens, l'usage de la langue de la nation est un devoir.

Une langue nationale a pour fonction, d'une part, de se substituer à une bigarrure de modalités linguistiques répondant à des usages diversifiés et, d'autre part, d'incarner la nation : son « cahier des charges » est de ce fait lourd et contraignant.

Elle doit assurer la communication horizontale et verticale au sein de la nation : quelle que soit leur origine géographique et sociale, tous ses membres doivent la comprendre et l'utiliser. Elle doit permettre l'expression de toute idée, de toute réalité : des plus anciennes aux plus modernes, des plus abstraites aux plus concrètes. Elle doit permettre à la nation de s'illustrer et de montrer qu'elle est égale en grandeur avec toutes les autres. Elle doit se confondre avec la nation – s'enraciner dans ses profondeurs historiques, porter l'empreinte du peuple. En fonction des différentes situations initiales, les concepteurs de langues nationales accentuent plus ou moins tel ou tel de ces réquisits.

En France, le travail va porter essentiellement sur l'histoire de la langue, accordée à l'histoire de la nation (ce qui explique l'épisode de la quête frénétique de la langue gauloise au début du XIXe siècle) et sur la généralisation de son enseignement. En Allemagne, l'étude des origines et la généralisation de la langue s'accompagnent d'une autre tâche : convaincre les élites que l'allemand est une véritable langue de culture qui demande seulement quelques améliorations et peut être substituée au français ; les écrivains du *Sturm und Drang* et du romantisme entreprendront, avec succès, de le prouver. D'une manière générale, pour les nations déjà pourvues d'une littérature écrite vivante, la formation de la langue nationale est surtout question d'enseignement, d'enrichissement stylistique et sémantique, de développement de la production écrite et d'accroissement du capital symbolique.

Il est en revanche des situations beaucoup plus difficiles. Lorsque existe une ancienne langue écrite, que les élites ont délaissée depuis un temps plus ou moins long – éventuellement quelques siècles –, le travail consiste à forger, à grand renfort d'innovation sémantique et de simplification grammaticale, une langue moderne, apte aux divers registres d'expression. Toutefois, la référence à la langue ancienne est gardée – moyen d'affirmer la continuité historique de la nation – cependant qu'on légitime l'innovation sur les parlers populaires – moyen d'affirmer l'unité nationale. L'« éveil national » dans la plupart des pays slaves associe ainsi un très gros travail de réfection linguistique, une production littéraire destinée à affiner et à promouvoir les nouvelles langues, et la création d'associations qui ont pour objectif de soutenir l'impression de livres et de périodiques en langue nationale afin de susciter un public. Le processus de construction de la langue italienne est assez proche. Héritant d'une langue écrite figée et discréditée, les écrivains de la première moitié du siècle essaient à la fois de concilier le retour aux sources prestigieuses de la langue et la revitalisation linguistique par la référence à un parler vivant – en l'occurrence le toscan.

La construction et la diffusion de la version orale de la nouvelle langue de culture passent par la création de « salons » littéraires, puis par le théâtre. Le drame et la comédie de mœurs, genres littéraires prenant souvent leurs sujets dans la contemporanéité, sont, par leurs dialogues, des facteurs importants d'apprentissage conversationnel [4]. Une des visées premières étant de convaincre les élites locales d'adopter la langue nationale, le recours aux parlers populaires reste prudent : l'adoption de la nouvelle langue n'aurait guère de succès s'il était demandé aux élites sociales de s'exprimer comme les paysans analphabètes. L'opération est réussie lorsque la nouvelle langue nationale devient langue d'enseignement pour les couches aisées. Le processus peut se dérouler avec une stupéfiante rapidité : quelques décennies seulement séparent la réfection du hongrois ou du tchèque et leur adoption comme langue de l'enseignement secondaire, des débats politiques et de la vie bourgeoise. La diffusion dans l'ensemble de la population s'effectue cependant souvent dans une phase ultérieure, généralement après la formation de l'État-nation, lorsque est mis en place un système public d'instruction enseignant systématiquement la langue nationale. En fait, dans nombre de cas, c'est tardivement, par les médias oraux de masse – radio et surtout télévision – que la compréhension et l'usage de la langue nationale se généraliseront.

Lorsqu'il n'existe pas de véritable langue écrite qui puisse servir de fondement à une langue nationale, la construction de la langue consiste à déterminer un ou plusieurs dialectes, choisis soit pour leur position linguistique médiane, soit pour

4. Cf. *Divadlo v česke Kulture 19. stoleti*, ouvrage collectif, Galerie nationale de Prague, 1985, résumés en anglais et en allemand.

la position dominante – en termes économiques et sociaux – de leur aire d'usage. La valorisation de la langue orale se fait généralement par la publication préalable de recueils de chants populaires ou d'une épopée. Le matériau linguistique vivant est normalisé par la mise au point d'une grammaire, d'une transcription graphique et d'un dictionnaire, constitués par références aux descriptions des langues déjà existantes. La formation de termes abstraits ou modernes est assurée par des emprunts directs à l'étranger ou des processus de création sur racines « nationales ». Reste en général à élaborer des livres dans cette langue puis à les faire imprimer et diffuser. Travail militant et volontariste s'il en fut... Les langues slaves balkaniques ou le finnois, par exemple, en sont issus.

Langue de droite, langue de gauche

La réfection totale de la langue sur la base des parlers populaires peut entrer en concurrence, sur fonds de clivage politique, avec la rénovation/adaptation d'une langue écrite. La Norvège en fournit un exemple remarquable. La naissance de la nation est elle-même singulière puisque sa souveraineté politique est proclamée alors que la Norvège n'a ni le statut d'un État, ni les moyens de l'obtenir. En janvier 1814, par la paix de Kiel, le territoire norvégien échappe à la Couronne de Danemark qui le détenait depuis trois siècles ; mais c'est pour figurer au butin du vainqueur, la Suède, qui a pour tout nouveau régent l'ex-maréchal français Bernadotte. L'indépendance n'est pas possible, mais une Constitution semble envisageable. En mai 1814, une Assemblée nationale se réunit, vote une Constitution dite d'Eidsvoll, inspirée par les principes de la Révolution française, et offre la couronne norvégienne au prince-héritier de Danemark. L'arrivée victorieuse des troupes suédoises oblige la Norvège à reconnaître son nouveau maître, lequel, confronté à des difficultés politiques sérieuses en son propre royaume, évite une nouvelle opposition au prix d'un compromis. Bernadotte laisse aux Norvégiens leur Constitution, fort libérale puisqu'elle donne tout le pouvoir législatif à un parlement élu au suffrage censitaire large et n'accorde au roi qu'un veto suspensif. Les Norvégiens se dotent de leur propre banque nationale. A partir de 1821, la Norvège a son drapeau, rouge-bleu-blanc, les emblèmes suédois étant relégués dans un coin. La Norvège non seulement maintient au cours du XIXe siècle la large autonomie qu'elle a pu imposer en 1815, mais l'accroît progressivement jusqu'au jour de 1905 où le Parlement déclare que le souverain suédois ne règne plus sur la Norvège. La République n'est pas proclamée, en dépit de la fierté norvégienne à être une des plus anciennes nations quasi souveraines, et la couronne est offerte à un prince danois.

La situation de large autonomie créée en 1815 et le système constitutionnel font ressortir avec une particulière acuité l'absence de langue nationale. Les élites norvégiennes, formées à Copenhague, parlent le danois, qui est la langue administrative. Le danois, au demeurant, n'est pas la langue de la cour du Danemark, qui utilise l'allemand. La possibilité existe d'opérer la création d'une langue de culture norvégienne en partant du *riksmaal*, ou dano-norvégien, langue parlée dans la capitale[5]. Mais les patriotes les plus fervents font observer que le *riksmaal* est une langue étrangère imposée à la Norvège, laquelle doit retrouver sa langue originelle, antérieure à la conquête danoise. C'est dans les parlers paysans du *landsmaal*, estiment-ils, que l'on retrouvera le norvégien primitif et authentique. La perspective, au demeurant, s'accorde bien avec la théorie développée par les historiens patriotiques, Rudolf Keyser et Peter Munch notamment, selon laquelle les Norvégiens sont issus d'une antique population venue du grand Nord et descendue progressivement

5. Pour la formation de la double langue nationale norvégienne, cf. notamment Daniel Baggioni, *Langues et Nations en Europe*, Paris, Payot, 1997, p. 242. Je remercie Gudleiv Bø, professeur à l'université d'Oslo, pour ses indications sur la construction de la culture norvégienne. Pour la présentation de l'école historique norvégienne, de la théorie de la race primitive et du conflit des langues, cf. Anne-Lise Seipp, « Nationbuilding within the Union Politics. Class and Culture in the Norwegian Nation State in the 19th. Century », communication dactylographiée, Institut européen de Florence, European Forum, mars 1994.

vers le Sud, tandis que les Suédois et les Danois étaient des Goths venus du Sud. Par conséquent, les Norvégiens seraient les seuls véritables dépositaires de l'ancienne culture nordique, et notamment des sagas. Des collectes de contes populaires sont publiées qui, comme celle de Peter Asbjörnsen et Jörgen Moe (1841), permettent aux auteurs de prendre leurs distances linguistiques avec le dano-norvégien et d'introduire par écrit des expressions et un vocabulaire régionaux et populaires, déclarés spécifiquement norvégiens. La plupart des intellectuels patriotes, au demeurant, sont en relation avec les frères Grimm, qui leur servent de modèles. Dans les années qui suivent, l'autodidacte Ivar Aasen, un fils de paysan, avec le soutien financier de l'Académie scientifique de Trondheim, construit une nouvelle langue à partir des dialectes des régions considérées comme les plus pauvres, les plus archaïques, les plus nationales : les fjords de l'Ouest. Si le projet d'Aasen est de forger, sur la base de parlers populaires, une langue orale et écrite d'usage facile pour les masses analphabètes, l'historien Munch, qui s'est fait son mentor, impose des modifications étymologisantes pour marquer la référence à l'antique langue nordique. La grammaire d'Aasen (1848) et son dictionnaire (1850) veulent prouver que le parler vernaculaire dérive de la langue des grands ancêtres et n'est en rien une corruption du danois. La lutte entre le *riksmaal* (quelque peu norvégianisé, il sera rebaptisé *boksmaal*, langue des livres) et le *landsmaal* devient une lutte politique. Les militants de gauche utilisent comme moyen d'expression le *landsmaal* paysan/national et laissent le *boksmaal* bourgeois/étranger aux conservateurs. Apparaît même la thèse d'une double population en Norvège opposant la vraie nation norvégienne, issue des campagnes et formant le peuple à une nation étrangère formant la classe dirigeante. En fait, les deux langues sont officialisées comme langues nationales en 1885 ; en 1907, il est décidé que tous les bacheliers doivent maîtriser l'une et l'autre langue qui sont placées sous le contrôle et la protection d'un Conseil linguistique à partir de 1908. Mais l'ouverture en 1913 dans la capitale d'un nouveau théâtre présentant des pièces en *landsmaal* donne lieu à des scènes d'émeutes. Le *landsmaal*, rebaptisé *nynorsk* en 1929, reste une langue connotant une volonté de « norvégianité » farouche, que les hommes politiques défavorables à l'entrée de la Norvège dans l'Europe communautaire ont utilisée par prédilection. Quant au *boksmaal*, il fait l'objet de constantes réformes visant à l'éloigner du danois et à le purger régulièrement des mots d'origine étrangère.

Langue du Livre, langue du Peuple

Lorsque apparaît l'idée d'une nation juive, et qu'il devient en conséquence nécessaire de constituer une langue nationale spécifique, deux options sont également possibles. La première est de partir du yiddish, la langue communément parlée par la majorité des Juifs européens, et de la doter des éléments nécessaires à son élévation au rang de langue de culture (codification orthographique, sémantique et grammaticale, élaboration d'un corpus d'œuvres intellectuelles et littéraires promouvant une stylistique riche). La seconde est de prendre pour fondement la langue de la Bible pour la transformer en langue moderne d'échanges et de culture. Les deux réfections vont avoir lieu, l'alternative yiddish ou hébreu comme langue de la nation juive traduisant en fait un clivage politique [6]. Les partisans d'un nationalisme juif en diaspora, notamment les militants du Bund, sont majoritairement favorables à l'adoption d'un yiddish rénové, tandis que les sionistes, à partir de la toute fin du XIXe siècle, optent pour l'hébreu modernisé.

Dans un premier temps, en fait, c'est l'hébreu qui a fait office de langue écrite de la modernité. Le mouvement de la *Haskala* (« instruction ») qui veut répandre les idées nouvelles des Lumières et de la Révolution dans les ghettos

6. Pour la présentation de la formation de l'hébreu moderne comme langue nationale, cf. Alain Dieckhoff, *L'Invention d'une nation, Israël et la modernité politique*, Paris, Gallimard, 1993, chapitre « Parler l'hébreu, dire la nation ». Pour la présentation des études sur la langue et la culture yiddish, cf. Jean Baumgarten, « La définition nationale de la langue et de la culture yiddish chez les savants de la Wissenschaft des Judentums », dans *Philologiques III*, *op. cit.*, et *Le Yiddish*, Paris, Presses universitaires de France, « Que sais-je ? », 1990.

d'Europe centrale et orientale recourt à une adaptation plus ou moins laborieuse de la langue religieuse des Juifs pour ses publications. Mais ce premier essor est de courte durée, les lettrés juifs d'Allemagne et d'Autriche, engagés dans un processus d'assimilation, tendant à adopter l'allemand comme langue de culture et de communication écrite. De ce fait, leur rapport au yidish est complexe. Les premiers érudits juifs qui, au sein de l'Association pour la culture et la science des Juifs (*Verein für Kultur und Wissenschaft der Juden*), fondée en 1819, se penchent sur la langue et la culture yiddish ont une connaissance étendue de la pensée herdérienne et des travaux des Grimm. Mais les propos qu'ils tiennent sur l'importance de la langue et de la littérature populaires dans la saisie du génie national vont souvent de pair avec un discours très péjoratif sur le yiddish qui leur paraît un dialecte germanique corrompu par des influences slaves. S'ils ne manquent pas de souligner l'apport de la culture yiddish au patrimoine européen, ils n'envisagent pas pour autant d'en faire véritablement le fondement d'une construction nationale.

C'est surtout dans les dernières décennies du XIXe siècle, lorsque l'idée d'une nation juive prend véritablement corps, que se développe un intérêt nouveau pour la langue et la culture yidddish. La persistance d'un antisémitisme virulent dans l'Empire tsariste, qui multiplie interdictions, contraintes et violences contre les Juifs et rend inenvisageable le processus d'assimilation commencé au début du siècle en Allemagne ou en Autriche-Hongrie, est un facteur non négligeable dans ce changement de perspective. La recherche des fondements d'une culture nationale juive entraîne alors, selon la démarche usuelle, des collectes de contes populaires, de chants épiques, de proverbes ou de légendes. Et l'on découvre, bien sûr, qu'il y eut, à l'époque médiévale, des bardes juifs voyageant de ghetto en ghetto pour propager la tradition orale. Des associations et des institutions spécialisées sont créées, souvent sous l'invocation de l'urgence à collecter une tradition millénaire que la modernité va faire disparaître. A la suite de cette exhumation de la culture nationale juive se constitue une littérature yiddish moderne. L'objectif de ses créateurs est de valoriser un parler jugé jusque-là trop vulgaire pour devenir langue de culture. Prosateurs comme Mendele Mokher Seforim ou dramaturges comme Itzac Peretz entreprennent de prouver que le yiddish peut être mis au niveau des langues nationales européennes. Des maisons d'éditions, des théâtres et des journaux en yiddish, très actifs, sont fondés là où existent d'importantes communautés juives, en Europe et aux États-Unis [7]. New York, où débarquent des vagues d'immigrants, devient un haut lieu de la culture yiddish ; l'adoption plus ou moins rapide par les nouveaux arrivés de l'anglais comme langue de communication usuelle contribue d'ailleurs à rehausser la valeur culturelle et affective du yiddish. Le Bund (Union générale des travailleurs juifs de Lituanie, Pologne et Russie), fondé en 1897, désigne le yiddish comme langue du prolétariat juif : par les journaux et les publications qu'il soutient, il en fait une langue politique moderne. Le yiddish est dans l'esprit du Bund explicitement lié à la revendication d'une société séculière, démocratique et socialiste.

En Palestine, le développement du yiddish se heurte à l'essor de la nouvelle langue hébraïque. L'un des premiers pionniers débarquant en Palestine, en 1881, Eliézer Ben Yehuda, d'origine balte, consacre sa vie à construire une langue nationale moderne à partir d'une langue qui n'était plus utilisée pour la communication orale depuis de longs siècles. Tout aussi imprégné des théories herdériennes que les rénovateurs du yiddish, Ben Yehuda associe cependant le projet de construction d'une nation politique sur le territoire des grands ancêtres à la reprise de la langue originelle. L'hébreu est déclaré langue des Juifs libres vivant sur leurs terres, le yiddish étant langue de la servitude et de l'exil. Ben Yehuda s'engage dans un gigantesque travail de fabrication linguistique, à commencer par la rédaction d'un volumineux dictionnaire et la détermination de principes de formation des néologismes utilisant le plus possible les racines hébraïques. Un Conseil de la langue hébraïque est formé en 1890, qui fait office d'autorité et de contrôle. Un volontarisme extrême est à l'origine de la diffusion rapide de la langue nouvelle. Le Syndicat des enseignants juifs de Palestine impose l'usage de

7. Le prix Nobel de 1978 a été décerné à Isaac Bashevis Singer, Américain né en Pologne, dont toute l'œuvre a été composée en yiddish.

l'hébreu dans les établissements d'enseignement, dès 1898 pour les écoles maternelles. Le premier lycée hébraïque est créé en 1906 à Jaffa et l'Université hébraïque de Jérusalem ouvre en 1925. La « guerre des langues » au sein des organisations juives atteint dans la première décennie du siècle une telle intensité qu'est organisée en 1908 à Tchernovitz une conférence sur la question du yiddish, dont la résolution finale propose un compromis : le yiddish est désigné non pas comme « la », mais « une » langue nationale du peuple juif. L'opposition reste vive entre les bundistes, dont certains tiennent l'hébreu pour une langue irrémédiablement morte, et les hébraïstes qui veulent faire de la langue sainte la seule langue nationale. En 1909 est créée l'Association mondiale pour la langue et la culture hébreues. Couronnement de l'immense effort de promotion de la nouvelle langue : les autorités britanniques finissent par reconnaître l'hébreu, à égalité avec l'anglais et l'arabe, comme langue officielle de la Palestine. Pour autant, l'unicité de la langue nationale juive en Palestine n'est longtemps pas évidente : jusqu'à la Seconde Guerre mondiale, le yiddish reste très vivant dans la communication interpersonnelle ou dans la presse, et le conflit entre les deux langues est source de réels affrontements. Dans les années 1930, encore, l'ouverture en Palestine d'un cinéma consacré aux films en yiddish donne lieu à des émeutes. Mais l'État d'Israël adopte comme langue nationale unique l'hébreu. L'extermination des Juifs européens par les nazis signifie la disparition de la majorité des yiddishophones. Et l'antisémitisme de l'ère stalinienne marque l'arrêt d'une création théâtrale et littéraire en yiddish qui, dans les premières années de l'Union soviétique, avait été très vivante dans les grandes villes russes, notamment à Moscou et à Odessa.

C'est un autre Juif balte, le médecin Ludwik Lejzer Zamenhof, qui, à l'époque où s'effectuent les réfections du yiddish et de l'hébreu, entreprend la création d'une langue artificielle, mais à vocation internationale : l'espéranto. Zamenhof est natif d'une ville lituanienne, Bialystok, qui a appartenu alternativement à la Pologne, à la Prusse et à la Russie, tout en ayant une importante population yiddishophone. Terrain privilégié d'expérience des contacts – ou incompréhensions –

linguistiques et de la fonction politique et sociale des langues... Le premier manuel d'espéranto, rédigé en russe, paraît en 1887 et connaît rapidement des traductions dans les autres langues européennes. Zamenhof et ses disciples traduisent en espéranto les grands monuments de la littérature mondiale. Langue de l'espoir, comme son nom l'indique explicitement, l'espéranto connaît un certain succès, notamment dans des milieux socialistes et syndicaux. Il semble pouvoir offrir un instrument de communication entre les peuples et permettre une intercompréhension pacifique. D'où l'intérêt qu'il suscite, particulièrement lorsque s'exacerbent, avant la Première Guerre mondiale, les nationalismes impérialistes. Depuis 1905, des congrès mondiaux annuels rassemblent les adeptes de l'espéranto. Le premier fut tenu à Boulogne-sur-Mer.

La création de l'albanais a sans doute constitué le cas le plus difficile d'élaboration d'une langue nationale européenne. Non seulement les dialectes en usage étaient fortement différenciés (la géographie du pays ne favorisant guère les échanges), les textes écrits rares, mais la diversité religieuse posait aussi un problème crucial : celui du choix de l'alphabet. La population comptant des musulmans, des orthodoxes et des catholiques, l'albanais a été transcrit en caractères arabes, cyrilliques ou latins. C'est l'alphabet latin qui est adopté à partir de 1908, parce que les premiers écrits en albanais émanaient de la communauté des Arbèresh émigrée en Italie du Sud, mais aussi sans doute parce que les rapports de force à l'époque imposent la référence occidentale. Le travail de construction linguistique et culturelle, dans la seconde moitié du XIXe siècle, s'est effectué d'ailleurs au sein de la diaspora albanaise, le pays restant sous domination ottomane jusqu'en 1912. La langue nationale, en un premier temps, se construit à partir des dialectes guègues parlés dans le Nord, région d'où sont originaires la plupart des dirigeants du nouvel État constitué après l'indépendance. L'élaboration d'un standard écrit ne concerne qu'une faible partie de la population, les masses rurales restant analphabètes. L'indépendance albanaise est de courte durée : les Italiens occupent le pays durant la Première Guerre mondiale et ne l'évacuent qu'en 1920. Une République est instituée en 1925 dont le premier président se proclame roi en 1928 sous le nom de Zog Ier. Royaume éphémère : en 1939, l'armée italienne envahit à nouveau le pays qui est annexé. Des forces de résistance s'organisent et forment une armée de libération nationale sous le commandement d'Enver Hodja. La République populaire proclamée en 1946 se trouve très vite en situation d'isolement et de repli, notamment du fait de « ruptures idéologiques » avec les autres pays socialistes. Une réfection de la langue écrite est menée, à partir des dialectes tosques parlés au Centre et au Sud, d'où proviennent la plupart des nouveaux dirigeants [8]. En 1972 seulement, le nouveau standard linguistique est consacré par un congrès.

8. Cf. Daniel Baggioni, *op. cit.*, p. 304-305.

CHAPITRE III

Parrainage international d'une culture nationale

C'est une lourde entreprise que de construire une langue et une culture nationales. Une des conséquences du cosmopolitisme intellectuel est l'aide aux nations émergentes, dont les milieux intellectuels ne sont pas encore assez fournis pour engager sans soutien la construction de leurs antiquités et de leur langue. Ces entreprises d'assistance identitaire sont menées avec d'autant plus d'ardeur qu'elles rencontrent des visées géopolitiques, la principale étant l'offensive destinée à repousser l'emprise de l'Empire ottoman sur l'Europe du Sud.

Une nation pour les Slaves du Sud

En 1813 arrivent à Vienne les rescapés d'une insurrection serbe écrasée par les troupes ottomanes [1]. Parmi eux se trouve un jeune homme pauvre, né en 1787 dans une famille paysanne originaire du Monténégro et installée depuis peu en Serbie occidentale. Vuk Stefanovic Karadžić a pu, au prix de grandes difficultés, acquérir quelque instruction : il est devenu instituteur avant de remplir des fonctions administratives pour le gouvernement insurrectionnel. A Vienne, l'exilé noue des relations parmi les érudits slavisants et fait une rencontre décisive en la personne du Slovène Bartholomaüs

1. Cf. notamment Liljana et Raymond Fuzelier, préface à Vouk Karadjitch, *Contes populaires serbes*, Lausanne, L'Age d'homme, 1987, p. 9-21, et Daniel Baggioni, *op. cit.*, p. 267 et 284-285.

Kopitar, conservateur à la Bibliothèque impériale[2]. Kopitar prend en main le Serbe quasi autodidacte, lui donne une formation et une mission : constituer les monuments nationaux serbes. Karadžić se met au travail et dès 1814 produit une première *Grammaire serbe* et un *Recueil de chants populaires* (*Narodne srpske Piesmé*). Présenté par Kopitar à Jacob Grimm lors du séjour de ce dernier à Vienne, Karadžić va fournir, en se référant aux conseils donnés par ses deux mentors, une œuvre de grande ampleur. Dès 1818 paraît un *Dictionnaire serbe-allemand-latin*, suivi de nouveaux volumes de chants populaires, de la traduction en serbe du Nouveau Testament, d'écrits linguistiques ou historiques. La grande affaire à laquelle se consacre Karadžić est la création d'une langue de communication et de culture pour les Slaves du Sud. La langue écrite des Serbes était un mélange de vieux slave et de russe, fort éloigné des parlers populaires et transcrit dans une orthographe héritée du slavon ecclésiastique. Rejetant fermement la conception du serbe comme dégradation du russe, affirmant l'existence d'une culture et d'une langue spécifiques maintenues au sein du peuple pendant les siècles de domination ottomane, Karadžić fonde la nouvelle langue nationale sur le dialecte stokavien, utilisé par les Serbes, les Monténégrins, les Slaves islamisés et une partie des Croates. C'est sur cette base qu'il élabore une *koinè*, forgeant au besoin par dérivation les termes modernes inexistants et adoptant une graphie en caractères cyrilliques qui se veut la plus simple, c'est-à-dire la plus phonologique possible. Dans le même temps, Kopitar entreprend de réformer l'orthographe croate pour la rapprocher du serbe, et le « mouvement illyrien » de Zagreb, mené par l'écrivain et publiciste Ljudevit Graj, décide de construire la langue littéraire non sur le dialecte régional, le kajkavien, mais sur le stokavien. Dès lors, la définition d'une langue commune pour les Slaves du Sud, dite serbo-croate, est possible. Non sans difficultés, ni résistances locales où se mêlent conflits politiques et conservatisme culturel. Il ne faudra pas moins qu'une convention, signée en 1850 à Vienne par cinq écrivains croates, deux

2. Pour une étude sur l'œuvre de Kopitar, cf. Antonia Bernard, « J. Kopitar, lien vivant entre la slavistique et la germanistique », dans *Philologiques III*, *op. cit.*, p. 191-209.

philologues serbes et un Slovène professeur de grammaire slave à l'Université de la ville impériale, pour définir le serbo-croate comme une seule langue transcrite en deux alphabets. Publications et périodiques assurent la diffusion de la nouvelle langue parmi la population cultivée, mais son enseignement de masse ne sera véritablement assuré qu'après la formation de la Yougoslavie. Karadžić, très soucieux des questions d'éducation, s'occupe de publier des almanachs diffusant à la fois la culture et la langue nationales et même un abécédaire. Mais son action en Serbie est entravée par l'hostilité qu'il y rencontre de la part du Prince et de certains membres du clergé. Son *Dictionnaire* et sa traduction des *Évangiles* sont pendant longtemps frappés d'interdit. De surcroît, du fait des relations complexes et mouvantes entre la Couronne des Habsbourg, la Sublime Porte et la Russie, l'œuvre de Karadžić reste sous étroite surveillance autrichienne et ne peut toujours faire l'objet de publication à Vienne. En revanche, elle rencontre une large audience parmi les lettrés européens. Kopitar et Grimm s'en font les champions dans l'espace germanique. Grimm traduit dès 1824 la *Grammaire* de Karadžić et lui donne une copieuse préface. L'année précédente, il a présenté son protégé à Goethe, qui se met à étudier le serbe, publie des traductions du *Recueil de chants populaires* et incite régulièrement ses contemporains à s'y intéresser. L'historien Leopold von Ranke, pour rédiger son *Histoire de la révolution serbe* (1828), utilise des documents fournis par Karadžić, auquel l'université d'Iéna décerne un titre de docteur *honoris causa*. Les revues littéraires européennes consacrent d'élogieux articles à ses publications, partiellement traduites dans différentes langues.

L'enthousiasme en France pour la poésie « servienne » est assez grand pour donner lieu à un faux littéraire au retentissant succès. En 1827 paraît chez Berger-Levrault, sous le titre de *La Guzla*, un ouvrage qui se donne pour la traduction française d'un recueil de chants populaires [3]. Le collecteur,

3. Pour une présentation détaillée de *La Guzla* et de son contexte historique et culturel, cf. Voyslav M. Yovanovitch, *« La Guzla » de Prosper Mérimée*, *op. cit.*

anonyme, déclare être de naissance italienne, avoir beaucoup voyagé chez les Dalmates et les Morlaques, et avoir transcrit les compositions du vieux barde Hyacinthe Maglanovitch. En tête du volume figure une lithographie du barde jouant de la guzla, instrument qui, comme on le sait depuis les récits de voyage de l'abbé Fortis, est aux montagnes balkaniques ce que la harpe est aux rivages celtiques. Succès, traductions étrangères, etc. Surgissent des soupçons, qui ne tardent pas à être confirmés par l'auteur du volume, lequel n'est nullement animé de sentiments patriotiques morlaques ou dalmates et reconnaît donc aisément pour sienne sa création. Il s'agit d'un jeune homme aussi érudit qu'impertinent, du nom de Prosper Mérimée. Il dira plus tard avec désinvolture qu'il avait voulu entreprendre un voyage dans les Balkans avec un ami, et qu'il avait paru plus simple aux deux compères de publier les résultats du voyage avant de l'avoir entrepris, ne fût-ce que pour le financer. L'ami en question était Jean-Jacques Ampère, futur professeur au Collège de France et futur membre de l'Institut. Les deux jeunes gens s'étaient liés au collège dans une commune passion pour l'œuvre ossianesque. Si Goethe, qui s'estime fin connaisseur de la littérature populaire des Slaves du Sud, déclare ne pas avoir été dupe, d'autres se laissent aisément abuser, comme Pouchkine qui traduit en russe des chants de *La Guzla* et ne se laissera convaincre de leur origine toute mériméenne que par une lettre de l'auteur racontant la supercherie. Le poète polonais Aleksander Chodźko en traduira lui aussi quelques pièces dans sa langue, de même qu'Adam Mickiewicz, futur chargé de cours pour la littérature slave au Collège de France et alors en relation avec Pouchkine. Les attentes en matière de monuments culturels slaves étaient assez importantes pour expliquer ces engouements imprudents, guère différents de ceux qui avaient suivi les publications de Macpherson. Les chants du fictif barde Maglanovitch inspireront en France le livret de l'opéra *Les Monténégrins* (1849), composé par d'Alboise et Nerval sur une musique de Limnander.

Les descendants d'Homère

Parmi les ouvrages dans lesquels Mérimée a nourri sa muse balkanique figure une récente publication de Claude Fauriel, les *Chants populaires de la Grèce moderne*. Fauriel, qui a été quelque temps secrétaire de Fouché au ministère de la Police avant de démissionner en 1802 pour convictions républicaines, a participé aux travaux de l'Académie celtique. Érudit, spécialiste de la littérature romane, ayant une bonne connaissance des travaux allemands contemporains, il occupera à partir de 1830 la chaire de langues et littératures romanes, créée pour lui à la faculté des lettres de Paris [4]. Sa publication des *Chants populaires de la Grèce* [5] en 1824 a une forte charge politique. Deux ans après le massacre de Chio et la répression féroce qui marque l'échec de la première insurrection contre les Turcs, elle veut prouver que la nation grecque existe et a, de ce fait, droit à l'indépendance. Le long discours préliminaire à la présentation des chants, donnés en grec et en traduction française, affirme avec insistance que la nation grecque possède bien tout ce qui, en 1824, est tenu pour le patrimoine indispensable d'une nation digne de ce nom – une langue et une culture assurant la continuité avec les grands ancêtres, une littérature populaire vivante enracinée dans le sol et l'esprit de la nation :

> Les Grecs modernes ont [...] une poésie populaire dans tous les sens et avec toute la force de ce mot, expression directe et vraie du caractère et de l'esprit national, que tout Grec comprend et sent avec amour, par cela seul qu'il est Grec, qu'il habite le sol et respire l'air de la Grèce ; une poésie enfin qui

4. Pour une présentation de l'œuvre de Fauriel et de ses rapports avec les érudits étrangers, notamment allemands, cf. Michel Espagne, *Le Paradigme de l'étranger. Les chaires de littérature étrangère en France au XIXe siècle*, Paris, Cerf, « Bibliothèque franco-allemande », 1993, p. 19-34.

5. Claude Fauriel, *Chants populaires de la Grèce moderne*, Paris, Firmin-Didot, 1824-1825, tome I : *Chants historiques* ; tome II : *Chants historiques, romanesques, domestiques.*

> vit, non dans les livres, d'une vie factice et qui n'est souvent qu'apparente, mais dans le peuple lui-même, et de toute la vie du peuple [6].

Et Fauriel reprend une célèbre formulation herdérienne pour exprimer la finalité d'une publication de chants populaires, monument fondamental d'une nation :

> Un tel recueil, s'il était complet, serait à la fois et la véritable histoire nationale de la Grèce, et le tableau le plus fidèle des mœurs de ses habitants.

L'ancien associé de l'Académie celtique n'omet pas de consacrer un long développement aux coutumes grecques relatives au cycle calendaire et au cycle de vie. Et dans cette même perspective, théorisée par les travaux des Grimm [7], il fait des traditions et croyances populaires les restes de l'ancienne mythologie des grands ancêtres :

> Ce n'est bien certainement qu'à leur insu que les Grecs de nos jours conservent certaines opinions, certaines croyances mythologiques de leurs ancêtres et des usages qui s'y rapportent. Ils frémiraient s'ils pouvaient soupçonner ce qui reste de l'ancien paganisme dans leurs opinions et dans leurs usages.

La conversion des superstitions populaires en reliques, pieusement transmises à travers les âges lors même que la connaissance de leurs origines a été oubliée, permet donc d'affirmer que l'esprit de la Grèce antique survit toujours parmi les paysans de religion orthodoxe soumis au joug des Turcs. Les bardes helléniques contemporains sont des chanteurs itinérants, qui poussent la fidélité au modèle antique jusqu'à la cécité. Et, affirme Fauriel, l'instrument à cordes dont ils s'accompagnent est l'exacte reproduction de la lyre antique, dont

6. Claude Fauriel, *op. cit.*, Préambule. Toutes les citations de Fauriel données ici sont extraites de ce Préambule.

7. La référence aux Grimm est évidente dans l'intitulé « Contes domestiques » donné à une partie du recueil, qui traduit en français le terme « *Hausmärchen* », utilisé par les Grimm dans leur publication de 1812. Fauriel avait d'ailleurs rencontré Jacob Grimm lors du voyage de celui-ci à Paris en 1814.

il a conservé la forme et le nom. A l'instar du premier d'entre eux, ces « rhapsodes aveugles sont les nouvellistes et les historiens de la Grèce ». Reste à établir ce qu'ils chantent. Mais il suffit de connaître la composition indispensable d'un patrimoine culturel national pour le définir. Comme les Anglais, les Scandinaves ou les Allemands, les Grecs doivent avoir des ballades. Fauriel, donc, leur en attribue, en désignant par ce nom les chansons qui accompagnent les danses populaires. La démarche est un peu plus malaisée lorsqu'il s'agit de faire remonter aux antiques ancêtres la continuité de l'inspiration. Fauriel commence par des considérations prudentes, progressivement balayées dans un élan rhétorique où l'enthousiasme assertif pallie le déficit de preuves. Certes, écrit-il, les pièces recueillies ne sont pas très anciennes, mais cela ne prouve nullement que les Grecs, à un moment de l'histoire, aient interrompu la continuité transséculaire de leurs chants. D'ailleurs, certaines pièces, par leurs thèmes, laissent supposer qu'elles reprennent des textes plus anciens. Après avoir retenu le XIe siècle, puis le VIIe siècle (il s'agit des indications données ailleurs en Europe pour dater les manuscrits anciens et la production bardique), il effectue le saut décisif en déclarant qu'en fait la poésie moderne est certainement « une continuation, une altération lente et graduelle de l'ancienne poésie, et spécialement de l'ancienne poésie des Grecs ». Après quoi, il procède à la seconde phase de l'opération : établir la tradition d'une poésie populaire dans la Grèce antique, ce qu'il obtient par conjectures sur des fragments d'Aristophane. La reconstitution de la poésie populaire de l'Antiquité, sur le modèle tout moderne des théories de Herder et des Grimm, permet *in fine* d'établir une totale continuité entre Homère et les rhapsodes des villages occupés par les Ottomans.

Les chants klephtiques tiennent une place toute particulière dans l'exposé de Fauriel. Les klephtes (brigands) forment ces bandes armées qui ont joué un rôle important dans l'insurrection de 1821. Fauriel les présente longuement à ses lecteurs : ce sont des héros de la résistance contre les Turcs, levant certes un lourd impôt révolutionnaire sur les populations paysannes, mais indispensables pour la libération de la Grèce. L'opération de valorisation des klephtes est d'autant plus aisée que, depuis *Les Brigands* de Schiller, on sait que derrière tout hors-la-loi se cache un combattant de la liberté. Le Robin Hood d'*Ivanhoé* (1820) vient d'ailleurs de le rappeler. Et le poète anglais qui a chanté *Le Corsaire* (1814), personnage violent mais chevaleresque, vient de mourir à Missolonghi où il s'était rendu pour combattre au côté des insurgés grecs [8]. Le klephte, selon Fauriel, est le guerrier qui garde vivant, dans son réduit montagnard, l'héroïsme de la Grèce antique. Du coup, la Grèce moderne se trouve dotée de l'indispensable épopée nationale. Les chants klephtiques sont les fragments de sa nouvelle *Iliade* :

> Un recueil complet de chansons klephtiques [...] serait de la plus haute importance. Ce serait la véritable histoire de la Grèce depuis la conquête. [...] C'est là qu'on verrait qu'il y a toujours eu sur les montagnes une Grèce réfugiée, digne fille de la vieille Grèce. Une telle histoire formerait un recueil de traits d'héroïsme bien supérieur en éclat, comme en certitude, à ceux des guerriers de l'*Iliade* : elle serait la véritable *Iliade* de la Grèce moderne, qui aurait son prix, même poétique, auprès de l'ancienne.

Dernière étape de l'établissement du patrimoine : la langue. Pour Fauriel, les Grecs ont sans aucun doute possible une langue nationale. Certes, les Grecs modernes parlent des dialectes, mais selon lui sans problèmes d'intercompréhension. Quant aux vocables étrangers qu'on trouve dans leurs parlers, ils résultent de la domination étrangère et disparaîtront donc avec elle. Pour Fauriel, le grec moderne résulte de la lente évolution de la langue originelle, dans un processus similaire à celui qu'ont connu toutes les langues européennes. Et son évaluation hyperbolique est à la mesure de l'enjeu politique – mobiliser l'Europe pour la liberté de la nation grecque :

> Le grec moderne est une langue remarquable à tous égards. Ayant un fonds aussi homogène et plus riche que l'allemand, étant aussi clair que le français, plus souple que l'italien et plus harmonieux que l'espagnol, il ne lui manque rien pour être regardé dès à présent comme la plus belle langue de l'Europe, et c'en est indubitablement la plus perfectible.

8. C'est en juillet 1824 que Byron est emporté par une fièvre à Missolonghi.

Le texte grec des *Chants populaires* publiés par Fauriel, de fait, réserve une agréable surprise à ses lecteurs assez lettrés pour connaître la langue antique : ils peuvent le comprendre sans grandes difficultés. Les principales différences concernent des abréviations, des simplifications grammaticales et quelques mots de vocabulaire concret. Rien d'étonnant à cela. Fauriel a fait la collecte depuis son cabinet, rassemblant des documents qui lui ont été envoyés par des érudits grecs. Une bonne partie du matériau provient, comme il l'explique, du fonds du « docteur Coray » : celui-ci n'est autre que le fondateur de la *kathaveroussa*, « langue épurée » qui se fonde sur la langue écrite usitée parmi les lettrés grecs en éliminant les apports turcs.

Au terme de sa construction de la culture nationale grecque, et après avoir indiqué qu'il conviendrait de la mettre en relation avec ses équivalents européens, « romances des Espagnols, ballades écossaises et anciens chants nationaux des Danois », Fauriel lance une prophétie : quand les Grecs auront recouvré leur indépendance, ils verront s'ouvrir devant eux un bel avenir. A condition qu'ils reprennent le flambeau identitaire et parachèvent l'édifice dont on vient de leur livrer les fondements et les plans :

> Qu'ils s'empressent de recueillir tout ce qui n'a pas péri de leurs chants populaires. L'Europe leur sera reconnaissante de tout ce qu'ils auront fait pour les conserver ; et eux-mêmes seront charmés de pouvoir rapprocher des productions d'une poésie savante et cultivée ces simples monuments du génie, de l'histoire et des mœurs de leurs pères.

On ne saurait exprimer plus clairement le grand postulat de toute cette première phase de la construction identitaire : chaque élaboration de patrimoine national enrichit l'Europe tout entière.

Et l'Europe tout entière – ses lettrés du moins – applaudit les *Chants populaires de la Grèce*. Goethe note que les Français ont su dépasser les Allemands sur ce terrain. Il y avait bien eu déjà quelques collectes grecques menées par des Allemands, Fauriel y fait allusion dans son Préambule, mais l'érudition française, une fois n'est pas coutume, a su doubler sa rivale germanique dans cette compétition pacifique. La publication alimente un philhellénisme déjà bien vivace. L'Europe et même les États-Unis voient fleurir les comités philhellènes qui cherchent à réunir des armes, de l'argent et des volontaires. Les combats reprennent et, au terme de sanglants affrontements et d'une intense activité diplomatique, la Russie, la France et l'Angleterre, par le protocole de Londres signé en 1830, proclament l'indépendance de la Grèce. Deux ans plus tard, après l'assassinat de Capo d'Istria, premier chef du nouvel État, les Grecs sont gratifiés par leurs libérateurs d'un prince bavarois aussi peu enclin à se laisser « nationaliser » qu'à renoncer à l'absolutisme. Le roi Otton sera renvoyé dans ses foyers en 1864 et remplacé par un Danois, beau-frère du prince de Galles.

Le principal problème de la nation grecque, au demeurant, n'est pas tant d'avoir un roi d'origine étrangère – les rapports de force internationaux et les affrontements politiques internes ne permettant ni la production locale de monarques ni l'accession à la République – que la nécessité d'asseoir son identité. En 1830, l'historien autrichien Fallmerayer [9] déclare que les Grecs modernes ne sont nullement descendants des antiques Hellènes puisque la continuité ethnique a été rompue par les invasions slaves des VIIe et VIIIe siècles. La Grèce moderne n'est plus selon lui qu'un « ramassis de Valaques, d'Albanais et de Slaves ». Par contrecoup, les recherches pour prouver que l'Antiquité grecque est encore vivante au sein du peuple de la Grèce contemporaine se multiplient [10]. L'histo-

9. Jakob Philipp Fallmerayer, né au Tyrol en 1791, a combattu dans l'armée bavaroise contre les troupes napoléoniennes. Professeur à Augsbourg, libéral, il sera l'un des députés de l'Assemblée de Francfort en 1848. Il publie en 1830 *Die Geschichte der Halbinsel Morea während des Mittelalters*, point de départ de la polémique sur la continuité du peuplement grec.

10. Cf. notamment Alke Kyriakidou-Nestoros, « L'idée de peuple dans les théories folkloriques de la Grèce moderne », dans *Paysans et Nations d'Europe centrale et balkanique. La réinvention du paysan par l'État en Europe centrale et balkanique aux XIXe et XXe siècles*, ouvrage collectif, Paris, Maisonneuve et Larose, 1985, p. 63-69. Cf. aussi Denis Kohler, « Naissance de l'historiographie grecque

rien Constantin Paparrigopoulos publie en 1843 une première réponse à la théorie de la discontinuité de Fallmerayer en affirmant que les invasions ont conduit à une hellénisation des Slaves, non à une slavisation des Hellènes. Se consacrant à la construction d'une histoire trimillénaire de la nation, Paparrigopoulos publie en 1853 une *Histoire du peuple grec* : il la prolonge en un monument à la gloire de la nation, publié entre 1861 et 1875, qui compte 4 000 pages et établit la stabilité de l'âme nationale à travers les vicissitudes des temps. Les chantiers de fouilles et les découvertes prodigieuses exhumées par les archéologues contribuent d'ailleurs grandement à conforter la fierté des modernes héritiers des antiques Hellènes. Érudits grecs – souvent formés et soutenus à l'étranger – et collecteurs d'autres pays – souvent d'Allemagne – déterminent peu à peu à grand renfort de collectes la culture nationale. La *laographia*, traduction grecque de *folklore* proposée en 1883 par Nicolaos Politis, s'efforcera longtemps de retrouver dans les usages contemporains des versions dégradées des rites antiques. L'enjeu de la continuité historique donne une particulière complexité aux conflits portant sur la constitution d'une langue nationale. L'affrontement entre partisans du démotique (qui se réfère aux parlers populaires) et de la *kathaveroussa* (langue « purifiée ») va durer tout le XIXe siècle ; il se confond pour une bonne part avec le conflit entre nationalistes progressistes et les milieux privilégiés ou ecclésiastiques [11]. Le développement de publications littéraires et érudites modernes fera pencher la balance en faveur du démotique.

L'Italie est aussi pendant quelques décennies le terrain d'une rivalité plutôt pacifique entre Allemands et Français

---

moderne », dans *Philologiques I, Contribution à l'histoire des disciplines littéraires en France et en Allemagne au XIXe siècle* (sous la direction de Michel Espagne et Michael Werner), Paris, Éd. de la Maison des sciences de l'homme, 1990, p. 279-309, et George Margaritis, « Griechenland, Wiedergeburt aus dem Geist der Antike », dans *Mythen der Nationen, ein europäisches Panorama* (sous la direction de Monika Flacke), Berlin, Deutsches Historisches Museum, 1998, catalogue de l'exposition « Mythen der Nationen », Berlin, mars-juin 1998, p. 152-173.

11. Cf. Daniel Baggioni, *op. cit.*, p. 266.

pour sa construction identitaire. Des chants populaires italiens figurent dans le recueil *Volkslieder* de Herder, et Goethe, par ses traductions, met à l'honneur cette poésie populaire du Sud. Fauriel accorde aussi son aide et ses conseils à Alessandro Manzoni, dont les drames et les romans jouent un rôle majeur dans la formation de la langue nationale italienne et dans la constitution d'un patrimoine culturel identitaire. Signe du parrainage conjoint franco-allemand : la publication de la traduction française, par Fauriel, de la tragédie *Adelghis* de Manzoni est suivie d'un article de Goethe. Les premiers ouvrages consacrés aux chants populaires italiens sont dus à des Allemands. Quand bien même l'écrivain et critique Berchet, dans sa *Lettera semiseria di Grisostomo al suo figluolo* (1816), a appelé, sous les auspices de Mme de Staël et de Bürger, à une découverte de la poésie populaire italienne pour fonder une nouvelle littérature, les lettrés italiens ne se mettent guère à l'ouvrage. D'ailleurs, lorsque Berchet publie, en 1841, une anthologie de chants populaires, il s'agit des *Vecchie romanze spagnole* ! La même année, toutefois, paraît la première anthologie de chants populaires nationaux réalisée par un Italien : elle est due à Niccolo Tommaseo, un ami de Manzoni. Né en 1802, d'origine dalmate, Tommaseo a vécu en France dans les années 1830, exilé en raison de son action dans les milieux politiques libéraux et patriotes. Entre 1841 et 1842, il publie à Venise quatre volumes de chants populaires : toscans, corses, illyriques et grecs. La référence à Fauriel, dans la conception de ces ouvrages, est manifeste. Combattant de la Révolution de 1848 à Venise, ministre de l'Instruction publique dans l'éphémère gouvernement républicain né le 22 mars du soulèvement, Tommaseo s'exile à Corfou pour échapper à la répression autrichienne. Il reviendra s'installer à Turin en 1859 avant de se fixer à Florence. Auteur d'un grand dictionnaire de la langue italienne et de nombreux écrits à caractère pédagogique, éthique ou politique, Tommaseo fournit une importante contribution à l'Italie en cours d'unification, sans pour autant se départir de son intérêt pour les cultures grecques et illyriennes.

Les fils des Daces

Les Grecs ne sont pas le seul peuple des Balkans engagé dans le combat pour une reconnaissance de filiation contestée. La nation roumaine commence avec l'élection de ses grands ancêtres, les Daces, population conquise au IIe siècle par les troupes romaines. La victoire romaine sur les Daces est consignée dans le monument qui porte le nom de l'Imperator alors régnant, la colonne Trajane. La référence à des ancêtres immortalisés dans la pierre et imprégnés, du fait de la conquête, par la culture latine est indubitablement source de fierté. D'autant que la nation à venir peut mettre en avant sa singularité d'îlot de latinité dans l'espace slave. Reste à fournir la preuve de sa continuité avec les grands ancêtres. A la fin du XVIIIe siècle, des publications savantes en latin ou en allemand commencent à transcrire des mots roumains en caractères latins et établissent la latinité de la langue[12]. Une première grammaire du roumain, en latin, est publiée à Vienne en 1780. L'Église uniate de Transylvanie, formée au début du XVIIIe siècle lorsque la majeure partie du clergé orthodoxe local a rejoint l'Église romaine, joue un rôle initial majeur dans cette affirmation de la latinité, laquelle passe d'ailleurs par la revalorisation de l'appellation *roumain*, qui désignait jusque-là dans les parlers populaires du Sud une population caractérisée par son statut social : les serfs des domaines. Dès le début du XIXe siècle apparaissent des ouvrages historiques établissant que les Valaques – c'est le terme usité à l'époque – sont les descendants en ligne droite des Daces latinisés. Le plus important de ces manifestes d'appartenance est l'*Histoire de l'origine des Roumains en Dacie,* publié par le Transylvain Petru Maior à Buda, en 1812 ; suivent rapidement des publications contestant cette filiation. Le problème est que le seul élément invocable à l'appui de la continuité entre Daces romanisés et Roumains est la langue. Or il n'a jamais pu être trouvé aucun document

12. Cf. Catherine Durandin, *Histoire des Roumains*, Paris, Fayard, 1995.

en langue roumaine antérieur au début du XVIe siècle (lettre du boyard Neacsu au magistrat Hans Benkner de Brasov en 1521). Soit, entre le départ des Romains de Dacie en 271 et le premier manuscrit en roumain, un trou de plus de douze siècles. Rien de plus facile que de supposer que les Daces ont disparu, recouverts par une population slave, et que la latinisation est un phénomène tardif, plus ou moins artificiel. L'évaluation de la latinité du vocabulaire en usage est donc objet de polémique : le valaque étant tenu d'un côté pour une langue slave infiltrée par des éléments latins ou, tout au contraire, pour une langue latine fort peu contaminée par les influences étrangères. L'enjeu politique est évident. La Russie, dont les ambitions balkaniques sont manifestes, obtient au traité d'Andrinople en 1829 le droit d'occuper les principautés de Moldavie et de Valachie, placées de fait sous un double protectorat, russe et ottoman. Mais la nation roumaine tarde à produire les preuves de son existence et à exhumer sa tradition-héritée-des-grands-ancêtres-conservée-vivante-au-sein-du-peuple. Le contexte, il est vrai, y est défavorable : nombre restreint de lettrés, répression de l'insurrection paysanne, menée par Vladimerescu, sur ordre d'autres combattants indépendantistes en 1821, persistance de très importantes inégalités sociales et acuité du problème agraire.

La première publication d'une collecte de littérature populaire roumaine est due à deux frères souabes, Arthur et Albert Schott, qui, se plaçant sous le patronage des Grimm, publient en 1845 un fort volume de contes valaques[13]. Issus d'une famille de hauts fonctionnaires libéraux du Wurtemberg, liés aux poètes Uhland et Lenau, ils sont devenus respectivement agronome et philologue. Arthur Schott séjourne de 1836 à 1841 dans le Banat, comme administrateur du domaine d'un grand propriétaire allemand. Ce sera l'occasion pour lui de découvrir les principautés roumaines, dans lesquelles il voyage en multipliant les observations. La science de l'un et l'autre

13. *Walachische Märchen, herausgegeben von Arthur und Albert Schott, mit einer Einleitung über das Volk der Walachen und einem Anhang zur Erklärung der Märchen*, Stuttgart et Tübingen, Cotta'scher Verlag, 1845, trad. française *Contes roumains*, Paris, Maisonneuve et Larose, 1982. Les citations sont données ici à partir de l'édition française.

frère, qui connaissent les travaux contemporains en matière de littérature populaire et de culture nationale, est évidente : les Grimm, bien sûr, mais aussi Kopitar, Fallmerayer ou Diez (le spécialiste des langues romanes) font partie de leurs principales références. L'avant-propos de l'ouvrage exprime le souci de répondre à une double nécessité, culturelle et politique. Cosmopolitisme du national : la Roumanie doit apporter sa contribution à la connaissance de l'antique poésie européenne. Géopolitique : l'Europe du Sud-Est étant à la veille d'une éruption, il paraît nécessaire de la connaître pour comprendre les événements.

> [les Valaques forment] un peuple dont les destinées sont étroitement liées à celles de nos peuples-frères en Italie et en Grèce, et peut-être aussi à celles des Celtes, depuis la nuit des temps, et à celle de notre propre peuple au moins depuis le temps des nobles Goths. [...] Beaucoup de gens à l'heure actuelle sont convaincus que les forces volcaniques qui, sans bruit, fermentent sous le sol de l'Europe, entreront en éruption dans le sud-est de cette partie du monde ; c'est alors, précisément, que le pays et le peuple d'où proviennent nos contes gagneraient vite en importance [14].

Les Schott reprennent et soutiennent, à grand renfort d'exposés historiques et philologiques, la thèse de la latinité du roumain et de la continuité avec les ancêtres daces. Prenant acte des premières tentatives pour rénover la langue roumaine et développer, par la création de journaux, son usage, les frères Schott soulignent l'importance du choix de l'alphabet :

> L'homme obéit à des impressions sensibles, et tout Valaque non instruit, voyant sa langue écrite avec les mêmes caractères que celles des Serbes et des Russes, restera dans l'erreur et pensera qu'elle est apparentée à celles-ci. Le sentiment contraire prendrait tout aussitôt racine s'il l'apercevait dans des habits latins. Même les travaux scientifiques sur la langue valaque, principalement sa lutte pour se débarrasser des éléments étrangers, seraient considérablement favorisés par l'adoption des caractères latins, en lesquels ils trouveraient pour cette tâche une justification et une instigation [15].

14. *Ibid.*, p. 32.
15. *Ibid.*, p. 35.

Les frères Schott éprouvent une évidente sympathie pour les Valaques : en témoignent leurs annotations récurrentes qui attribuent aux fils des Daces des coutumes et des traditions celtiques. Celtes romanisés : les Valaques deviennent pour l'Europe orientale le pendant des Gallo-Romains. Ce qui n'est pas rien, en termes de valorisation internationale. De là à envisager Bucarest comme futur « petit Paris », il y a loin. Les frères Schott sont relativement sceptiques quant à l'émergence d'une nation valaque. Des notations, empruntées à Fallmerayer, sur la couardise et la pusillanimité de la population, des considérations sur les appétits des grandes puissances sont invoquées à l'appui de cette estimation :

> Pour l'instant, on ne se demande nullement, par exemple, si un peuple et un royaume valaques sont appelés à fleurir, mais si la Russie va bloquer le Danube ou si l'Occident, à commencer par l'Allemagne, avec sa culture et sa population massive, va déferler vers l'Est. D'un côté, on a la Russie, le panslavisme, l'Église grecque, la langue liturgique grecque ou la slave, l'écriture grecque ou la cyrillique ; de l'autre, on a l'Autriche et l'Allemagne, les projets d'expansion des Allemands, l'Église catholique, la valeur s'attachant à la langue populaire issue de l'Occident, l'écriture latine. Nul n'aurait lieu de s'étonner si, dans les principautés de langue valaque, le parti russe veillait à multiplier le nombre des éléments slaves du valaque, à remettre en vigueur l'écriture cyrillique ; et si, à l'inverse, les ennemis de la Russie œuvraient pour l'épuration de la langue et l'introduction des caractères latins. [...] Ce qui montre clairement que, dans l'histoire des États, les langues elles aussi, et même les alphabets, peuvent devenir importants [16].

Le recueil des frères Schott diffère donc, dans sa finalité, de l'ouvrage de Fauriel. Ce n'est pas une contribution volontariste et enthousiaste à la formation de l'identité nationale. Il s'agit surtout, dans le droit fil de la théorie des Grimm sur les restes de l'antique mythologie au sein de la poésie populaire, de fournir l'apport roumain au savoir européen. L'ouvrage sert aussi à rapporter des notes ethnographiques d'ad-

16. *Ibid.*, p. 36.

ministrateur et de voyageur sur les traditions est-européennes. Les frères Schott indiquent cependant que la formation d'une Valachie indépendante, pour être peu probable, n'en est pas pour autant impossible :

> Dans l'histoire de la dissolution de l'empire turc, si pauvre en peuplades sédentaires, il se pourrait bien que même un petit noyau prît de l'importance, pourvu qu'il fût assez puissant pour représenter aux yeux des nomades un centre d'attraction. C'est un noyau semblable qui, se rendant autonome, a donné naissance à la Grèce, et qui fait renaître, dans des tempêtes qui ne doivent point décourager, les souvenirs de l'ancienne Hellas : pourquoi les descendants des Romains de Dacie ne pourraient-ils aboutir à quelque chose d'analogue [17] !

Les soulèvements de 1848 sont vite réprimés, mais la nation latine d'Europe de l'Est commence à susciter l'intérêt, notamment en France. Commencent les collectes roumaines de chants populaires et l'illustration littéraire du passé national. Le poète Vasile Alecsandri publie des recueils de ballades ou de chants héroïques. Fils d'un riche boyard, ayant fait ses études en France, Vasile Alecsandri a fait partie des insurgés de 1848 ; il s'est réfugié quelque temps en France, avant de s'installer en Moldavie. La guerre de Crimée, menée par la coalition franco-anglaise contre la Russie pour des objectifs commerciaux, militaires et diplomatiques qui excèdent largement la question de la nation roumaine, profitera cependant à celle-ci. Soustraites à l'influence russe, déclarées autonomes en 1858, quand bien même elles continuent à payer tribut au sultan, les principautés moldave et valaque entrent dans l'orbite d'influence culturelle française. L'élection en 1859 d'un même prince par les assemblées moldave et valaque préfigure la formation de la future Roumanie. Alecsandri est nommé ministre des Affaires étrangères. La proclamation d'un État roumain est faite en 1877. L'indépendance vis-à-vis de l'Empire ottoman est définitivement acquise en 1881. L'histoire de la Roumanie commence, celle des grands ancêtres daces est loin d'être achevée. Après le traité de Trianon qui accorde à la Roumanie la Transylva-

17. *Ibid.*

nie, elle devient une pièce maîtresse du conflit entre Hongrois et Roumains. L'enjeu étant alors surtout de savoir si les Daces romanisés sont restés sur place pendant les invasions slaves, ou bien s'ils ont émigré vers le Sud, avant de revenir... mais après l'installation des ancêtres de la nation hongroise; ce qui, en termes de droit d'occupation du sol, change bien des choses.

De la tradition à la libération nationale

Dès le début du XIXe siècle, la Russie apporte son soutien à l'émergence d'un sentiment national bulgare[18]. Non sans perspectives politiques de la part du gouvernement, qui a des visées sur les rivages de la mer Noire et les Détroits. Mais les intellectuels russes manifestent aussi un grand intérêt pour leurs frères slaves opprimés par les Ottomans. Après la guerre de Crimée, de nombreuses collectes de littérature orale sont menées par des Russes, et c'est à Odessa ou à Saint-Pétersbourg que sont publiés la plupart des recueils établis par des érudits bulgares, la Roumanie fournissant ensuite une base arrière pour les patriotes. Ljuben Karavelov, qui a fait ses études à Moscou, y publie en russe des *Monuments de la vie populaire des Bulgares* (1862), qui comprennent des milliers de proverbes. Il est aussi l'auteur d'un dictionnaire franco-bulgare, et collabore activement aux journaux bulgares de Roumanie. Démocrate et anticlérical, il joue un grand rôle dans le Comité central révolutionnaire de Bucarest.

La domination turque, à partir de la fin du XIVe siècle, a été particulièrement dure pour la population non convertie, soumise à de lourds impôts et au tribut du sang (les janissaires enlevés enfants à leur famille pour servir dans les troupes ottomanes). Et c'est uniquement dans la tradition

18. Je remercie Svetla Moussakova qui m'a communiqué de nombreuses informations sur la construction de l'identité nationale bulgare.

religieuse orthodoxe et la culture populaire que les patriotes bulgares pensent pouvoir trouver les ferments d'un réveil national. Du coup, la collecte de la tradition populaire apparaît comme un devoir patriotique majeur, les folkloristes étant pour la plupart des combattants, et, souvent, des martyrs de la lutte de libération nationale. Les frères Dimitar et Constantin Miladinov, qui publient en 1861 le premier grand recueil de chants populaires bulgares, meurent dans une prison turque. Ils avaient fait leurs études en Allemagne, et leur recueil, financé par un érudit croate, répond aux principes méthodologiques essentiels énoncés par les Grimm et leurs disciples. Georgi Rakovski, auteur d'un *Guide de la collecte de l'art populaire*, publié en 1859 à Odessa, et fondateur d'un journal patriotique, *Le Cygne du Danube*, est condamné à mort par la justice ottomane pour ses menées patriotiques. Ayant réussi à s'enfuir, il se réfugie à Marseille, avant d'organiser un corps-franc bulgare en Serbie. Installé finalement en Roumanie, il y anime activement la préparation de la libération nationale. Parallèlement à la mise en lumière d'un patrimoine culturel bulgare fidèlement préservé à travers les siècles de domination ottomane par la tradition populaire, les érudits, qui pratiquent usuellement les grandes langues de culture européennes, élaborent une langue nationale. S'éloignant de plus en plus du slavon religieux, ils prennent pour référence principale les dialectes du Nord-Est avec une volonté d'épuration des éléments linguistiques turcs. Le premier journal, *L'Aigle bulgare*, est fondé en 1846, et les publications en langue bulgare se développent fortement après 1860. Les efforts des intellectuels bulgares, tant pour éveiller le sentiment identitaire et transformer les révoltes paysannes en lutte nationale que pour prouver à l'extérieur l'existence d'une nation bulgare digne de ce nom et méritant l'accès à la liberté, sont couronnés de succès. L'intérêt pour la Bulgarie grandit parmi les intellectuels européens non slaves. En 1873, l'érudit français Auguste Dozon publie un recueil de *Chansons populaires bulgares*. La Russie, soucieuse de ne pas compromettre l'équilibre des grandes puissances européennes, n'apporte pas véritablement de soutien politique et militaire aux révoltes bulgares. L'insurrection d'avril 1876 se traduit par des dizaines de milliers de morts. De nombreux intellectuels patriotes y laissent leur vie, dont le poète Hristo Botev. Toutefois, la brutalité de la répression entraîne, chez les intellectuels européens libéraux et républicains, une vive sympathie pour la nation bulgare. La pression de l'opinion fait que les grandes puissances laissent agir la Russie, dont les troupes envahissent le pays et font reculer les Ottomans. Mais la détermination des frontières du nouvel État bulgare reste objet de conflits. La Russie voulait y inclure la Macédoine que le traité de Berlin, quelques mois plus tard, rend à la Turquie. La Macédoine est en fait revendiquée par les Serbes, les Grecs et les Bulgares au nom de leur unité nationale, le mélange macédonien permettant tous les justificatifs à chacune de ces revendications. De surcroît, le mouvement Jeune-Turc qui dépose le sultan en 1909 et veut fonder un État-nation turc[19] déclare que la Macédoine en est une partie inaliénable. Ces déterminations antagonistes de l'appartenance nationale de la Macédoine sont au cœur de la série des guerres balkaniques. Sous l'égide de Ferdinand de Saxe-Cobourg, élu par l'Assemblée en 1887 et qui se proclame tsar en 1908, la Bulgarie forme avec la Serbie et la Grèce une Entente balkanique et engage une guerre victorieuse contre la Turquie. Mais le partage de la Macédoine divise les alliés. La Roumanie et la Turquie se joignant à la Serbie et à la Grèce, la Bulgarie vaincue par eux doit accepter un traité qui ne lui donne qu'une faible partie de la Macédoine, l'intérieur revenant à la Serbie, la côte à la Grèce. Alliée aux Empires centraux, la Bulgarie sera parmi les vaincus de la Première Guerre mondiale. Le folklore, tant célébré par les patriotes du XIXe siècle comme terreau du sentiment natio-

19. La construction d'un État moderne en Turquie, après l'effondrement de l'Empire ottoman, se fait par reprise ostensible du modèle national européen. La mise en place d'un État laïque, sous l'égide de Mustafa Kemal, s'accompagne d'une révolution linguistique. L'État d'ailleurs n'est plus dit ottoman, mais turc, par utilisation du terme jusque-là péjoratif désignant les paysans. L'adoption de l'alphabet latin, l'épuration systématique des éléments persans et arabes de la langue et la prescription de l'usage exclusif du turc pour l'enseignement laïque et religieux traduisent un volontarisme politique et idéologique fort qui veut inscrire clairement et irrévocablement le nouvel État dans la modernité occidentale.

nal et fondement de l'éducation nationale, a toujours gardé une place majeure dans la conception identitaire bulgare. En 1906, alors même que la situation interne est loin d'être stabilisée, le musée national d'Ethnographie est ouvert à Sofia.

CHAPITRE IV

Un État, des nations

Ce n'est pas un hasard si la construction du patrimoine culturel serbe commence à Vienne et si l'accord sur la détermination du serbo-croate est signé dans cette ville. L'Empire des Habsbourg, avant d'être prison des peuples, est aussi berceau des nationalités [1]. C'est que pour ses souverains l'absolutisme bien compris passe par deux principes : connaître pour administrer et diviser pour régner. Le premier est à l'origine des opérations récurrentes de description statistique et de recensement des populations de l'Empire, engagées dès les tentatives de Joseph II pour rationaliser et centraliser l'administration du royaume. L'objectif est de repérer la diversité et l'archaïsme pour moderniser et unifier l'administration et les échanges économiques. Mais, au moment où émerge l'idée de nation souveraine, la mise au jour des différences favorise la revendication de spécificités nationales. Quant au *divide et impera*, qui vise à contrebalancer les Magyars par d'autres nationalités, il se traduit notamment par la faculté accordée aux Slaves de l'Empire de construire, sous contrôle, leur identité.

L'émergence de sentiments nationalistes au sein de l'Empire ne paraît, à la fin du XVIIIe siècle, guère évidente. L'imbrication de populations parlant des dialectes germaniques, slaves, italiens, hongrois – qui va perdurer et être source de conflits violents après la création d'États-nations – n'en est pas la seule cause. La noblesse hongroise, dominée par de grands propriétaires terriens, est surtout soucieuse de conser-

1. Cf. notamment *Kulturwissenschaft im Vielvölkerstaat, zur Geschichte der Ethnologie und verwandter Gebiete in Österreich, ca. 1780-1918* (sous la direction de Britta Rupp-Eisenreich et Justin Stagl), Vienne-Cologne-Weimar, Böhlau Verlag, 1995.

ver ses privilèges féodaux. Le développement d'un *Landespatriotismus* en Bohême, unissant aristocrates allemands et bourgeois ou intellectuels tchèques, exprime initialement surtout une volonté de relative autonomie politique face à la monarchie habsbourgeoise. La Société patriotique des arts fondée à Prague en 1796 à l'initiative du riche comte Sternberg porte un nom allemand, tous ses actes sont rédigés en cette langue, quand bien même on trouve parmi ses fondateurs nombre de futurs artisans du réveil national. Il n'existe pas véritablement de langue pouvant avoir valeur de symbole national. Ce sont des intellectuels marqués par la philosophie des Lumières et la pensée de Herder qui s'engagent dans la construction de langues et de cultures à vocation identitaire.

L'éveil national dans l'Empire

En 1817, un jeune poète de Bohême annonce qu'il a extrait du buffet d'orgue d'une vieille église des manuscrits du XIIIe siècle. Peu après, il publie les poèmes épiques et les chants lyriques exhumés de la poussière ecclésiale. On les nomme d'après le lieu où ils avaient dormi quelques siècles, Kralové Dvuř. Ces *Kralodvorsky rukopis* ont immédiatement un succès d'autant plus éclatant qu'ils apportent la preuve que la nation tchèque peut s'enorgueillir d'antiquités aussi prestigieuses que celles des Anglais ou des Allemands. Les intellectuels patriotes s'enthousiasment. L'année suivante apparaît un autre manuscrit miraculeux, remontant apparemment au IXe ou au Xe siècle, dit de *Zelena Hora*. On y trouve notamment des fragments de l'histoire de la princesse Libuse, fondatrice légendaire de la première dynastie tchèque, celle des Prémyslides. Les Tchèques deviennent un exemple pour les autres peuples slaves, et le recueil est traduit en plusieurs langues européennes. L'inventeur des manuscrits, Václav Hanka, est salué comme un héros national. Des doutes ne tardent pas à être émis par quelques philologues, qui estiment que Hanka et son ami Linda ont entièrement composé ces chants anciens avant de les transcrire en caractères médiévaux.

Faute d'avoir su trouver un motif plausible de disparition des originaux, Hanka doit les soumettre à des expertises philologiques qui concluent à leur facticité. Mais il maintient toujours la version de leur authenticité. L'affaire des *Kralodvorsky rukopis* va diviser longtemps érudits et opinion publique, la nécessité de promouvoir une culture tchèque contre l'emprise autrichienne et la langue allemande assurant le triomphe des patriotes qui soutiennent le caractère sacré et inattaquable des manuscrits [2]. Les trouvailles de Hanka tiennent une grande place dans la construction de la culture nationale, inspirant tous les autres arts. Les peintres comme Josef Manes, les musiciens comme Smetana ou Dvořák en illustrent les thèmes principaux. Au milieu du siècle, encore, Hanka attaque en justice un journal de langue allemande qui l'avait accusé de faux, et il gagne son procès. Le monument funéraire de Hanka, décédé en 1861, se trouve au cimetière national de Vysehrad, créé en 1869 sur un des hauts lieux de la légende de Libuse, et destiné à accueillir les tombes des gloires de la patrie. La polémique sur les manuscrits dure pratiquement jusqu'à la Première Guerre mondiale. L'offensive finale est engagée à la fin du XIXe siècle par des universitaires estimant que l'identité nationale est assez solide, et les enjeux politiques trop aigus, pour que la nation tchèque ait à s'encombrer d'un faux historique. L'un des plus actifs parmi les derniers combattants de ce conflit séculaire est Tomáš Masaryk, professeur à l'université de Prague, militant de l'indépendance nationale et futur premier président de la République tchéco-slovaque. Mais, en 1903 encore, le célèbre peintre Frantisek Zenisek peint un tableau inspiré des manuscrits de Hanka.

L'essor de la langue tchèque bénéficie en un premier temps du patriotisme territorial de Bohême. Le Musée patriotique de Prague, formé en 1818 sous l'égide du comte Sternberg, apporte un premier soutien aux publications dans la nouvelle langue nationale : le périodique qu'il publie à partir de 1827 paraît en deux versions, l'une allemande, l'autre tchèque. Le « Comité du Musée pour une Étude scientifique de la langue et de la littérature tchèques » donne lieu à la formation en 1831

2. Cf. notamment Bernard Michel, *Nations et Nationalismes en Europe centrale*, *op. cit.*, p. 67-68.

de la *matice* tchèque. Cette association soutient financièrement les publications rédigées dans la nouvelle langue et à forte valeur identitaire (par exemple les *Chants populaires et Légendes des tribus slaves* publiés par Štúr en 1853). Et c'est la Diète, composée d'Allemands et de Tchèques, qui passe commande à František Palacký, l'un des fondateurs de la matice, d'une Histoire de Bohême. Elle paraîtra sous le titre d'*Histoire de la nation tchèque en Bohême et en Moravie*, d'abord en allemand, puis en tchèque.

Les Hongrois sont pourvus dans le même temps que les Tchèques de grands ancêtres et d'une histoire épique. Depuis la fin du XVIIIe et la parution en 1792 à Vienne de l'*Histoire de la Couronne hongroise*, par Samuel Decsy, la vieille théorie de la continuité entre les Huns et les Hongrois, que la noblesse magyare avait déjà utilisée pour affirmer ses droits face aux Habsbourg, prend une nouvelle vitalité. Le conquérant Árpád, guerrier du IXe siècle, dont le descendant saint Étienne allait fonder en l'an 1000 le royaume hongrois, est désormais présenté comme l'un des représentants de la lignée d'Attila. Le « fléau de Dieu » devient fondateur de la nation magyare, tandis que la poésie en langue nationale se constitue en célébrant l'histoire d'Árpád et des siens. Mihály Vörösmarty, un jeune homme pauvre qui a gagné sa vie par le préceptorat, publie en 1825 *La Fuite de Zalan*, poème épique célébrant les exploits guerriers d'Árpád, qui lui vaut la gloire et une place éminente parmi la littérature hongroise naissante. L'une de ses poésies lyriques deviendra chant national. Il sera député en 1848, durant la brève expérience de royaume indépendant et parlementaire organisée par Kossuth. Autre fils d'une famille pauvre, devenu instituteur, puis greffier, Janós Arany compose le cycle épique de *Toldi*, inspiré d'une chronique du XVIe siècle, qui met en scène un héros combattant pour la cause des faibles et des opprimés. Il envisagera un cycle de ballades mettant en œuvre toutes les légendes des Huns. De naissance tout aussi modeste, issu d'une famille d'origine slovaque, Sándor Petöfi puise surtout son inspiration dans les chansons populaires et élabore dans ses poèmes une représentation du peuple et du paysage hongrois. Il rencontre l'histoire en enflammant les foules en 1848 avec son chant

« Debout, Magyar » et en mourant, à l'âge de vingt-six ans, sur le champ de bataille, tué par les troupes impériales.

Fraternité des peuples et minorités nationales

Dès le 3 mars 1848, les libéraux hongrois menés par Lajos Kossuth, avocat issu de la petite noblesse, réclament l'octroi d'une Constitution. Quelques jours plus tard se forme à Prague un comité Saint-Venceslas, composé d'Allemands et de Tchèques qui réclament des réformes constitutionnelles et l'autonomie de la Couronne de Bohême. Les libéraux de Vienne exigent le départ de Metternich : il s'enfuit et la Cour promet une Constitution. Le cercle dirigé par Petöfi élabore un programme très inspiré de la première Révolution française : abolition du servage, des privilèges de la noblesse, égalité juridique et politique des citoyens, liberté de la presse, etc. Kossuth arrivera à en imposer certains points à la Diète hongroise. Cette première phase libérale-nationale s'achève rapidement. Comme à Paris, apparaissent clairement les oppositions politiques et sociales entre ceux qu'avait unis en un premier temps la lutte contre l'absolutisme monarchique. De surcroît, le « printemps des peuples », s'il témoigne on ne peut plus clairement de l'attention que se portent les nations européennes, met rapidement en évidence de futurs conflits entre nationalités. La possibilité qui commence à se dessiner d'un accès des nations à l'autonomie politique pose une question cruciale, jusque-là éludée, celle du territoire de la nation. Avec en corollaire la question du statut des non-nationaux au sein du nouvel État : ce qu'on appellera plus tard le problème des minorités nationales. Allemands et Tchèques pratiquent sans conflit le patriotisme de Bohême, jusqu'au moment où la Révolution de 1848 en Allemagne et la formation du pré-Parlement de Francfort font se dessiner une perspective : la formation d'une confédération germanique. Le Comité allemand de préparation de l'Assemblée de Francfort demande à la Bohême d'envoyer des représentants. Une nation, une langue : si la nation allemande accède à la souveraineté politique à travers une grande Confédération germanique, les Tchèques s'y retrouvent en situation de minorité non nationale. La coexistence des langues et des nationalités ne faisait pas problème dans le cadre de l'Empire, elle ne l'est plus dans le cadre d'un État-nation. La riposte tchèque à l'initiative allemande est l'organisation immédiate d'un Congrès panslaviste, auquel participent 340 représentants des nations slaves de l'Empire [3]. Il adopte un *Manifeste adressé aux nations d'Europe* appelant à l'égalité de traitements des nations au sein d'un Empire autrichien réformé. Le printemps praguois s'achève en fait rapidement, après une radicalisation insurrectionnelle et des barricades, par un bombardement de la ville et une répression sanglante.

La monarchie autrichienne joue habilement de la menace que peut représenter pour les Slaves un État-nation hongrois. Ce sont des troupes croates qui sont lancées contre la Hongrie dirigée par Kossuth. Mais l'armée hongroise, grossie de volontaires, tient en échec ses adversaires, au point que la couronne autrichienne demande l'aide des troupes russes. C'est seulement en août 1849 que les troupes hongroises capitulent. S'ensuit une féroce répression, qui frappe notamment les militaires coupables d'avoir trahi la monarchie des Habsbourg. Cosmopolitisme du national : le poème que compose Arany à l'occasion du premier voyage effectué par l'empereur d'Autriche en Hongrie après la répression s'intitule « Les bardes gallois ». C'est une nouvelle version de l'*Ode* de Gray : le motif en est assez connu pour que ce poème, encore aujourd'hui l'un des plus célèbres d'Arany, soit entendu comme imprécation contre les Habsbourg et hommage aux martyrs hongrois : « Écoute bien, ô Roi ! / Les chants des bardes jetteront honte et terreur sur toi. »

Les défaites autrichiennes en Italie et à Sadowa amèneront le pouvoir de Vienne à composer. En 1867 est établi un compromis (*Ausgleich*) qui partage l'Empire entre Cisleithanie et

3. La lithographie de Hellich représentant le Congrès slave montre des délégués slaves entourant la gigantesque reproduction d'un poème de Hanka dédié à la race slave. Les délégués serbes et croates sont en costumes nationaux – les Tchèques étant en habit bourgeois à l'occidentale. Document conservé à la Galerie nationale de Prague.

Transleithanie (Autriche et Hongrie). Jouissant désormais d'une certaine autonomie, la Hongrie devient une sorte d'État multinational où les « minorités » slaves sont nombreuses. Les tentatives de magyarisation forcée avivent leurs revendications et poussent les Slaves soumis à Budapest à se rapprocher de leurs « frères » qui ne dépendent pas de la Hongrie : les Slovaques entrent en relations politiques avec les Tchèques, les Croates avec les Serbes.

Le combat pour la nation a été, jusqu'en 1848, essentiellement affaire de libéraux se dressant contre l'absolutisme. Treize ans plus tard, l'unité italienne naît d'un compromis historique entre monarque piémontais et libéraux plus ou moins démocrates. L'unité allemande est proclamée en 1871 sous l'égide de la monarchie prussienne, dans le cadre d'un Empire constitutionnel où le souverain reconnaît la nation (chambres élues au suffrage universel), mais garde le contrôle du pouvoir. En fait, les révolutions de 1848 ont permis de mesurer la force des revendications nationales et leur faiblesse, pour les deux camps en présence. L'idée nationale s'est avérée puissamment mobilisatrice : certains souverains – ou leurs conseillers – comprendront la nécessité de la prendre en compte et l'intérêt qu'ils y peuvent trouver. Mais les limites de ce rassemblement sont apparues clairement : des combattants concluent à l'impossibilité de réussir l'unité nationale sans l'aide du pouvoir monarchique. Les ambiguïtés du libéralisme, enfin, se révèlent en 1848 et montrent l'hétérogénéité d'intérêts unis contre l'archaïsme politique et économique, mais divisés dans la mise en place d'un nouvel ordre social. Le libéralisme économique bénéficie de la constitution de marchés nationaux, de l'abolition des vestiges de l'ère féodale et d'une certaine mobilité sociale. Mais il ne s'accommode pas de toutes les revendications d'égalité et de démocratie portées par l'idée nationale. La ligne de front change : désormais, le combat se joue moins pour ou contre la nation qu'il ne porte sur sa définition. Des conceptions concurrentes et conflictuelles se mettent en place : conservateurs, libéraux modérés ou avancés, démocrates ou même ultérieurement socialistes vont s'affronter sur la détermination de la nation et sa traduction en termes de droits et devoirs.

CHAPITRE V

Épopées fondamentales

La première période d'élaboration des identités culturelles nationales est particulièrement fertile en « manuscrits authentiques » miraculeusement retrouvés après des siècles d'oubli et aussitôt portés disparus : certains dévorés par les flammes, d'autres séquestrés au fond d'un couvent espagnol, dérobés par un rival envieux ou encore embarqués sur un navire en partance pour les Amériques. Moins romanesques, mais plus pittoresques, sont les multiples Homères contemporains surgis du fond des siècles dans l'Europe des XVIIIe et XIXe siècles, et dont il suffit de transcrire les chants pour retrouver les grands ancêtres.

En fait, la ligne de partage entre créations toutes modernes inspirées de fragments antiques et la traduction en langue contemporaine de textes anciens est longtemps peu claire pour les lettrés patriotes. Stimulés par les exemples étrangers, ils se sont donné pour tâche d'illustrer avec éclat le génie créateur de leur peuple. Il ne leur paraît donc nullement trompeur d'élaborer ce qu'ils ne peuvent trouver dans des sources trop récentes, ou trop fragmentaires. A l'instar des premiers archéologues, ou des premiers anatomistes, ils estiment légitimes la reconstitution, à partir de quelques débris, de l'ensemble qu'ils postulent. En composant sous l'inspiration de l'âme nationale, ils ne dérogent pas au devoir d'authenticité : Herder, d'ailleurs, l'a exprimé explicitement à propos de la controverse sur l'épopée ossianesque. De surcroît, c'est alors un procédé littéraire des plus communs que de présenter une création contemporaine comme la publication d'un manuscrit retrouvé par hasard. *I Promessi Sposi* (*Les Fiancés*) de Manzoni paraissent ainsi en 1827 avec pour sous-titre *Storia milanese del secolo XVII scoperta e rifatta da A. M.* Jeu de connivence avec le lecteur ou mesure de prudence ? S'agissant des *Fiancés*, le recours au faux manuscrit permet à l'auteur de mettre en scène les problèmes de choix d'une langue littéraire.

Certes, lorsque les textes de référence sont présentés comme authentiques, des doutes et des réserves sont formulés par des compatriotes érudits – les étrangers ne se mêlant guère des controverses sur les antiquités nationales : s'engagent alors de longs conflits mettant en jeu deux critères hétérogènes, le patriotisme et la rigueur scientifique. L'issue est déterminée par l'importance de la trouvaille pour la construction de l'identité nationale. Est-elle décisive et irremplaçable, elle devient pierre sacrée et inattaquable. Est-elle substituable par d'autres monuments plus efficaces, elle tombe en discrédit. Le sort d'épopées publiées à des dates proches, mais dans des contextes culturels et politiques différents, le montre bien. Les épopées finnoise et estonienne sont encore aujourd'hui références officielles de la culture nationale, tandis que l'épopée française a sombré dans l'oubli.

La Terre des héros

En 1827, un jeune Finnois soutient une thèse de médecine en latin sur les formules magiques des anciens habitants du pays (*De Väinäöine, priscorum fennorum numine*)[1]. Agé alors de vingt-cinq ans, Elias Lönnrot est fils d'un tailleur de village. Brillant élève, mais pauvre, il doit gagner sa vie pour payer ses études comme aide-apothicaire, puis comme précepteur dans une famille riche. A l'instar de Macpherson, il trouve là l'occasion de rencontrer des érudits qui s'intéressent à la poésie populaire. Les lettrés finnois sont d'autant plus en

1. Cf. *Kalevala et Traditions orales du monde*, sous la direction de Jocelyne Fernandez-Vest, Paris, Éd. du CNRS, 1987, Heikki Kirkinnen et Hannes Sihvo, *Le Kalevala, épopée finlandaise et universelle*, Paris, Publications orientalistes de France, 1985, et *Le Monde kalevaléen en France et en Finlande* (sous la direction d'Heikki Kirkinnen et Jean Perrot), Paris, Association pour le développement des études finno-ougriennes, 1987.

demande d'une épopée nationale que la Finlande, qui était possession suédoise depuis le Moyen Age, a été, à la suite des accords de Tilsit, rattachée à la Russie. Devenue grand-duché, elle jouit d'une relative autonomie d'administration. Mais elle semble d'autant plus dépourvue de culture propre que ses élites sont suédophones, le finnois étant, sous forme dialectale, le mode d'expression des paysans analphabètes. Les patriotes n'ignorent rien du mouvement engagé ailleurs pour construire une culture nationale : l'expérience suédoise des « gothiques » leur est même un exemple. Mais il n'est pas là de manuscrits médiévaux à retrouver, et la recherche des antiquités passe nécessairement par la quête des vestiges que garderait la culture populaire. Des érudits commencent à publier des poèmes, et le jeune Lönnrot est encouragé à pratiquer la collecte. Lönnrot engage des études médicales tout en commençant des expéditions dans les campagnes. Entre 1827 et 1831, il fait paraître sous le titre de *Kantele* quatre recueils de poèmes qu'il dit avoir notés sous la dictée d'un barde. « Kantele » est le nom donné à la cithare des aèdes caréliens. L'accueil est enthousiaste, et une Société de littérature finnoise est formée pour promouvoir la recherche et la publication des chants originels de la nation, faire du finnois une langue de civilisation et travailler à l'instruction du peuple. A la même époque sont fondées par des Slaves de l'Empire austro-hongrois des associations culturelles appelées *matice* (en tchèque) ou *matica* (en serbe et en croate) ayant même finalité que l'association finnoise. Celle-ci apporte un soutien financier à Lönnrot, qui engage de nouvelles expéditions, notamment en Carélie de Viena (Carélie russe). La région est supposée plus riche en traditions authentiques puisqu'elle est restée orthodoxe et non soumise aux effets de l'instruction luthérienne. A l'issue d'une collecte fructueuse, Lönnrot publie un volume, mais il entreprend surtout, considérant les poèmes notés comme les fragments d'un grand ensemble, de composer l'épopée tant attendue. Le résultat est publié en 1835 sous le titre de *Kalevala* (Terre du héros Kaleva) avec un sous-titre insistant fortement sur l'ancienneté du matériau : « vieilles chansons caréliennes des temps antiques du peuple finnois ». Cette première mouture de l'épopée est imposante : plus de 12 000 vers en 32 poèmes. Édité par la Société finnoise de littérature, le *Kalevala* est salué comme le monument marquant l'accession de la culture finnoise au niveau européen. Lönnrot repart pour des expéditions caréliennes, à l'issue desquelles il publie en 1840 un volume de poèmes lyriques, *Kanteletar*, suivi en 1842 d'un recueil de proverbes et en 1844 d'un ensemble de devinettes. L'entreprise de recherche devient collective, et Lönnrot reçoit des textes d'autres collecteurs : en 1849, il publie une nouvelle édition du *Kalevala*, qui dépasse désormais les 20 000 vers. Dans sa préface, Lönnrot indique : « Conscient de ce que ses poèmes constitueront le plus ancien monument spécifique du peuple et de la langue de Finlande tant que ceux-ci existeront, nous avons cherché, avec tout le soin et toute la diligence possibles, à organiser et à rassembler aussi bien que nous l'avons pu tout ce que ses poèmes ont conservé pour la connaissance de la vie, des coutumes et des événements du passé. » Nommé professeur de littérature finnoise à Helsinki, Lönnrot exerce sa charge jusqu'en 1862, date à laquelle il se retire dans son village natal tout en travaillant à la confection d'un dictionnaire finno-suédois publié entre 1866 et 1880. Applaudi à l'étranger comme une nouvelle et belle pièce du trésor commun des antiquités nationales, le *Kalevala* est très vite traduit : en suédois (1841), en français (1845), en allemand (1852). Jacob Grimm publie dès 1845 un essai sur l'épopée finnoise. La traduction française du *Kalevala* augmenté, par Leouzon Le Duc [2], paraît en 1867 avec le sous-titre « épopée nationale de la Finlande et des peuples finnois », ce qui précise bien la réception de l'ouvrage comme monument de la nation finnoise. Le *Kalevala* inspire à Leconte de Lisle certains de ses *Poèmes barbares*, le poète français mêlant au demeurant antiquités scandinaves scaldiques et références finnoises dans ses vers. L'épopée nordique marque plus profondément l'œuvre du poète américain Longfellow dans sa composition du long poème *The Song of Hiawatha* (1855) à partir de légendes indiennes.

Parce qu'il permet aux Finnois de montrer qu'ils disposent d'une culture originelle conforme aux canons alors régnant

2. On notera que le monde de l'épopée européenne est particulièrement serré, puisque Leouzon Le Duc a découvert le *Kalevala* en 1842 alors qu'il était précepteur dans la famille Moussine-Pouchkine.

des antiquités européennes, le *Kalevala* devient très vite l'élément le plus prestigieux du patrimoine national. Parce qu'il soustrait opportunément la Finlande à la déréliction culturelle, il est érigé en monument sacré de la nation. Pas de suspicions philologiques ici, comme celles qui ont été soulevées ailleurs à propos de l'authenticité des matériaux publiés. Les lettrés finnois reconnaissent certes que Lönnrot a fait œuvre de moderne rhapsode, sélectionné, arrangé et extrapolé, mais ils ne concéderont jamais plus de 3 % de vers à l'imagination du collecteur. Car c'est bien sur le *Kalevala* que repose tout l'édifice de la culture nationale. La langue finnoise, tout d'abord, construite comme langue de culture après la publication de l'épopée, et imposée progressivement comme langue nationale au terme d'une lutte vive opposant fennomanes et partisans de la langue suédoise [3]. Le pouvoir russe, du moins dans un premier temps, encourage cette création identitaire nationale : soucieux de faire de la Finlande un État-tampon face à la Suède, il apprécie toute tentative locale marquant la différence avec l'ancienne puissance dominatrice. La reconnaissance du finnois comme langue officielle au côté du suédois est décidée dès 1863 par le pouvoir. Mais l'épopée fournit aussi les motifs de la peinture, de la musique et des arts décoratifs finnois durant toute la période pendant laquelle les élites du pays sont engagées dans une construction identitaire à marche forcée dont le but est de faire reconnaître l'existence d'une nation finlandaise digne d'accéder à la liberté et d'être soustraite à l'emprise russe. L'indépendance de la Finlande, autoproclamée en décembre 1917 et reconnue par Trotski, est véritablement acquise, au terme d'affrontements entre armée blanche et garde rouge, en octobre 1920. Le 28 février, jour de parution de la première édition du *Kalevala*, deviendra fête nationale de la Finlande.

3. Aujourd'hui, suédois et finnois sont les deux langues officielles de la Finlande, le suédois n'étant d'usage courant que pour moins de 10 % de la population.

Les fils de Kalev

La nation sœur de la Finlande, l'Estonie, possède une épopée dont le titre même évoque son modèle : le *Kalevipoeg*. Elle est publiée par Friedrich Reiholf Kreutzwald en 1861. L'Estonie est alors sous la domination de la Russie qui l'a conquise sur les Suédois en 1721, mais ce sont toujours les barons allemands qui tiennent le pouvoir, économique, social et culturel. Kreutzwald est né en 1803 dans une famille modeste d'artisans. Cet élève brillant parvient toutefois à faire des études de médecine à Tartu. En 1838, avec ses amis Nocks et Faehlmann, il fonde la Société des lettrés estoniens, qui a pour objet l'étude de la langue estonienne et de la littérature populaire. Elle a pour nom originel *Gelehrte Estnische Gesellschaft* puisque la langue d'expression de ses membres est l'allemand. Selon leur propre légende, les fondateurs ont fait le serment solennel de consacrer toutes leurs forces à la nation estonienne. Nocks deviendra un célèbre pédagogue, et Faehlmann, un médecin, sera le premier professeur d'estonien à l'université de Tartu. C'est lui qui, très vite, a l'idée de fournir à la nation estonienne une épopée révélant qu'elle a un glorieux passé et peut égaler en gloire les autres nations européennes. Il pousse Kreutzwald à se charger de la tâche, en s'inspirant de la littérature populaire. La lecture du *Kalevala*, dans la traduction allemande de 1853, incite le rhapsode estonien à adopter non pas une écriture en prose, selon son projet initial, mais en vers. Le résultat est un ensemble de 20 chants et de 19 000 vers, dont une majorité, semble-t-il, témoigne du talent créateur de Kreutzwald. La Société des lettrés estoniens commence en 1857 à publier une première édition du *Kalevipoeg* qui donne le texte en estonien et en allemand. L'Académie des sciences de Saint-Pétersbourg couronne l'ouvrage, et une seconde édition, destinée à un plus large public, est faite à Kuopio, en Finlande en 1862. Le *Kalevipoeg* est en fait la première œuvre littéraire en estonien, et elle tient de ce fait une place fondamentale dans la construction de la culture nationale. Une traduction de la Bible en estonien avait bien été faite, en 1739, par des pasteurs luthériens, mais la langue de culture locale était exclusivement l'allemand. Les membres de la Société des lettrés estoniens fournissent un énorme effort pour construire une langue nationale qu'ils mettent au point dans leur correspondance et dans les publications – livres ou périodiques – qu'ils soutiennent. La norme orthographique est un point de dissension entre érudits estoniens. Les premiers textes religieux en langue nationale, dus à des germanophones, utilisaient une transcription des phonèmes d'inspiration allemande. En revanche, les « éveilleurs de la nation », soucieux de marquer la distance avec l'Allemagne et de souligner la parenté avec la Finlande, veulent s'inspirer des principes de transcription finnois. Cette guerre orthographique entre conservateurs et rénovateurs fait rage dans les années 1860 et se termine par la victoire des seconds.

Comme la Finlande, l'Estonie subit à la fin du siècle une politique agressive de russification : l'allemand est remplacé par le russe comme langue administrative et comme langue d'enseignement universitaire tandis que la progression de l'estonien est freinée. Mais le traité de Brest-Litovsk, où la Russie abandonne l'Estonie, puis la défaite allemande de 1918 permettent à l'Estonie de proclamer son indépendance en 1920. A la suite du Pacte germano-soviétique, elle est intégrée à l'Union soviétique (ce qui implique l'expulsion vers l'Allemagne de la population germanophone), puis occupée par les troupes du Reich de 1941 à 1944, avant de se retrouver à nouveau République de l'URSS. Le pouvoir central pratique alors en Estonie une politique d'industrialisation et d'implantation d'une importante main-d'œuvre qualifiée russophone.

L'« éveil national » estonien, après la publication du *Kalevipoeg*, donne lieu à l'organisation de grands festivals de chants, dont le premier est tenu en 1869. Il s'inspire d'un modèle de joutes lyriques publiques alors très répandu autour de la Baltique. Des centaines de chanteurs participent à ces festivals où l'on cultive la métrique kalevalaïque, assimilée à la tradition balto-finnoise. Le *Kalevipoeg*, référence emblématique de la gloire et de la liberté nationales, est associé à la résistance contre les deux grandes puissances dominatrices. Contre les Allemands, à l'origine : le pouvoir soviétique, d'ailleurs, autorisera des éditions de l'épopée supposée favoriser les sentiments antigermaniques. Mais le *Kalevipoeg* est également investi par les Estoniens comme symbole de la lutte contre la russification soviétique. Dans les années 1980, les festivals de chants populaires traditionnels connaissent un regain de signification nationaliste et portent les revendications d'indépendance. La République estonienne qui proclame son indépendance en 1991 organise peu après des compétitions d'athlétisme intitulées Jeux du *Kalevipoeg*.

Tout autre est le devenir du *Barzaz Breiz*, publié quatre ans après le *Kalevala :* conçu dans le même esprit que les épopées finnoise et estonienne, il n'accédera pas au rang de monument national.

L'épopée armoricaine

La production de l'épopée celtique française commence par un manuscrit introuvable. En 1835, un jeune érudit breton est sur la piste des écrits d'un barde armoricain du Ve siècle. L'affaire est d'importance, car la découverte du manuscrit du barde Guinclan permettrait à la France – *via* la Bretagne – de rattraper le retard pris sur l'Angleterre qui – *via* le Pays de Galles – s'est déjà abondamment illustrée en matière bardique. Las, le manuscrit localisé par le jeune érudit dans une sacristie bretonne lui échappe : c'est, dit-il, qu'il a été volé, et pas par le premier venu. Car le responsable de ce détournement d'antiquités, selon lui, n'est autre que Prosper Mérimée, alors en tournée d'inspection des monuments historiques. De fait, le ministère de l'Instruction publique s'intéresse à ce manuscrit, qui aurait été conservé séculairement dans l'abbaye de Landevennec. La requête ministérielle adressée au préfet est transmise au sous-préfet : prudent, il répond que le manuscrit a été vu pour la dernière fois dans les mains d'un domestique de l'abbaye, récemment décédé après avoir vendu tout ce qu'il possédait. Dix ans auparavant, un pasteur gallois avait annoncé qu'on ne pourrait sans doute jamais trouver le manuscrit de Guinclan puisque, selon lui, il était tombé aux mains d'un jésuite qui, bien sûr, avait détruit le texte païen dans un accès de fanatisme. Le domestique, pas plus que Mérimée ou le jésuite, n'aurait pu s'emparer du manuscrit de Guinclan, pour la simple raison que le barde du IIIe siècle était une création d'un moine capucin du XVIIIe siècle. Lequel moine découvrant un certain Guinglaf, auteur d'un ouvrage de prédictions du XVe siècle, l'avait en quelques traits de plume transformé en Guinclan et vieilli de douze siècles. Macpherson et les publications galloises avaient conduit ledit Guinclan à prendre de l'étoffe et à endosser la réputation d'un nouvel Ossian. Il était donc de la plus haute importance de retrouver sa trace. Le jeune érudit, qui avait échangé menaces et insultes avec Mérimée, ne renonça pas, après cette tragi-comédie du manuscrit disparu, à trouver sur sa terre natale l'épopée celtique, mais il suivit une autre méthode, celle en fait qu'avait illustrée Macpherson.

Théodore Hersart de La Villemarqué [4], né en 1815 à Quimperlé, dont le père avait été député du Finistère sous la Restauration, fait ses études à Paris, où il fréquente en auditeur libre l'École des chartes tout en suivant des cours de droit. Il rencontre des hommes de lettres et entre notamment en contact avec deux anciens membres de l'Académie celtique, Le Gonidec et l'abbé de La Rue. Le premier a rédigé la grammaire celto-bretonne dédiée à l'Académie, le second, professeur à l'université de Caen, a été l'auteur de nombreux ouvrages sur les bardes médiévaux et la poésie anglo-normande. Émigré à Londres durant la Révolution, l'abbé de La Rue connaît parfaitement les publications récentes faites au Royaume-Uni et il défend la thèse selon laquelle la littérature médiévale anglo-normande aurait eu ses racines dans une tradition littéraire venue de la Gaule. Les lais de Marie de France sont ainsi rapportés à une tradition d'origine armoricaine. Sous l'influence des œuvres de ses mentors et des lectures de chants populaires et épopées des autres nations,

4. Pour la présentation de la biographie et de l'œuvre de La Villemarqué, nous nous référons principalement à l'étude détaillée de Francis Gourvil, *Théodore Hersart de La Villemarqué (1815-1895) et le Barzaz Breiz (1839-1845-1867). Origines, éditions, sources, critique, influences*, Rennes, Oberthur, 1960, ainsi qu'à l'analyse de Jean-Yves Guiomar, « Le *Barzaz Breiz* », dans *Les Lieux de mémoire*, cité, p. 527-565.

La Villemarqué entreprend de remédier à l'indigence française en matière d'antiquités nationales de haute tenue. Après l'échec de la quête du manuscrit bardique, il multiplie les effets d'annonce à propos de la collecte de chants populaires qu'il dit avoir menée en Bretagne. Et il propose en 1837 au ministre de l'Instruction publique de faire publier « comme documents pouvant servir à l'Histoire de France » un recueil de chants populaires bretons. La proposition est transmise pour examen au Comité historique qui examine donc l'offre du jeune Breton : une publication de près de 400 textes, dont certains remontent, d'après La Villemarqué, au VIe siècle avec traduction et glossaire. Le Comité est divisé, Nodier évoquant tout aussitôt une possible fraude à la Macpherson tandis que Fauriel souligne qu'on ne saurait écarter trop vite ce qui pourrait être un monument culturel remarquable. Au terme de plusieurs séances, le Comité finit par refuser la publication, qui paraîtra à compte d'auteur en 1839, avec diffusion par Charpentier. Entre-temps, La Villemarqué a réussi à obtenir une indemnité spéciale accordée par le grand maître de l'Université pour effectuer une mission au Pays de Galles et dans les bibliothèques anglaises. Mis en contact par Le Gonidec avec le responsable d'une association galloise, le jeune homme participe à une *Eisteddfod* et y reçoit l'investiture bardique, selon la liturgie inventée trente ans auparavant par Iolo Morganwg. Le nouvel initié, comme il l'écrit à son père, est persuadé d'avoir pris part aux anciens rites des Ve et VIe siècles. La mission d'études celtiques se prolonge en une visite de Stonehenge et des ruines de Glastonbury où La Villemarqué se recueille sur la tombe du roi Arthur. Le voyage se poursuit à Oxford et à Londres, où La Villemarqué est supposé compulser les manuscrits gallois. On ne sait trop ce qu'il lit, ou plus précisément est capable de lire, en gallois. Toujours est-il que le rapport de mission adressé au ministre à l'issue du voyage annonce une découverte d'importance : l'antique langue galloise est celle que parlent aujourd'hui les paysans bas bretons, qui la comprennent beaucoup mieux que les érudits gallois contemporains ; de surcroît, on trouve dans les anciens contes gallois des tournures linguistiques ou des descriptions de coutumes qui se rencontrent encore parmi les paysans bas bretons. La Villemarqué affirme donc tout bonnement que les contes gallois et les romans arthuriens ont une origine armoricaine, et que l'Armorique est le seul lieu où l'on peut encore retrouver la langue celte originelle et les restes vivants de l'antique culture. On ne saurait reprendre plus radicalement la main, au profit de la Bretagne et de la France, sur le Pays de Galles et le Royaume-Uni. Et La Villemarqué se place ainsi en situation d'être par sa collecte contemporaine le découvreur des plus originelles antiquités celtiques.

Dans le Préambule qu'il donne à son recueil de chants populaires, La Villemarqué situe clairement son entreprise dans le mouvement européen de promotion des antiquités nationales, comme réparation du tort fait à la première des nations par son retard en la matière :

> Chose inouïe ! l'Espagne a des recueils de chants populaires, imprimés depuis 1510 ; l'Italie a les collections de Muller, la Suède de Wolf, Geyer et Afzélius ; la Hollande de Fallers-Leben et Lejeune ; la Bohême de Hauker ; la Russie de Goetze, la Serbie de Vuk ; le Danemark de MM. Grimm et Thièle ; l'Allemagne de Herder, Van der Hagen, Gœures, Bürsching, Erlach et Brentano ; l'Angleterre de Percy, Warton, Ritson, Ellis, Jamieson, Brooke, Evans et Walter Scott ; et nous, qui donnons si souvent l'impulsion à l'Europe, nous n'avons à opposer aux étrangers que deux recueils fastidieux dont nous ont gratifiés deux antiquaires allemands. [...] J'ai tâché de combler, à l'égard d'une des provinces de France, la lacune que je viens de signaler.

Le Préambule indique que les textes publiés sont le fruit d'une collecte commencée par la mère de La Villemarqué et continuée par lui-même. Il est suivi, à la manière de la publication macphersonienne d'une longue Introduction consacrée à l'histoire des Celtes, aux anciens bardes armoricains – le Guinclan de l'introuvable manuscrit fait l'objet d'un copieux développement historique – et à la transmission de l'antique poésie par la tradition populaire. La Villemarqué ne manque pas de rappeler que la langue des paysans contemporains est en tout point identique au breton armoricain des Ve et VIe siècles. Le recueil proprement dit comporte 53 textes répartis en 3 sections : Chants historiques – les plus nombreux –, Chants d'amour et Chants religieux. Les Chants historiques constituent une Légende des siècles bretonne, courant depuis les premiers siècles jusqu'à la Chouannerie, en passant par les Croisades, la Conquête normande, les amours d'Héloïse et Abélard, la Ligue, etc. L'ensemble est étoffé de commentaires et de notes érudites faisant référence aux publications danoises, suédoises ou allemandes éditées depuis le début du siècle. L'ouvrage est intitulé *Barzas Breiz* (devenu *Barzaz Breiz* dans la seconde édition), néologisme forgé par La Villemarqué et propre à séduire un public sensible à l'exotisme linguistique. L'ouvrage rencontre un indéniable succès en France et à l'étranger d'autant que l'auteur a soigné le service de presse et multiplié les envois du volume. Les revues littéraires anglaises ou allemandes en font de longs et élogieux comptes rendus. Des traductions partielles paraissent, dans les années suivantes, en Allemagne, en Angleterre, en Suède ou en Pologne. Cette audience internationale n'est pas pour surprendre, puisque chaque nouveau monument d'antiquités nationales, qui vient grossir le patrimoine européen, vient conforter les précédents et est incitation à poursuivre, dans chaque pays, l'entreprise d'exhumation. Sur une proposition de Jacob Grimm, avec lequel il entretient une correspondance sur les antiquités celtiques, La Villemarqué est d'ailleurs élu à l'unanimité membre à titre étranger de l'Académie de Berlin en 1851.

Le *Barzaz Breiz* connaît une seconde édition, augmentée de 33 « nouvelles ballades historiques » en 1845. La Légende des siècles armoricaine court désormais des temps druidiques jusqu'à la Restauration. Apparaissent – dans les chants – des attaques contre les Français qui ont voulu asservir la Bretagne et des invectives contre les traîtres, comme Du Guesclin. Mais l'opinion lettrée française ne s'offusque pas, qui continue à voir dans le *Barzaz Breiz* un monument lui permettant de rivaliser avec les autres nations. L'enthousiasme de George Sand traduit bien cette conception qui fait de la Bretagne, parce qu'elle a longtemps gardé son indépendance, un miraculeux conservatoire des plus antiques traditions et donc un des plus beaux fleurons du patrimoine national. Traitement analogue, somme toute, à celui qui est accordé dans le Royaume-Uni à l'Écosse ou au Pays de Galles :

> Une seule province en France est à la hauteur, dans sa poésie, de ce que le génie des plus grands poètes et celui des nations les plus poétiques ont produit : nous oserons dire qu'elle les surpasse. Nous voulons parler de la Bretagne. Mais la Bretagne, il n'y a pas longtemps que c'est la France. Quiconque a lu les Barza-Breiz, recueillis et traduits par M. de la Villemarqué, doit être persuadé avec moi, c'est-à-dire pénétré intimement de ce que j'avance. Le *Tribut de Nomenoe* est un poème de cent quarante vers, plus grand que l'*Iliade*, plus complet, plus beau, plus parfait qu'aucun chef-d'œuvre sorti de l'esprit humain. *La Peste d'Eliant*, *Les Nains*, *Desbreiz* et vingt autres diamants de ce recueil breton attestent la richesse la plus complète à laquelle puisse prétendre une littérature lyrique. Il est même fort étrange que cette littérature, révélée à la nôtre par une publication qui est dans toutes les mains depuis plusieurs années, n'y ait pas fait une révolution. Macpherson a rempli l'Europe du nom d'Ossian ; avant Walter Scott, il avait mis l'Écosse à la mode. Vraiment, nous n'avons pas assez fêté notre Bretagne, et il y a encore des lettrés qui n'ont pas lu les chants sublimes devant lesquels, convenons-en, nous sommes comme des nains devant des géants. Singulières vicissitudes que subissent le beau et le vrai dans l'histoire de l'art[5] !

Au demeurant, La Villemarqué ne joue pas la carte du nationalisme breton, puisque, dans la préface de la troisième édition, il prendra soin de préciser – comme la plupart des collecteurs nourris de Herder et de Grimm – qu'il n'a pas fait œuvre locale, mais nationale et européenne :

> Il ne s'agit donc pas ici d'un intérêt purement local, mais bien d'un intérêt français ; car l'histoire de la Bretagne a toujours été mêlée à celle de la France, et la France est aussi celtique par le cœur que l'Armorique est française aujourd'hui sous le drapeau commun. Ne puis-je pas dire après Fauriel, Jacob Grimm et Ferdinand Wolf, qu'il s'agit d'un intérêt encore plus général ? L'accueil fait au Romancero breton dans toute l'Europe ne l'a-t-il pas prouvé[6] ?

5. George Sand, « Les visions de la nuit dans les campagnes », *L'Illustration*, 1855, reproduit dans George Sand, *Promenade dans le Berry*, Bruxelles, Complexe, 1992, p. 75-76.

6. Théodore Hersart de La Villemarqué, *Chants populaires de la Bretagne, le Barzaz Breiz*, Préface, p. VII, cité dans l'édition de la Librairie académique Perrin, Paris, 1959, reproduction de l'édition de 1867.

La Villemarqué est promu dans l'ordre de la Légion d'honneur. Quatre ans plus tard, il se porte – sans succès – candidat à la députation dans son département natal en rédigeant une profession de foi où il se déclare républicain modéré, soucieux du respect de la Constitution et animé par le patriotisme. Son engagement politique étant resté malgré tout discret, il obtient encore deux missions officielles du ministère de l'Instruction publique en Angleterre pour y consulter les manuscrits concernant l'histoire et la littérature « des départements de l'Ouest de la France ». Et, en 1858, il est élu membre de l'Institut. C'est seulement après la troisième édition du *Barzaz Breiz*, en 1867, que les doutes quant à l'authenticité de la collecte, qui n'avaient jusque-là été que des réserves partielles émanant d'érudits sans grande audience, prennent de l'ampleur. La Villemarqué, mis en demeure de s'expliquer, fait état de carnets de collectes détaillés, qu'il se refuse à montrer, et finit par admettre, que, sans avoir commis de faux, il s'est sans doute laissé aller, dans sa jeunesse, à quelques extrapolations imprudentes. La polémique court fort longtemps, puisqu'elle a donné lieu à deux thèses de doctorat soutenues respectivement en 1959 [7] et en 1974 [8]. L'auteur de la thèse la plus récente, Donatien Laurent, a pu consulter les carnets d'enquête de La Villemarqué, dont les descendants ouvraient pour la première fois les archives. Il lui paraît établi que si La Villemarqué s'est effectivement livré à une collecte, « il fut d'abord un réfecteur, emporté trop souvent par les mirages d'une imagination fertile, plus prompt à réparer les prétendus oublis de la tradition poétique qu'à l'accepter pour elle-même [9] ». Les chants collectés par La Villemarqué et publiés par Donatien Laurent ont une tonalité nettement moins héroïque que ceux du *Barzaz*

7. Thèse de Francis Gourvil soutenue à la faculté des lettres de Rennes en 1959 et publiée en 1960 à Rennes, Oberthur, avec le concours du CNRS, des conseils généraux de Bretagne et du journal *Ouest-France*, *op. cit.*

8. Thèse soutenue par Donatien Laurent, sous la direction d'André Leroi-Gourhan ; la première partie a été publiée en 1989 sous le titre *Aux sources du Barzaz Breiz. La mémoire d'un peuple*, Douarnenez, Ar Men.

9. *Ibid.*, p. 313.

Breiz et relèvent des complaintes populaires face à la mort, la misère et les souffrances.

Le *Barzaz Breiz* est quasiment inconnu aujourd'hui, faute d'avoir pris place dans les monuments fondateurs de la nation. L'hypothèse celtomaniaque du gaulois-breton originel, à dire vrai, s'accordait mal avec les études développées depuis le début du XIXe siècle sur la formation de la langue française et la promotion des littératures d'oïl et d'oc. En outre, la fonction d'épopée nationale a été tenue par d'autres textes. A commencer par *La Chanson de Roland* : la publication par Francisque Michel d'un manuscrit du XIIe siècle, signé d'un certain Turoldus et découvert à la Bibliothèque bodléienne d'Oxford, précède de deux ans la publication du *Barzaz Breiz*. Surtout, au moment de la parution de l'épopée bretonne, était déjà engagée la construction d'une histoire nationale française. Car c'est l'histoire de la nation, récit d'un combat continu à travers les siècles pour la liberté, contre l'oppression, vers la souveraineté, qui va tenir lieu de véritable épopée française. La Villemarqué n'est pas complètement à l'écart de ce nouveau courant : il fournit d'ailleurs à Augustin Thierry, qui les reprend, certains de ses textes. Ce sera une de ses fiertés, plus tard, que de rappeler le crédit porté par l'historien à ses chants bretons. Mais il ne perçoit pas que dans la France de 1830 la production de monuments nationaux est désormais investie d'une finalité politique claire. C'est une chose que de vouloir rattraper le retard français en matière de culture celtique, mais la première des nations à avoir proclamé sa souveraineté politique en est désormais à un tout autre stade : inscrire dans la continuité de son histoire le combat pour la liberté et la Constitution. Ce n'est pas par l'antiquité de ses grands ancêtres que la France va réaffirmer sa prééminence et sa vocation universaliste : c'est par l'ancienneté de sa détermination politique. Comme l'écrit Michelet :

> Ce qu'il y a de moins simple, de moins naturel, de plus artificiel, c'est-à-dire de moins fatal, de plus humain et de plus libre dans le monde, c'est l'Europe ; de plus européen, c'est ma patrie, c'est la France [10].

10. Jules Michelet, *Introduction à l'histoire universelle. Œuvres complètes*, éd. Paul Viallaneix, Paris, Flammarion, 1984, t. III, p. 229.

Le romancier Eugène Sue l'a compris, qui opère dans *Les Mystères du Peuple*, publiés en livraisons entre 1849 et 1857, le syncrétisme entre le celticisme épique du *Barzaz Breiz* et l'histoire nationale, pour faire œuvre éducative et militante. Auteur à succès, converti au socialisme républicain et à l'antijésuitisme, il décide d'enseigner au Peuple français sa véritable histoire pour réparer le tragique « malentendu fratricide » des journées de juin 1848 [11].

> Jusqu'ici [...] l'on avait toujours écrit l'histoire de nos rois, de leurs cours, de leurs amours adultères, de leurs batailles ; mais jamais notre histoire à nous autres bourgeois et prolétaires ; on nous la voilait, au contraire, afin que nous ne puissions y puiser ni mâles enseignements, ni foi, ni espérance ardente à un avenir meilleur par la connaissance et la conscience du passé [12].

Reprenant la théorie de la double population et de l'affrontement séculaire entre Tiers-État gaulois et aristocrates francs, Sue entreprend d'unir les temps anciens d'avant la conquête romaine et l'actualité politique par la permanence de ce combat. Le héros de ce roman didactique, un marchand parisien nommé Le Brenn, qui s'est jeté désarmé entre les insurgés de juin et l'armée, révèle à sa famille les mystères du peuple français : une collection d'objets et de manuscrits, pieusement transmis de génération en génération par les Le Brenn, qui racontent, depuis les temps druidiques, la saga d'une famille gauloise exemplaire. Descendants d'une antique famille vénète, les Le Brenn de la Seconde République n'ont aucune peine à déchiffrer les manuscrits ancestraux, car, précise le romancier, « la langue bretonne n'est autre que la langue celtique ou gauloise, qui se parlait dans toute la Gaule avant la conquête des Romains et des Francs. Sauf quelques altéra-

11. Cf. Anne-Marie Thiesse, « Un roman/manuel d'histoire plébéienne : *Les Mystères du Peuple* d'Eugène Sue », dans *Enseigner l'histoire, des manuels à la mémoire* (sous la direction d'Henri Moniot), Berne, Peter Lang, 1984, p. 24-41.

12. « L'auteur aux abonnés des *Mystères du Peuple* », 20 janvier 1850.

tions causées par les siècles, elle s'est à peu près conservée jusqu'à nos jours, car, de toutes les provinces de la Gaule, la Bretagne est la dernière qui soit soumise aux rois francs, issus de la conquête ». La longue résistance de la Bretagne à l'intégration dans le royaume de France est donc ici ouvertement donnée comme gage de son authenticité nationale. La lecture par les commerçants parisiens des manuscrits de leurs ancêtres forme le récit historique, parsemé de notes érudites et de références destinées à attester la véracité historique des faits rapportés. L'histoire commence par la présentation de communautés gauloises fort civilisées, démocratiques, féministes, éclairées par de sages druides et révérant une divinité nommée Hésus[13]. Le bonheur de ces Celtes protorépublicains et protochrétiens est ruiné par le déferlement de hordes barbares et sanguinaires ayant à leur tête un nommé Jules César. Malgré l'héroïque résistance du village gaulois de Carnac, les Romains triomphent, et les enfants de son *brenn* (en breton, précise Eugène Sue, le terme signifie « chef ») sont réduits en esclavage. Commence la longue servitude de leurs descendants : certains se laissent gagner par la corruption et la débauche des maîtres, d'autres gardent au cœur le souvenir de la liberté perdue, le respect des valeurs ancestrales et la volonté de résistance. Le récit de la conquête franque introduit dans la narration une deuxième famille, celle de Neroweg, fondateur de la lignée des Plouernel, qui sera de tous les combats contre le Peuple et la démocratie, jusqu'en 1848, évidemment. A travers les siècles, donc, s'affrontent d'honnêtes travailleurs, paysans, artisans ou marchands, et des aristocrates pillards, adeptes de tous les vices. Les seconds s'appuient sur un clergé soumis à Rome et trahissant le message christique pour maintenir le peuple dans la soumission, la crainte et l'ignorance. Les Le Brenn sont de toutes les révoltes contre l'oppression, ne manquent pas une jacquerie ni une revendication de charte communale, cependant que les Plouer-

13. Eugène Sue, qui joue des libertés romanesques pour s'autoriser toutes les invraisemblances historiques, fait arriver en Palestine en l'an 33 une descendante des Le Brenn, qui reconnaît dans l'enseignement christique les principes fondamentaux de la religion gauloise ; ce qui permet d'intégrer le christianisme originel dans la spiritualité druidique de la nation.

nel sont de toutes les infamies et Saint-Barthélemy. La leçon de l'histoire, constamment répétée, est que la farouche résistance du Peuple contre l'oppression permet une progression vers la liberté et la République [14].

Commencée à Paris, la rédaction des *Mystères du Peuple* est achevée en exil. Arrêté après le coup d'État du 2 Décembre, relâché un mois plus tard, Sue s'est réfugié en Savoie d'où il peut continuer à correspondre avec son éditeur. Mais, en 1857, *Les Mystères du Peuple* tombent sous le coup de la censure : les exemplaires en circulation sont saisis et l'éditeur condamné [15]. Les attendus du jugement précisent qu'on « ne saurait douter du danger [présenté par] cet ouvrage, en présence de la saisie de ce livre qui a été faite sur la plupart des membres des sociétés secrètes poursuivis et condamnés depuis plusieurs années ».

Le Second Empire cultive la gallophilie, non la démocratie, et il a érigé en héros un chef de guerre plutôt qu'une lignée républicaine. En 1867, une monumentale statue de Vercingétorix, commandée par Napoléon III au sculpteur Aimé Millet, est érigée sur le site d'Alise-Sainte-Reine en commémoration de la bataille d'Alésia. Ambiguïté de cette figure héroïque à laquelle est dévolue la fonction d'incarner le patriotisme, et l'unité derrière un seul chef, avant – ou sans – la nation au sens politique : le régime de Vichy pourra récupérer et Vercingétorix et la gallitude. En revanche, ultime avatar sans doute de la farouche résistance de nos ancêtres les Celtes-Gaulois et de la démocratie primitive, le village d'Astérix n'est pas arverne, mais armoricain, et installé à proximité d'un champ de menhirs [16]. Son barde catastro-

14. Le principe de la saga familiale à travers les siècles sera repris dans le roman *Les Ancêtres* (*Die Ahnen*) de Gustav Freytag, publié entre 1872 et 1880. On y retrace l'histoire nationale germanique depuis le IVe siècle. Mais cette histoire sociale d'une famille à travers les âges, date de composition oblige, est très marquée par la perspective de l'hérédité biologique

15. L'éditeur des *Mystères du Peuple*, le républicain Maurice Lachâtre, qui sera l'éditeur de la première traduction française du *Capital*, réédite l'ouvrage sous la Troisième République et n'hésite pas dans sa préface à faire de Sue, décédé en 1857, un précurseur des Communards.

16. La carte figurant dans *Le Tour de Gaule d'Astérix* situe le village breton aux environs de Carnac.

phique brandit une harpe celtique, version dépenaillée de celle qu'emportent, sur les tableaux du XIXe siècle, les bardes-druides gallois fuyant les envahisseurs. Entre-temps, le *Barzaz Breiz*, non retenu au patrimoine national officiel de la France, est devenu référence du mouvement breton. Dès la fin du XIXe siècle, de jeunes poètes bretons composent des *bardits* à la gloire des héros du *Barzaz Breiz*[17] et se groupent en associations dont certaines s'engagent dans l'activisme politique antifrançais sans rencontrer une véritable audience dans la population. Le *Barzaz Breiz* acquiert plutôt le statut de monument culturel breton, objet d'une fierté locale compatible avec le sentiment d'appartenance à la France[18].

17. Cf. notamment l'anthologie nationaliste bretonne de Camille Le Mercier d'Erm, *Bardes et Poètes nationaux de la Bretagne armoricaine des XIXe et XXe siècles*, Rennes, Plihon et Hommay, Paris, Sansot, 1918.

18. Cf. ce témoignage de l'historienne Mona Ozouf à propos de la bibliothèque de son père, instituteur laïque, militant de gauche, qui avait appris le breton à l'âge de vingt ans : « Ceux qui brillent du plus pur éclat sur les rayons sont les livres qui n'ont pas craint de se colleter avec la langue bretonne, la nôtre : les dictionnaires et les grammaires, les jeunes romanciers et les vieux poètes, Jakez Riou et La Villemarqué, car le *Barzaz-Breiz*, dont bien avant celle des Anciens et des Modernes la querelle est close dans mon esprit, trône ici comme notre monument poétique », Présentation de *L'École de la France. Essais sur la Révolution, l'utopie et l'enseignement*, *op. cit.*, p. 11.

CHAPITRE VI

Histoires nationales

A l'aube du XIXe siècle, les nations n'ont pas encore d'histoire. Même celles qui ont déjà identifié leurs ancêtres ne disposent que de quelques chapitres incomplets d'une narration dont l'essentiel est encore à écrire. A la fin du siècle, elles sont en possession d'un récit continu qui retrace un long cheminement dont le sens, malgré toutes les vicissitudes, tous les obstacles, est donné par le génie national. Histoire achevée si la nation a accédé à son indépendance, histoire qui annonce un prochain avenir radieux si le combat pour la liberté est encore à mener.

Le roman national

L'histoire de la nation se distingue de celle de la monarchie, pour le fond et pour la forme. C'est un genre littéraire aussi jeune que l'idée de nation, le roman, qui va à la fois servir de modèle narratif pour les premières élaborations savantes d'histoires nationales et de formidable vecteur de diffusion d'une vision nouvelle du passé. Une fois encore, le mouvement part d'Écosse pour s'étendre rapidement sur le continent.

A l'orée du XIXe siècle, le petit comté du Selkirkshire a pour shérif un amateur de littérature allemande. La fonction administrative qu'il occupe ne consistant pas précisément à traquer les hors-la-loi, mais plutôt à faire office de juge d'instruction itinérant, il dispose de loisirs suffisants pour lire avec passion et entraîner sa plume. Le jeune Walter Scott, né en 1771 dans une famille de petite noblesse d'Édimbourg, fait ses débuts en traduisant et en adaptant en anglais ce qui est alors tenu pour la suprême modernité culturelle : les ballades de Bürger et de Goethe, *Goetz von Berlichingen* ou *Emilia Galotti* de Lessing[1]. Le juriste frais émoulu de la faculté s'est même mis à apprendre l'allemand pour pouvoir découvrir, sans attendre la traduction d'un autre, les textes qu'il admire. Mais sa carrière de traducteur-adaptateur tourne court assez vite, en raison de l'insuccès de ses premières tentatives. Et en 1798 une publication qui fait événement – les *Ballades lyriques* de Coleridge et Wordsworth – l'incite à ne plus aller chercher en Allemagne seulement une avant-garde dont la première ligne se trouve désormais dans les îles Britanniques. Scott se lance dans la collecte de ballades populaires écossaises et entre en contact avec un illustre prédécesseur, l'abbé Percy, devenu évêque en Irlande. En 1802 paraît *The Ministrelsy of the Scottish Border*, recueil de textes qu'il dit avoir recueillis auprès de paysans. Scott a eu la prudence de se concilier en l'associant à ses recherches Joseph Ritson, le plus virulent des critiques qui ont mis en doute l'authenticité des manuscrits découverts par Percy. Le nouvel auteur poursuit sa production par de grands poèmes narratifs qui prennent pour motifs l'histoire écossaise. L'un des plus connus, *The Lady of the Lake*, inspire le livret de l'opéra homonyme de Rossini (1819) et d'innombrables compositions iconographiques. C'est sous le couvert de l'anonymat que Scott, devenu poète historique à succès, public en 1814 son premier roman. Le genre romanesque est encore peu considéré, et un poète estimé ne peut risquer sa réputation en s'y aventurant ouvertement. Le coup d'essai est cependant un coup de maître : dans *Waverley*, qui a pour cadre l'ultime révolte jacobite de 1745, Scott a mis en œuvre ce qui va assurer et le succès de ses ouvrages et leur fonction de modèles : l'insertion d'une leçon d'histoire, expliquant la causalité événementielle, dans une intrigue romanesque bien menée, soigneusement construite et jouant des effets de tension et de résolution. Le caractère didactique de l'exposé historique se marque aussi à l'abondance de descriptions présentant de manière détaillée les décors, les objets, les

1. Cf. Henri Suhamy, *Sir Walter Scott*, Paris, Éd. de Fallois, 1993.

costumes des personnages. La description éventuellement assortie de commentaires d'auteur deviendra un procédé commun du roman du XIXe siècle. De même que la dévolution aux protagonistes d'une exemplarité sociale, historique ou psychologique. Mais, dans l'œuvre de Scott, cela relève de l'innovation radicale. *Ivanhoé*, publié en 1819, qui est le premier roman historique de Scott délaissant la matière écossaise, lui assure une gloire retentissante sur le continent. C'est qu'il présente, outre une technique narrative de facture toute moderne, un habile mélange de personnages historiques et fictifs et tous les éléments permettant de présenter sur le mode romanesque la lutte contre les tyrans. Scott, il faut le préciser, est en matière politique clairement conservateur, à la façon anglaise, et l'on ne trouve pas chez lui d'appels à la révolte contre la monarchie en général. C'est contre le mauvais roi que se soulèvent les héros. Les personnages négatifs d'*Ivanhoé*, qui cumulent vices et traîtrises, sont des féodaux usurpateurs, des Templiers pillards et fanatiques, un prince félon ; contre eux se dressent leurs victimes : des nobles chevaleresques, un roi épris d'idéal, un marchand juif et sa fille aussi belle qu'experte en soins médicaux, un hors-la-loi au grand cœur qui commande une troupe de paysans et le héros éponyme et valeureux. Le roman s'achève en acte créateur de la nation anglaise, puisque Richard Cœur de Lion, qui a recouvré son trône, annonce la réconciliation définitive des Saxons et des Normands. *La Jolie Fille de Perth*, publié en 1828, traite des luttes bourgeoises du XIVe siècle contre une noblesse qui s'accroche à ses privilèges féodaux. Ces grands affrontements entre groupes antagonistes, qui peuvent souvent être inscrits sous le signe de l'opposition modernité/archaïsme, et leur résolution dans le cadre de l'évolution historique forment la matière principale des romans de Scott. Il en compose une bonne quarantaine, qui lui apporteront la gloire, mais ne suffiront pas à lui assurer la fortune, car Scott est victime en 1826 de la faillite d'un de ses éditeurs auquel il s'était associé financièrement. Balzac a fort bien décrit le processus de ces culbutes financières engendrées par la pratique de l'escompte et des effets au porteur, et dont il a été lui aussi la victime. Scott, accablé de lourdes dettes, mais plus chanceux ou mieux protégé que son disciple en matière romanesque, évite cependant la prison pour dettes. Il est même autorisé à conserver la jouissance du château qu'il avait fait bâtir. Le romancier meurt épuisé en 1832, non sans avoir pris la peine de consacrer neuf volumes à ce qui lui semblait être la grande épopée contemporaine, la *Vie de Napoléon*.

A l'instar des publications de Macpherson, l'œuvre de Scott engendre un mouvement créateur aussi riche qu'international. C'est qu'elle répond bien aux attentes d'une deuxième étape de la construction identitaire, après la détermination des ancêtres et de leurs hauts faits : comment montrer le lien entre l'originel et le présent ? comment établir l'histoire d'une continuité à travers les âges ? comment écrire ce *Bildungsroman* dont la nation serait le personnage principal ? Les ouvrages de Scott montrent qu'on peut opérer une résurrection du passé autrement que sur le mode de l'héroïsme épique ou du mythologique. Car ils mettent en scène la « statistique » des temps anciens : les coutumes, les costumes, le mobilier, les usages alimentaires des ancêtres, dans les différentes couches sociales. Et cela aux différentes époques historiques. On est bien au-delà des programmes qui, comme celui de l'Académie celtique, envisageaient de recueillir des données sur les usages des seuls ancêtres primitifs. L'histoire de la nation, avec Scott, se déploie à travers les siècles et dans l'espace social. Il montre l'intérêt de prendre des personnages dans toutes les couches de la population, pour donner du corps à l'histoire. Et cette diversité sociale permet la représentation des conflits et des alliances entre les divers groupes. Le narrateur donne ouvertement une portée didactique à ses romans, n'hésitant pas à interrompre la narration à la troisième personne par une interpellation directe au lecteur auquel il exhibe les documents érudits sur lesquels il s'appuie, indique qu'il y a des degrés dans la fiabilité des sources et énonce ses critères, politiques et éthiques, du jugement historique :

> Il nous paraît nécessaire de donner ici au lecteur de meilleures preuves que les incidents d'une histoire imaginaire pour justifier à ses yeux l'affligeant tableau que nous venons d'exposer des mœurs de cette époque. Sans doute il est pénible de penser que ces vaillants barons, dont la résistance aux empiétements de la couronne assura les libertés de l'Angleterre, aient

> été eux-mêmes de terribles oppresseurs, coupables d'attentats non seulement aux lois du pays, mais à celle de la nature et de l'humanité. [...] Au sujet des cruautés exercées durant le règne d'Etienne de Blois par les grands barons et les propriétaires des châteaux, qui étaient tous Normands, l'auteur de la *Chronique saxonne* nous a laissé une description des excès dont ils étaient capables dans l'emportement de leurs passions. [...] Telle était la dissolution des mœurs au XIIe siècle, ainsi que le montre la déclaration publique du clergé anglais, rapportée dans la *Chronique d'Eadmer*; elle suffit, croyons-nous, à justifier la vraisemblance des scènes précédentes et de celles que nous allons rapporter d'après l'autorité moins authentique du manuscrit de Wardour [2].

Parce qu'elle est tout à la fois résurrection et explication, l'histoire telle que la propose Scott enthousiasme la jeune génération des historiens qui cherchent à représenter la nation à travers les âges. Augustin Thierry tout le premier :

> Un homme de génie, Walter Scott, vient de présenter une vue réelle de ces événements si défigurés par la phraséologie moderne. [...]. C'est dans un roman qu'il a entrepris d'éclairer ce grand point d'histoire et de présenter vivante et nue cette conquête normande, que les narrateurs philosophes du dernier siècle, plus faux que les chroniqueurs illettrés du Moyen Age, ont élégamment ensevelie sous les formules banales de *successions*, de *mesures d'État*, de *conspirations réprimées*, de *pouvoir* et de *soumission sociale* [3].

Il ne faut pas moins qu'une révolution poétique pour exprimer cette révolution idéologique de la conception de l'histoire qui confère désormais les fonctions principales à des acteurs collectifs. L'influence de Scott sur les romanciers surpasse encore celle qu'il exerce sur les historiens.

2. Walter Scott, *Ivanhoé*, fin du chapitre XIII.
3. Augustin Thierry, « Sur la conquête de l'Angleterre par les Normands. A propos du roman d'Ivanhoé », 1re publication dans *Le Censeur européen*, 27 mai 1820, repris dans *Dix ans d'études historiques, Œuvres complètes*, tome III, cité par Marcel Gauchet, « Les *Lettres sur l'Histoire de France* d'Augustin Thierry », dans *Les Lieux de mémoire*, *op. cit.*, t. II, vol. 1. L'article de Marcel Gauchet offre une réflexion fournie sur le changement de paradigme du discours historique.

Très rapidement traduite sur le continent, où elle fait les plus gros succès de librairie de l'époque, l'œuvre de Scott donne légitimité au genre romanesque, qui peut désormais être crédité d'une intention « philosophique » selon l'expression usitée alors, c'est-à-dire l'explication des grands phénomènes régissant les sociétés humaines. On assiste en quelques années à un véritable déferlement de romans historiques. A travers eux est mise au point la technique narrative qui permettra l'éclosion du roman d'histoire contemporaine : ce qu'on appellera le roman social. Il n'est guère de romanciers français, de Balzac à Dumas en passant par Vigny et Hugo, qui n'aient beaucoup emprunté à Scott. Manzoni proclame sa dette à l'écrivain anglais dont le modèle lui permet de concevoir l'œuvre fondatrice de la nouvelle littérature italienne : *I Promessi Sposi*. Les œuvres en prose qui marquent l'essor de la littérature russe, *Tarass Boulba* de Gogol ou *La Fille du Capitaine* de Pouchkine, sont tout aussi scottiennes d'inspiration. Influence déterminante aussi sur les écrivains libéraux portugais, comme Alexandre Herculano, qui non seulement consacre de nombreux romans aux conflits politiques et sociaux du Moyen Age national, mais rédige aussi la première grande *Histoire du Portugal*.

L'apparition du roman historique coïncide avec des changements radicaux dans l'économie de l'imprimé : une croissance énorme de la production, qui va de pair avec une augmentation et une diversification du lectorat, une gamme élargie de supports. Et le roman « à la Scott » s'avère particulièrement apte à gagner à la lecture de nouveaux publics. A preuve le rôle que joue la création de la rubrique du roman-feuilleton pour faire passer la presse des tirages confidentiels du début du siècle à la diffusion de masse. A preuve encore l'importance du roman en livraisons pour gagner à la lecture les couches nouvellement alphabétisées [4]. Il n'y a pas de commune mesure entre le premier public d'Ossian et celui

4. Cf. notamment *Histoire de l'édition française*, Paris, Promodis, tome III : *Le temps des éditeurs, du romantisme à la Belle Époque* (sous la direction d'Henri-Jean Martin et Roger Chartier), 1984, et Anne-Marie Thiesse, *Le Roman du quotidien. Lecteurs et lectures populaires à la Belle Époque*, Paris, Le Chemin Vert, 1984.

d'*Ivanhoé*, et la différence est encore bien plus grande si l'on se réfère aux lecteurs des feuilletons d'Alexandre Dumas. Aux lecteurs non lettrés, le roman historique procure tout à la fois les émotions d'une intrigue haletante et les plaisirs de la découverte d'un univers inconnu mais facile à appréhender grâce à la profusion de détails matériels et la psychologie des personnages. Il leur propose en même temps un savoir sur le passé et les clés de sa compréhension. Et c'est à travers lui que se constitue une galerie de héros historiques hauts en couleur et une représentation de l'histoire aussi profondément ancrée que largement diffusée. Le cinéma, au siècle suivant, prendra le relais.

Scènes nationales

Révolution poétique, renouvellement des référents et mise en scène des histoires nationales : le même phénomène se joue au théâtre. La substitution du drame à la tragédie classique correspond à un changement radical de l'univers auquel sont empruntés les personnages. Les histoires nationales fournissent désormais le cadre privilégié des créations théâtrales. Les modèles du drame historique assurément sont allemands, mais Goethe ou Schiller se sont explicitement appuyés sur le théâtre shakespearien pour élaborer la nouvelle dramaturgie. En un premier temps, d'ailleurs, se constitue une sorte de fonds commun international des personnages et des événements historiques sur lequel va s'appuyer la révolution esthétique. Ce n'est pas véritablement dans leur histoire nationale que les auteurs vont initialement chercher le décor et la trame de leurs pièces. Les grandes œuvres de Schiller ont pour titre *Marie Stuart*, *La Pucelle d'Orléans*, *Don Carlos* ou *Guillaume Tell* ; celles de Hugo, *Cromwell*, *Marie Tudor*, *Ruy Blas*, *Les Burgraves*. Situer en un autre pays une lutte héroïque pour la liberté politique et contre les discriminations sociales est une marque de prudence élémentaire vis-à-vis de la censure politique. Choisir un cadre étranger, c'est user d'une stratégie de l'exotique vis-à-vis d'un public qui, avant d'être véritablement gagné à la nouvelle esthétique, considère comme trop triviaux des personnages qui ne sont ni antiques ni princiers. Mais à ces raisons s'en ajoute une autre, non négligeable : la relative indétermination, initialement, de l'histoire nationale et de ses épisodes à haute valeur identitaire. Ce sont les grandes histoires nationales d'esprit libéral, dont les rédacteurs sont souvent très proches des écrivains et dramaturges, qui vont permettre aux nouveaux créateurs de disposer d'un fonds qui sera pour eux ce que l'histoire gréco-romaine fut pour leurs devanciers. Dès lors se multiplient les pièces à sujet national, dont la fonction didactique ou patriotique est souvent fortement marquée.

Le théâtre du premier XIXe siècle est un des hauts lieux de l'expression politique : il est fort commun de lire les intrigues des pièces à la lumière de l'actualité, d'entendre leurs répliques comme autant de déclarations politiques et de transformer les représentations en meetings houleux. La création de théâtres nationaux, distincts des scènes créées et entretenues par le prince, est une des tâches que se donnent les bourgeoisies européennes. C'est d'ailleurs un moyen d'exprimer clairement l'accès à des positions de pouvoir économique et social, et d'illustrer ce pouvoir très concrètement dans l'espace urbain. Dans le cadre de la formation du sentiment identitaire, la construction de théâtres nationaux prend très explicitement valeur patriotique [5]. Le libéral portugais João Baptisto Almeida Garrett, après avoir connu l'exil en France et en Angleterre, met sur pied en 1836 un conservatoire d'art dramatique et un théâtre national pour lequel il écrit des drames patriotiques ; militant culturel et politique pendant une période troublée où s'affrontent libéraux et absolutistes, il sera ministre dans le gouvernement qui en 1851 succède à la dictature réactionnaire de António Cabral. Dès 1837, les Hongrois sont dotés d'un théâtre national ; ce sera chose faite pour les Roumains et les Norvégiens en 1852, pour les Finnois en 1870, pour les Flamands en 1872. En Bohême, l'opération est précédée par la création d'un Comité, en 1850, qui lance un *Manifeste à la Nation* et souligne les fonctions d'éducation politique, morale et esthétique du futur théâtre national

5. Cf. *Divadlo v české kulture 19. stoleti*, *op. cit.*

tchèque. Lequel apparaît simultanément comme un symbole et une tribune du combat pour la liberté de la nation. Financé par des contributions patriotiques et commencé en 1868, le Théâtre national de Prague est inauguré en 1881 ; un incendie accidentel le ravage peu après, mais une souscription publique pour sa reconstruction est couverte en quelques semaines seulement.

Comme le roman à la Scott, le théâtre historique propose à son public de découvrir non seulement des personnages, mais aussi un décor historique. Les indications scéniques de la tragédie classique étaient minimales : un temple, un palais. La réorganisation du plateau et des innovations techniques permettent désormais de concevoir des décors fournis et pouvant rapidement être changés. Les auteurs, en un premier temps, multiplient les explications sur la manière de composer les décors et de choisir les objets. L'apparition, ensuite, des fonctions de scénariste et de décorateur accentue encore la place donnée aux décors et aux costumes dans le montage des pièces. Ce modèle scénographique inspirera d'ailleurs la conception des premiers musées ethnographiques.

Le théâtre lyrique du XIXe siècle a lui aussi, indubitablement, une fonction de médium identitaire, ne serait-ce que par l'utilisation sur scène de la langue nationale. Mais le répertoire de l'opéra, à l'ouest de l'Europe, puise longtemps dans un fonds commun de la modernité culturelle plus que dans l'histoire nationale. Les livrets s'inspirent pour l'essentiel des pièces de Goethe, de Schiller et de Hugo, des œuvres de Scott, reviennent éventuellement à Shakespeare ou jouent de l'exotisme oriental ou biblique. Cela n'empêche pas les allusions politiques transparentes ; le public entendra dans une phrase musicale l'hymne à la liberté dont il a besoin et le transformera en air patriotique. Le « *va pensiero* » du *Nabucco* de Verdi, donné pour la première fois à la Scala en 1842, devient symbole musical de la révolte contre l'oppression autrichienne. A partir du milieu du siècle, seulement, sont donnés des opéras se référant explicitement aux monuments culturels nationaux. L'exemple le plus éclatant de cette innovation thématique doublée d'une révolution musicale est l'œuvre de Wagner, lequel compose aussi bien le livret que la musique de ses opéras. Le théâtre lyrique slave, plus particulièrement, s'engage dans cette voie. Borodine, Moussorgski, Tchaïkovski, Rimski-Korsakov illustrent les héros ou anti-héros de l'histoire nationale (le prince Igor, Boris Godounov, Mazeppa, Ivan le Terrible), le plus souvent sur des livrets inspirés de Pouchkine. L'orientation patriotico-historique est non moins éclatante dans les opéras de Dvořák et de Smetana. Elle culmine dans l'opéra conçu pour l'inauguration du Théâtre national de Prague, *Libuse*. Cet hymne à la nation, qui s'appuie sur la légende des origines (l'union de la princesse slave Libuse avec le laboureur Premsyl qui fonde la première dynastie tchèque), se termine par un passage en revue systématique de tous les chapitres de l'histoire nationale. Dans un accès prophétique, la princesse Libuse prédit la destinée héroïque du peuple tchèque à travers ses héros (Charles IV, Jan Hus), ses luttes pour l'indépendance, le finale étant une apothéose du château de Prague... Les « tableaux » musicaux de cette vision historique renvoient à autant de scènes picturales composées à la même période.

A peine couchée sur le papier, l'histoire nationale passe sur toile. La peinture historique[6] prolifère dans la seconde moitié du XIXe siècle, sous forme de gigantesques tableaux dont les sujets sont ensuite repris sur d'innombrables supports à grande diffusion : lithographies, illustrations de livres et de journaux, médailles, vaisselle. Thème privilégié : les grandes batailles où la nation a combattu pour sa liberté. L'accent, évidemment, est mis sur l'esprit de résistance patriotique, et non de conquête. Les peintres, au demeurant, donnent rarement une vision panoramique du champ de bataille, mais focalisent sur un petit groupe de combattants : la vision n'est pas stratégique, mais dramatique et pathétique. Les insurrections populaires contre le tyran et les proclamations solennelles de la souveraineté tiennent aussi une place de choix dans l'iconographie nationale : serment du Jeu de paume, Assemblée norvégienne de l'Eidsvoll, ou serment du Rütli. S'y insère la galerie des héros, saisis généralement dans la scène centrale de leur geste nationale : Garibaldi, foulard au vent, galope à la rencontre de Victor-Emmanuel, Claudius Civilis harangue les guerriers bataves avant l'affron-

6. Cf. *Mythen der Nationen*, *op. cit.*

tement contre les troupes romaines, Jeanne d'Arc brandissant un étendard entre à cheval dans Orléans, Luther déchire la bulle papale d'excommunication, et Ivan III la sommation à payer tribut aux Tartares. La similitude, thématique et stylistique, de ces tableaux est flagrante.

Une continuité pluriséculaire jalonnée de batailles, de luttes pour la liberté, scandée par des héros et des anecdotes canoniques : le modèle de l'histoire nationale écrite ou peinte est assez prescriptif pour que même une nation aussi neuve que la Belgique, et apparemment aussi dépourvue d'un passé propre, reprenne rapidement le modèle [7]. L'État belge est né de l'insurrection de 1830 contre le pouvoir monarchique néerlandais, dont le signal de départ, selon la légende, fut la reprise enthousiaste par le public d'un air d'opéra. « Amour sacré de la patrie, donne-nous courage et fierté », chantait le ténor de *La Muette de Portici* qui se donnait à Bruxelles le 25 août 1830 et avait pour thème un soulèvement contre l'oppresseur espagnol [8]. Le même jour commencèrent les affrontements, qui devinrent révolution. Après l'établissement d'un gouvernement provisoire, d'une Constitution, d'un Parlement et l'appel à un Saxe-Cobourg-Gotha comme roi, un nouvel État est proclamé. Ses dirigeants s'activent à en faire une nation. Le gouvernement fait travailler intensément savants et artistes à la création d'une histoire nationale, ce qui implique la belgisation rétroactive des événements et des personnages ayant un ancrage dans le territoire du nouvel État. Godefroy, seigneur de Bouillon et premier roi de la Jérusalem délivrée des Infidèles, devient un grand homme de la patrie, et la croisade un événement national belge. Le soulèvement des Pays-Bas contre la monarchie espagnole, au XVIe siècle, est inscrit dans le combat multiséculaire de la Belgique pour la liberté,

7. Cf. Johannes Koll, « Belgien. Geschichtskultur und nationale Identität », dans *Mythen der Nationen*, *op. cit.*, p. 53-78.

8. *La Muette de Portici*, de Daniel François Auber, sur un livret de Scribe et Delavigne, fut donné pour la première fois à Paris en 1828. Il a pour thème un soulèvement napolitain en 1647. « Amour sacré de la patrie » est le refrain d'un duo patriotique entre deux personnages populaires.

avec l'apparition de deux martyrs nationaux : les comtes Egmont et Hoorne, que le duc d'Alba, représentant de Philippe II, fit exécuter. En 1867, Charles de Coster leur adjoint, par un roman à grand succès, un héros populaire, Till l'Espiègle. Ce personnage légendaire, inspiré de récits facétieux germaniques, qui berne par ses bons tours les puissants de toutes sortes, devient l'incarnation de la nation contre les tyrans. La construction à marche forcée de la nation belge à partir d'un État né d'un soulèvement libéral est somme toute logique, et d'autant plus nécessaire que la Belgique rassemble des populations de langues différentes. Mais la situation inverse, avec disparition récente d'un État préexistant, comme c'est le cas pour la Pologne, donne lieu à la construction d'une histoire nationale sur le même modèle du combat pluriséculaire pour la liberté, quand bien même sa diffusion prend des chemins officieux [9].

Le statut de la Pologne est radicalement opposé à celui de la Belgique : en 1795, le territoire du royaume a été partagé entre la Prusse, la Russie et l'Autriche par un traité proclamant « *Finis Poloniae* », la fin de la Pologne. Rayée pendant plus d'un siècle de la carte européenne, la Pologne ne redeviendra un État qu'en 1921. Entre-temps, les Polonais auront vécu des histoires fort différentes : insurrections et féroces répressions accompagnées d'une russification linguistique et religieuse acharnée dans la partie soumise au tsar, germanisation dans la partie prussienne, mais avec moins de brutalité, tolérance plus grande dans l'Empire multinational des Habsbourg. Cela n'empêche pas l'écriture livresque et picturale d'une histoire nationale polonaise unitaire. La bataille de Grunwald (Tannenberg) où en 1410 l'armée polono-lituanienne infligea une sévère défaite aux chevaliers Teutoniques est consacrée en événement majeur et glorieux d'une séculaire lutte patriotique. Elle est très abondamment illustrée, notamment par un tableau de Jan Matejko achevé en 1878. Reproduit d'innombrables fois dans les livres d'histoire,

9. Cf. Witold Molik, « Polen. "Noch ist Polen nicht verloren" », dans *Mythen der Nationen*, *op. cit.*, p. 295-321.

les journaux ou sur des cartes postales, il inspire le roman d'Henryk Sienkiewicz, *Les Chevaliers Teutoniques* (1897-1900)[10].

Dans la seconde moitié du siècle s'opère une remarquable convergence des différentes expressions artistiques pour la représentation du patrimoine identitaire. Thèmes et motifs sont illustrés alternativement par le roman, le théâtre, la peinture, la statuaire et la musique. Le légendaire historique sur les Huns fournit le sujet de grandes fresques, qui inspirent à leur tour la *Hunnenschlacht* (Bataille des Huns) de Liszt, qui inspire à son tour d'autres peintures historiques ; les exploits d'Árpád et de ses guerriers se déploient dans la peinture, la poésie et la lyrique hongroises. Le *Kalevala* est illustré en peinture par Gallen-Kallela et simultanément en musique par Sibelius. Et la bataille du prince Igor contre les troupes polovtsiennes est le sujet d'un célèbre tableau de Victor Vasnetsov, qui précède de dix ans l'opéra de Borodine. Les valeureux ancêtres combattent leurs ennemis aux murs des édifices municipaux ou dans les musées nationaux nouvellement ouverts, aussi bien que sur scène ou dans les pages des livres illustrés. Les grands hommes de la patrie se côtoient sur les places publiques dont ils font l'ornement et donnent leur nom aux nouvelles artères urbaines.

Cette période est marquée aussi par l'intensification d'un mouvement commencé au début du siècle : la création de musées nationaux. Destinés à mettre à la portée du public l'équivalent des collections privées dont disposaient les princes, les premiers musées avaient une fonction didactique et pratique : permettre aux savants locaux de consulter des collections de sciences naturelles, fournir aux artistes des modèles utiles à leur formation. L'idée de constituer pour la nation une propriété scientifique et artistique commune, accessible en théorie à tous, se trouve liée, à mesure que pro-

10. Prix Nobel de littérature en 1905, Sienkiewicz a consacré à partir des années 1880 l'essentiel de sa production littéraire, hormis *Quo vadis ?*, à des œuvres exaltant le sentiment national polonais. En 1900, il fut fêté comme grand écrivain national et se vit offrir comme don de la population la résidence d'Oblgorek.

gresse la détermination du patrimoine ancestral, à la volonté de rassembler le trésor spécifique de la nation : esthétique, historique, plus tard folklorique. La construction des bâtiments et le rassemblement des collections sont pour les nations émergentes un enjeu mobilisateur.

Monuments historiques

Les touristes qui traversent aujourd'hui le Jura souabe peuvent y visiter le superbe château fort de Lichtenstein, remarquablement situé sur un escarpement rocheux. On accède au château, à son chemin de ronde, sa salle des gardes et sa chapelle par un pont-levis qui présente la remarquable particularité d'être en parfait état de marche. Il témoigne de la haute technicité des artisans allemands... de 1840. Car le château de Lichtenstein n'évoque pas pour rien une gravure de roman de chevalerie : il en sort tout droit. Il a été bâti sur l'ordre du comte Wilhelm von Wurtemberg qui venait de lire avec des transports d'enthousiasme un roman publié en 1826 ayant pour héros ses preux ancêtres. Le nid d'aigle familial devenu tas de pierres envahi par les ronces a donc été reconstruit à l'authentique – façon livre d'images. On peut bien sûr acheter des armures de toute taille à la billetterie. Les brochures touristiques sont plutôt discrètes sur la dernière phase de l'histoire officiellement pluriséculaire du château et consacrent l'essentiel de leur propos à insister sur les beautés de cet ensemble médiéval.

Les touristes qui traversent la Bohême peuvent y visiter de superbes châteaux médiévaux. Il leur faudra lire attentivement les dépliants qu'on leur remet pour découvrir que le château de Karlstein est en majeure partie l'œuvre, non pas de maîtres maçons du XIVe siècle, mais d'un architecte du XIXe siècle, Josef Mocker, et que le château de Konopiste doit sa splendeur gothique à une commande de l'archiduc François-Ferdinand qui en avait fait l'acquisition en 1887.

Les flots de touristes qui se pressent au château de Pierrefonds peuvent y admirer un exceptionnel ensemble médiéval dont le mérite essentiel est imputable à Eugène Emmanuel Viollet-le-Duc. Napoléon Ier avait acheté l'une des plus belles réalisations de l'architecture militaire du XVe siècle – du moins ce qui en restait après bombardement par les troupes de Louis XIII et démantèlement de la forteresse. A partir de 1858, Napoléon III fait remonter les murailles, les enceintes intérieures, les tours, le corps de logis jusqu'à livraison en 1866 d'un château médiéval aussi impeccable dans les finitions que confortable.

Les amateurs de châteaux forts, s'ils poursuivent leur périple architectural sur les bords du Rhin, pourront s'extasier devant l'édifice tout aussi médiéval de Stolzenfels qui jouit d'une vue imprenable sur la vallée jusqu'à Coblence : réalisation des années 1830 sur commande du prince héritier de Prusse, futur Frédéric-Guillaume IV, dit aussi « le romantique sur le trône ». La ville de Coblence avait fait don à son nouveau maître d'une forteresse du XIIIe siècle – plus exactement de ce qui en était resté après un bombardement intensif par les troupes françaises en 1689.

Les plus courageux pousseront en Bavière jusqu'au *nec plus ultra* du médiéval d'opéra : Neuschwanstein. C'est le peintre de théâtre Jank, responsable des décors de *Tannhäuser*, qui fut chargé par Louis II de Bavière de concevoir cet édifice entre Alpes et Schwansee, tout entier décoré de scènes wagnériennes. Mais, sans aller jusqu'à cette extrémité, on peut concevoir un très long voyage européen à la découverte du patrimoine médiéval que nous ont solidement construit nos ancêtres du XIXe siècle.

Le XIXe siècle a été un siècle de bâtisseurs, de moderne et d'ancien. Les siècles précédents n'avaient pas particulièrement donné dans l'amour des vieilles pierres. Le possesseur d'un bâtiment ancien, s'il avait les moyens de le moderniser, s'empressait de le faire. Sinon, il s'en accommodait ou essayait de lui trouver un autre usage : d'une grange dîmière on pouvait faire une étable, d'un château pas trop écroulé une prison. Et si l'entretien était coûteux, l'édifice vivait sa dernière existence comme carrière de pierres. Dès lors qu'apparaît l'idée de nation, et donc d'héritage collectif légué par les grands ancêtres, la valeur d'usage doit désormais composer avec la valeur patrimoniale. Les destructions de la période révolutionnaire ne sont sans doute pas plus dévastatrices pour le patrimoine architectural français que les démolitions engagées durant les décennies précédentes par les propriétaires de ces biens, aristocratiques et ecclésiastiques, à des fins de modernisation ou pour des raisons de commodité, éventuellement d'intérêt financier. Mais détruire fait désormais scandale, au regard des intérêts de la nation[11]. Le terme de « vandalisme », créé par l'abbé Grégoire, exprime bien cette nouvelle conception : il faut être un barbare étranger à la nation pour vouloir porter atteinte au patrimoine commun. Et ce n'est vraiment pas un hasard si le tout nouveau musée des Monuments français abrite les premières réunions de l'Académie celtique. La tâche que s'est assignée Alexandre Lenoir, le fondateur du musée, est du même ordre que celle des académiciens : collecter et sauver, avant qu'il ne soit trop tard, un patrimoine ancestral dans lequel enraciner l'avenir. En l'occurrence, il s'agit de rassembler des statues, des tombeaux, des fragments lapidaires classés par siècles et retraçant l'histoire de l'architecture française.

Arrêter de démolir, soit, mais quoi ? Ce sont les restes médiévaux qui, dans les pays où il en existe, sont retenus comme premier patrimoine architectural identitaire : les grands ancêtres, sauf à avoir été romanisés, n'ont pas laissé vraiment de traces plus anciennes excepté pour la période antéhistorique. Mais si les menhirs fournissent un pittoresque décor aux cérémonies néo-druidiques, on peut difficilement en déduire des principes de construction pour les édifices contemporains. Ce qui est possible pour les restes médiévaux, à condition de les repérer. La nécessité de déterminer le patrimoine à conserver entraîne donc toute une procédure de relevé et de description des monuments dont la conservation est jugée indispensable. Et aussi une démarche pédagogique destinée à diffuser le savoir sur ces monuments et sur l'intérêt

11. Cf. pour le cas français, Dominique Poulot, *Musée, Nation, Patrimoine, 1789-1815*, Paris, NRF-Gallimard, 1997 ; André Chastel, « La notion de Patrimoine », dans *Les Lieux de mémoire*, *op. cit.* t. II, vol. 2, 1986, p. 405-450 ; André Fermigier, « Mérimée et l'Inspection des monuments historiques », *ibid.*, p. 593-611 ; Bruno Foucart, « Viollet-le-Duc et la restauration », *ibid.*, p. 613-649.

qu'ils présentent. C'est l'enjeu des « excursions patriotiques » dont le principe apparaît au début du siècle, ou celui des expéditions à travers le pays. Ainsi, la série éditoriale des *Voyages pittoresques et romantiques dans l'ancienne France*, sous la direction du baron Isidore Taylor, administrateur du Théâtre-Français, fournit-elle une liste abondante de monuments historiques [12]. La série, qui est publiée à partir de 1820, est richement illustrée de lithographies : des peintres comme Géricault, Vernet, Ingres, Daguerre ou des décorateurs de théâtre ont été sollicités pour présenter des mises en scène des monuments. Les élites artistiques, et notamment leurs fractions les plus modernes, se mobilisent pour ces opérations de valorisation du patrimoine. La formation d'associations de protection du patrimoine architectural suit rapidement les premiers inventaires monumentaux. En relation avec les sociétés d'histoire et d'archéologie, elles établissent la chronologie des monuments, identifient leur composition, décrivent les événements et les anecdotes qui y sont rattachés. Les édifices qui n'étaient jusque-là repérés que par leur fonction deviennent objets de savoir et supports d'une mémoire collective en cours d'élaboration.

Protéger de la destruction : certes. Conserver en l'état : non pas. Le XIXe siècle en fait n'aime pas plus le délabré que l'inachevé. Les collecteurs de chants populaires ne publient pas les matériaux bruts qu'ils ont recueillis, mais fabriquent un bel ensemble, propre et fini. Et ils créent au besoin ce qui devrait être. La même démarche est adoptée pour les vestiges historiques, avec pour perspective de réparer les outrages du temps et de reconstituer, si nécessaire avec beaucoup de neuf, ce qu'on postule avoir existé. A cette réserve près toutefois qu'il est beaucoup moins coûteux de coudre des chants populaires en épopée que de monter une enceinte médiévale ou une flèche de cathédrale. Il faut un important financement étatique, des ressources princières ou une mobilisation particulièrement intense pour faire de la réfection monumentale. Et surtout du temps...

12. Isidore Taylor, Charles Nodier et Alphonse de Cailleux, *Voyages pittoresques et romantiques dans l'ancienne France*, Paris, Didot, 1820-1878, 21 tomes.

La guerre des Goths

L'opération de « finition » de la cathédrale de Cologne, promue monument identitaire allemand, court durant presque tout le XIXe siècle [13]. Elle commence officiellement par la belle histoire de deux manuscrits jumeaux : l'un retrouvé par un stupéfiant hasard et l'autre fâcheusement disparu. Tout débute par la découverte en 1814, dans un grenier de Darmstadt, d'un parchemin sur lequel son détenteur posait ses fruits à sécher. Il se révèle, ô merveille, être le plan établi au XIVe siècle de la façade de la cathédrale. Hélas, de la moitié gauche seulement. L'autre moitié a disparu depuis que le chapitre de la cathédrale a fui devant les Français, en 1794. L'érudit Sulpiz Boisserée remonte la piste et découvre que le manuscrit est tombé dans les mains de l'architecte Wailly, le constructeur de l'Odéon, qui était précisément commissaire de l'armée française à Cologne, chargé des prises de guerre en matière d'œuvres d'art. Après le décès de Wailly, sa veuve a passé le manuscrit à Alexandre Lenoir, spécialiste en matière de vieux monuments, mais français, qui s'est donc avéré totalement incapable d'identifier le bâtiment représenté. Si bien que le manuscrit, étiqueté « vieux dessins remarquables de quelque église gothique », est arrivé en possession d'un ingénieur parisien. Boisserée se présente, le manuscrit est encore là, il le rachète. Nous sommes en 1816. La découverte des plans de la façade est d'autant plus miraculeuse que l'idée de terminer la cathédrale inachevée depuis des siècles est venue tout récemment aux patriotes allemands. L'occupation française, ses destructions, ses pillages, ses vexations aux populations, ont fait percevoir la valeur identitaire non seulement des monuments culturels mais aussi des monuments matériels. C'est pour les soustraire au vandalisme et aux vols des armées françaises que Sulpiz Boisserée, fils d'un riche marchand de Cologne, a entrepris de rassembler des trésors de l'ancien art

13. Cf., pour la présentation de la réfection de la cathédrale de Cologne, le dossier publié dans « Marianne und Germania », cité, p. 275-298.

allemand. Il a trouvé dans son entreprise et dans le projet qu'il avait lancé d'achever la cathédrale le soutien de Schlegel, et même réussi à convaincre Goethe, initialement sceptique. Que l'architecture médiévale soit investie d'une valeur nationale s'explique aisément : le classicisme est clairement d'importation française, et le Moyen Age est précisément la période historique où Herder et ses disciples situent un épanouissement du génie allemand, à travers sa civilisation urbaine en tout cas. Ce n'est pas un château féodal, mais l'élément emblématique d'une communion idéale du Peuple, que les lettrés allemands adoptent comme « symbole du nouvel Empire que nous voulons construire », selon l'expression de Görres dans son appel à la reconstruction de la cathédrale en 1814. Mais, en matière de construction de cathédrale, il ne suffit pas d'avoir la foi, du moins quand elle est patriotique. Pour convaincre des mécènes, Boisserée publie en 1831 une série de dessins et d'eaux-fortes montrant la cathédrale en l'état et sa forme après achèvement. Ces illustrations originales vont être vulgarisées en d'innombrables reproductions. Terminer la cathédrale de Cologne devient une des grandes affaires de la bourgeoisie allemande. En 1842 est fondée une Association pour l'achèvement de la cathédrale, qui compte près de 5 000 membres fondateurs. Dans toute l'Allemagne et à l'étranger se forment des associations secondaires ayant même finalité. Pour la plupart des donateurs, la cathédrale est perçue comme métaphore de la nation, son achèvement marquant la progression de l'Allemagne vers sa perfection : une nation unie dans un État constitutionnel. Mais l'Association n'a pu être créée que sur autorisation du maître des lieux, le roi de Prusse. Au Congrès de Vienne, les terres rhénanes et sarroises sont échues à la puissance montante. Frédéric-Guillaume IV qui accède au pouvoir en 1840 saisit tout l'intérêt politique, pour la monarchie prussienne, de l'affaire de la cathédrale. « Le romantique sur le trône », certes, adore les vieilles pierres et Boisserée a réussi dès 1814 à l'intéresser à l'affaire. Mais il est aussi versé en *Realpolitik* et voit tout le parti qu'il peut tirer d'une implication directe de la monarchie prussienne. Car la catholique et libérale Rhénanie pose de sérieux problèmes à son roi protestant et résolument hostile à toute Constitution : le gouvernement prussien a même fait arrêter en 1837 l'évêque catholique de Cologne. Cofinancer la cathédrale paraît un bon moyen et de se concilier les catholiques et de contrôler les patriotes libéraux. Il est donc décidé que le roi de Prusse paiera 50 000 Talers par an pour les travaux, à charge pour l'Association de fournir la même somme. Dès 1844, Heinrich Heine, qui avait donné son adhésion à l'Association parisienne pour l'achèvement de la cathédrale, s'en retire, estimant que la réaction catholique et la Prusse autoritaire y prennent la main. 1848 marque la fin de tout espoir d'une unification allemande sur le mode du libéralisme : Frédéric-Guillaume qui ne démord pas de son pouvoir de droit divin refuse avec indignation la couronne de l'Empire allemand que lui offrait l'Assemblée libérale de Francfort. L'Association connaît une sérieuse crise financière et c'est en fait l'argent prussien qui permet la menée à bien des travaux. L'achèvement, en 1880 seulement, donne lieu à des fêtes grandioses. En plein *Kulturkampf*, le clergé catholique se tient en retrait. La manifestation, à caractère essentiellement politique, célèbre l'unité allemande sous régime impérial. Les bourgeois de Cologne, leurs filles et fils, défilent en costumes médiévaux, précédant un défilé de troupes. L'empereur est tellement content qu'il demande un deuxième passage du cortège.

Admirable synchronie : en 1831, année de la première publication du *Domwerk* de Boisserée à la gloire de la cathédrale de Cologne, paraît à Paris un roman historique qui a pour héroïne une cathédrale. Son jeune auteur a passé ses années d'adolescence à l'immédiat voisinage du musée des Monuments français, rue des Petits-Augustins[14]. *Notre-Dame de Paris*, suivant le modèle scottien, fait explicitement de l'histoire-résurrection :

> S'il pouvait nous être donné à nous, hommes de 1830, de nous mêler en pensée à ces Parisiens du XVe siècle [...], le spectacle ne serait ni sans intérêt ni sans charme. [...] Si le lecteur y consent, nous essaierons de retrouver par la pensée

14. Pour les prises de position de Hugo en matière de monuments historiques, cf. Nicole Savy, *Victor Hugo, voyageur de l'Europe*, Bruxelles, Éditions Labor et Archives du musée de la Littérature, 1997, « La passion de l'archéologie », p. 31-40.

> l'impression qu'il eût éprouvée en franchissant avec nous le seuil de cette grand'salle au milieu de cette cohue en surcot, en hoqueton et en cotte-hardie [15].

Succès du roman. L'année suivante paraît une seconde édition, dite par l'auteur définitive, qui ajoute des chapitres d'art et d'histoire. Ils sont destinés, explique Hugo, à préciser « la pensée d'esthétique et de philosophie cachée dans ce livre ». Et il ajoute qu'un des buts principaux de sa vie est de diffuser une leçon : « Conservons les monuments nationaux. Inspirons, s'il est possible, à la nation l'amour de l'architecture nationale [16]. » A ses lecteurs il offre donc un long exposé sur l'architecture médiévale, qui les familiarise avec la terminologie spécialisée et les entraîne sur le haut des tours de Notre-Dame pour découvrir le panorama de Paris au XVe siècle. Ce chapitre consacré à Notre-Dame s'ouvre par un réquisitoire contre les dégradations et mutilations infligées à la cathédrale. La même année, Hugo lance dans *La Revue des deux mondes* un cri : « Guerre aux démolisseurs ». Et il propose au gouvernement – c'est en France toujours la perspective étatique qui prime – une nouvelle politique architecturale : au lieu de dépenser l'argent public à construire des horreurs comme la Madeleine, il faut conserver, réparer et prendre des lois interdisant aux particuliers et aux communes de faire n'importe quoi avec le patrimoine de la nation. La monarchie de Juillet, d'ailleurs, crée un Comité historique des arts et des monuments, puis une Commission des monuments historiques chargée de déterminer ceux qui vont faire l'objet de restauration. Logiquement est formé un corps d'inspecteurs responsables de la protection patrimoniale. Dès 1834, Mérimée, ami de Viollet-le-Duc et de Hugo, occupe cette fonction. En 1842, année où Frédéric-Guillaume IV autorise la fondation de l'Association pour l'achèvement de la cathédrale de Cologne, le gouvernement français prescrit la restauration de Notre-Dame de Paris. C'est Viollet-le-Duc qui est chargé de l'opération à partir de 1845. Il restaure beau-

15. Victor Hugo, *Notre-Dame de Paris*, cité dans l'édition « L'intégrale », Paris, Seuil, 1963, p. 244.
16. *Ibid.*, « Note ajoutée à l'édition définitive », p. 242.

coup, restitue abondamment, et finit – en ajoutant une flèche et la sacristie.

Au moment où commencent les travaux de Notre-Dame paraît l'édition française du *Domwerk* de Boisserée. Elle rencontre un vif succès parmi les amateurs d'art et les architectes français. Mais, du coup, elle oblige la première des nations à une mise au point historique. Non, l'art gothique n'est pas né en Allemagne, comme on l'avait déclaré du temps où il était dévalorisé, comme Boisserée encore l'avait exposé à l'Académie parisienne des beaux-arts en 1823. Il est désormais établi que l'art gothique a eu la France pour berceau et a été ensuite imité dans toute l'Europe occidentale. Mais cette désignation infamante de gothique, qui sent le Barbare d'outre-Rhin, restera, en dépit des efforts français pour lui substituer une appellation plus conforme à la vérité nationale.

Quoi qu'il en soit, si les Allemands estiment que le gothique est leur style national par excellence et se lancent aussi bien dans la restauration médiévale que dans le néo-gothique, les Français ne se laissent pas damer le pion. C'est d'ailleurs le président de l'Association parisienne pour l'achèvement de la cathédrale de Cologne, Christian Gau, qui édifie à Paris la première église française néo-gothique, Sainte-Clotilde, commencée en 1846. Cet architecte natif de Cologne, qui a décidé de rester à Paris lorsque sa ville natale est devenue possession prussienne, est citoyen français et titulaire de la légion d'honneur. Il a entretenu des relations professionnelles suivies avec les responsables de la réfection de Cologne et travaillé sur les plans de la reconstruction.

Mais cela fait quelques décennies, déjà, que le Royaume-Uni a pris une ferme option sur le gothique. Le manoir d'Abbotsford que Walter Scott a fait construire en 1816 dans sa région natale est très clairement inspiré du gothique anglais : et pas seulement pour l'architecture. Soucieux aussi du style de l'ameublement, l'écrivain a demandé à un jeune peintre de s'occuper de la décoration de la demeure. Quelques années plus tard, c'est pour le château de Windsor qu'est passée une commande de meubles gothiques : le projet est confié à un artiste encore adolescent, Augustus Pugin, fils d'un dessinateur d'origine normande. En 1835, il publie *Mobilier gothique dans le style du XVe siècle* et lance une mode abondamment reprise sur le continent : Louis Napoléon Bonaparte fera même aménager en style gothique un wagon de chemin de fer à son usage. En 1836 commence l'édification du plus important bâtiment de la nation britannique, le Parlement, dans le plus authentique style national : néo-gothique évidemment. L'ornementation intérieure et extérieure, due à Pugin, médiévalise ostensiblement un ensemble dont le plan de base est en fait d'inspiration classique. Cosmopolitisme du national : le critique d'art anglais Ruskin, par ses études sur le gothique français et italien, apprend à toute l'Europe cultivée l'esthétique et l'éthique de l'architecture religieuse médiévale[17]. Recommandant l'adoption d'un style national, il donne pour sources possibles le roman toscan, le gothique primaire des Républiques italiennes, le gothique vénitien ou le style primitif anglais, en indiquant que le choix de ce dernier serait sans doute plus naturel et plus sûr, au prix d'un enrichissement par les éléments décoratifs du gothique français[18]. L'exaltation de l'architecture gothique, chez Pugin et plus encore chez Ruskin, s'appuie sur la mise en opposition de la foi religieuse et communautaire médiévale avec la désagrégation morale et sociale de l'âge industriel. Le gothique contre le machinisme... En 1849, de jeunes peintres anglais qui veulent placer leur art sous le signe de l'esprit médiéval, dans une perspective humaniste imprégnée de foi religieuse, décident de s'unir en une Fraternité. Le médiévalisme du groupe des préraphaélites se veut dénonciation des dégénérescences esthétiques et éthiques

17. Cf. la célèbre étude de Marcel Proust sur John Ruskin : « Il pouvait, en effet, passer ainsi d'un pays à l'autre, car la même âme qu'il avait adorée dans les pierres de Pise était celle aussi qui avait donné aux pierres de Chartres leur forme immortelle. L'unité de l'art chrétien au Moyen Age, des bords de la Somme aux rives de l'Arno, nul ne l'a sentie comme lui, et il a réalisé dans nos cœurs le rêve des grands papes du Moyen Age : l'Europe chrétienne. [...] Cette unité de l'art chrétien du Moyen Age n'apparaît-elle pas à tout moment dans la perspective de ces pages où son imagination éclaire çà et là les pierres de France d'un reflet magique d'Italie ? », Marcel Proust, *John Ruskin*, Paris, Mercure de France, 1904, reproduit dans John Ruskin, *Les Sept Lampes de l'architecture*, Paris, Les Presses d'aujourd'hui, 1980, p. 239.

18. *Les Sept Lampes de l'architecture*, *op. cit.*, p. 219.

contemporaines[19]. Mais c'est aussi en Angleterre, et sous les auspices de Ruskin, qu'est forgée l'alliance entre la plus avancée modernité technologique et l'archaïsme stylistique : la construction gothique de métal. En 1860 est inauguré le Musée d'histoire naturelle d'Oxford, chef-d'œuvre d'architecture à poutrelles de fonte dont les ogives supportent une toiture en verrière. Innovation technique et tradition stylistique...

Les diffuseurs de patrimoine

Les premiers collecteurs de chants populaires étaient suffisamment peu nombreux pour se connaître entre eux, non seulement au sein de la même nation mais même au niveau international. Ce n'est plus du tout le cas pour les souscripteurs des constructions ou reconstructions de monuments. L'entrée dans la liste identitaire de nouveaux éléments correspond à d'importants changements quantitatifs et qualitatifs parmi les acteurs de la construction nationale.

Selon l'historien tchèque Miroslav Hroch[20], tout mouvement national présente trois phases qui se succèdent chronologiquement. La phase A correspond à la découverte de la culture nationale par des lettrés, la phase B à la période d'« agitation patriotique » et la phase C à l'émergence d'un mouvement de masse. Hroch, proposant une étude sociolo-

19. L'un des fondateurs de la Fraternité des préraphaélites, Dante Gabriel Rossetti, était le fils de l'écrivain Gabriele Rossetti, qui avait dû quitter Naples et se réfugier en Angleterre en raison de ses opinions politiques. Dante Gabriel Rossetti était en contact avec de nombreux révolutionnaires européens et suivait attentivement le mouvement de libération des nationalités.

20. Cf. Miroslav Hroch, *Social Preconditions of National Revival in Europe, a Comparative Analysis of the Social Composition of Patriotic Groups among the Smaller European Nations*, Cambrige, Cambridge University Press, 1985 (éd. originale *Die Vorkämpfer der nationalen Bewegung bei den kleinen Völkern Europas*, Prague, Acta Universitatis Carolinae Philosophica et Historica, monographie XXIV, 1969).

gique de la phase B, a examiné systématiquement pour les « petites nations » les listes de membres d'associations nationalistes ou de souscripteurs de publications spécifiques (souscripteurs des publications de la Société pour l'Histoire et la langue du Peuple norvégien ; abonnés du *Journal du musée de Bohême*, membres de l'Association finnoise de littérature, membres de l'Association estonienne, membres des groupes patriotiques lituaniens, etc.). Il en ressort que les professeurs, les étudiants et le clergé forment les gros bataillons des associations culturelles, avec toutefois une augmentation, au fil du temps, de la part prise par les membres de l'administration et de la bourgeoisie du commerce ou des professions libérales (la participation de la paysannerie et des ouvriers urbains restant, pour des raisons aisées à comprendre, des plus limitées). Toutefois, ces statistiques précises, mais portant uniquement sur les groupements les plus engagés, ne rendent pas compte de la diffusion progressive et continue de l'idée nationale dans des cercles de plus en plus vastes : l'engagement en faveur de la cause commune, sans devenir militantisme permanent, peut prendre la forme d'un soutien ponctuel mais efficace. De surcroît, la construction nationale, souvent, constitue le cadre intellectuel du fonctionnement de maintes associations qui présentent des intitulés officiels plus neutres : la plupart des associations historiques, géographiques, folkloriques qui, au XIXe siècle, rassemblent largement les érudits et les amateurs, travaillent essentiellement dans la perspective du patrimoine national. Le rôle des « consommateurs » dans le soutien à la construction n'est pas non plus à négliger : en allant applaudir aux pièces de théâtre à sujet national, en suivant avec passion des romans-feuilletons historiques, en achetant lithographies ou vaisselle à motifs nationaux, un public plus ou moins vaste marque son approbation et encourage la production. Simultanément, la création du patrimoine national, qui touche des secteurs de plus en plus nombreux, passe par des relais de plus en diversifiés qui vont des entrepreneurs culturels à la fabrication artisanale ou industrielle d'objets culturels ou décoratifs. Renforcement récurrent de la production et de la consommation : l'offre croissante de biens culturels ou matériels à référence identitaire rend leur usage de plus en plus « naturel » ; le consommateur, dont se consolide ainsi la prise de conscience d'une « communauté imaginée », en vient à donner plus ou moins consciemment dans ses comportements l'exemple de ce qu'un membre de la nation doit faire et apprécier.

Le mouvement de diffusion de l'idée nationale se fait en vagues de plus en plus amples. Ce qui amène les souverains à prendre acte du phénomène et conscience du fait qu'ils n'ont d'autres ressources pour le contrôler que de l'accompagner. Sous la conduite de Victoria et de son époux, la famille royale anglaise se veut parangon de la britannité. Et la monarchie prussienne comprend l'intérêt pour le souverain d'être le plus illustre souscripteur des opérations en faveur du patrimoine identitaire : excellent moyen pour promouvoir l'idée que le roi est le plus solide soutien de la nation et donc lui est indispensable.

DEUXIÈME PARTIE

FOLKLORE

Chaque peuple doit posséder un jour son musée d'ethnographie nationale, où il viendra tremper sans cesse sa culture indigène et chercher dans les souvenirs des générations passées des exemples de patriotisme, des modèles et des motifs propres à conserver à ses travaux et à son activité une large et puissante empreinte nationale.

JULES HENRI KRAMER,
Le Musée d'Ethnographie à Stockholm, 1879.

Le Peuple, dans la première phase de la construction identitaire, tient surtout le rôle de fossile vivant garant de la reconstitution des grands ancêtres. Cette « fonction cœlacanthe » s'atténue ensuite progressivement tandis que l'accent est désormais mis plutôt sur la « fonction Montesquieu ». Le Peuple – il est désormais clairement spécifié qu'il s'agit de la paysannerie –, parce qu'il est tout près du sol, est l'expression la plus authentique du rapport intime entre une nation et sa terre, du long façonnage de l'être national par le climat et le milieu. L'âme de la terre natale aussi bien que le génie ancestral s'incarnent dans le Peuple des campagnes. Car l'enjeu n'est plus seulement l'inscription légitimante dans l'histoire mais aussi la détermination territoriale[1].

Les coutumes paysannes, initialement jugées dignes d'intérêt simplement comme vestiges de la culture ancestrale, deviennent aussi symboles de la patrie et référents éthiques. La paysannerie sert désormais à prouver qu'en dépit de tous les changements observables la nation reste immuable. Le lien

1. Cf. Marcel Mauss : « Il est presque comique de voir des faits de folklore mal connus, mal étudiés, invoqués devant la Conférence de la paix comme preuve que telle ou telle nation doit s'étendre ici ou là parce qu'on y retrouve encore telle ou telle forme de maison ou tel bizarre usage. [...] Les musées d'ethnographie, les retours aux arts nationaux, les modes successives qui se sont emparés d'eux, tout cela, c'est le même fait. Alors que c'est la nation qui fait la tradition, on cherche à reconstituer celle-ci autour de la tradition », Marcel Mauss, « Nation, nationalités, internationalisme », dans *Œuvres*, Paris, Minuit, 1969, présentation de Victor Karady, p. 601. Mauss projeta, après la Première Guerre mondiale, un vaste traité sur la nation, resté à l'état de notes. Henri Lévy-Bruhl fit une première publication de ces notes dans l'*Année sociologique*, troisième série, 1953-1954.

entre la formation des États-nations, l'économie capitaliste et l'industrialisation est évident. La construction culturelle tient dans ce dispositif un rôle particulier : celui de sa dénégation. La nation relève de la modernité libérale, politique et économique, mais sa légitimité est fondée sur une antiquité et un déterminisme absolus. Elle se constitue en même temps qu'apparaissent de nouvelles classes, mais c'est la pérennité d'une paysannerie définie par son seul rapport privilégié aux ancêtres et à la Terre qui est alors constamment mise en avant. Les paysans que décrivent les études folkloriques du XIXe siècle n'ont aucun rapport avec les masses rurales miséreuses, encore moins les serfs, dont les possibles révoltes effrayaient encore peu auparavant le pouvoir. Ce sont des êtres de sagesse et de savoir-faire, libres et heureux, vivant pacifiquement dans des communautés harmonieuses une vie frugale mais sans souffrance et baignant dans la culture la plus authentique : antithèse totale des représentations du nouveau prolétariat urbain. La construction des nations et leur entrée dans la modernité se font à reculons : affirmation d'un hier bienheureux et intangible plutôt que promesse de lendemains qui chantent. Cette représentation sociale n'aurait pas été tant déclinée, durant tant de décennies, si elle n'avait été d'une grande efficacité mobilisatrice.

Plus les constructions nationales, en se développant, nécessitent de référents et de symboles, plus les coutumes paysannes sont nombreuses. Les premiers observateurs, au début du XIXe siècle, ne relevaient que fort peu d'usages traditionnels spécifiques. Encore les déclaraient-ils en voie de disparition. Quand s'achève le siècle, toutes les nations peuvent s'enorgueillir d'un riche folklore. Folklore ou bien, selon l'expression de l'ethnologue Richard Dorson, *fakelore* [2] ? Les collecteurs de traditions, à l'instar des collecteurs de chants populaires, ont le regard tourné vers l'avenir et le bien de la nation. L'invention de traditions, dès lors qu'elle améliore le patrimoine et s'effectue sous l'inspiration du génie de la nation, leur semble parfaitement licite.

2. Richard M. Dorson, « Fakelore », *Zeitschrift für Volskunde 65*, 1969, p. 60.

CHAPITRE I

Recensions

Les grands voyages d'exploration outre-mer du XVIIIe siècle, aux objectifs coloniaux, commerciaux et scientifiques, ont été l'occasion d'établir sur les populations découvertes des principes de questionnement. Lesquels, par un retour sur l'exotisme intérieur, sont ensuite appliqués aux « basses classes » européennes, soit sur l'initiative privée de voyageurs, soit sur directives de gouvernements soucieux de mieux connaître, pour en tirer meilleur parti, leurs administrés. Le *Patriotic Traveller*, publié à Londres en 1789 par le comte Leopold Berchtold et dédié à Arthur Young, ne fournit pas moins de 2 443 questions à poser pour connaître l'état d'un pays[1]. Les

1. Pour une présentation du *Patriotic Traveller*, cf. Justin Stagl, « Vom Menschenfreund zum Sozialforscher : der *Patriotic Traveller* des Grafen Leopold Berchtold », dans *Kulturwissenschaft im Vielvölkerstaat*, *op. cit.*, p. 49-63. Le comte Berchtold, originaire de Moravie et parfait représentant de l'aristocratie austro-hongroise pétrie de l'esprit des Lumières, était aussi infatigable voyageur que philanthrope impénitent. La grande cause de la vie de Berchtold fut celle des morts apparentes ; il était obsédé par l'idée qu'on pût enterrer vivants des corps qui n'avaient que l'apparence temporaire du décès. Il se rendit à Paris au début de la Révolution et dédia à l'Assemblée constituante une brochure sur le moyen de rappeler à la vie les corps en état de mort apparente. Il rencontra à l'occasion Volney, érudit orientaliste et futur organisateur au ministère de l'Intérieur républicain d'un service de « commissaires observateurs », chargés d'enquêter sur la population. Volney fut à l'origine d'une association savante, la Société des observateurs de l'homme, une des premières à pratiquer l'observation anthropologique. La publication du *Patriotic Traveller* en édition française put se faire en 1797, grâce à l'appui du beau-frère de La Fayette, le comte Lasteyrie. Le cosmopolite comte Berchtold forma lui-même son frère cadet qui fut l'un des aristocrates fondateurs du Musée patriotique du royaume de Bohême.

enquêtes que lancent les gouvernements engagés dans la modernisation et disposant d'un corps de fonctionnaires mobilisables (Empire austro-hongrois durant la période joséphine, France postrévolutionnaire) ne pèchent pas par déficit de questionnaire. Mais les observateurs requis concluent souvent à la pauvreté des traditions populaires. Il semble bien qu'en la matière la demande précède l'offre.

Enquêtes

De grandes enquêtes préfectorales sont menées en 1811 dans l'Italie du Nord, alors annexée par la France et découpée en 24 départements. Les professeurs de lettres des lycées sont réquisitionnés pour dresser un relevé des coutumes et des traditions, et pour recueillir des chants populaires et des textes en dialecte. Les professeurs de dessin, eux, sont tenus de fournir des illustrations des costumes populaires, des bijoux et de l'habitat rural. Le questionnaire de l'Académie celtique fournit la base des enquêtes, mais on y ajoute aussi des considérations relevant plus précisément d'un souci d'encouragement au développement économique. On demande ainsi aux départements d'envoyer les plans détaillés d'une maison rurale ayant la réputation d'être de bonne hygiène et de bon rapport. Les réponses tardant, les sous-préfets seront chargés d'activer l'enquête en sollicitant maires et curés. Les résultats de l'entreprise forment au finale un fort volume [2]. On y trouve un ensemble disparate de descriptions d'usages populaires ainsi que de nombreuses planches. Les préfets ont obtenu beaucoup de versions de la parabole de l'Enfant prodigue selon les parlers en usage dans leurs départements respectifs : dialectes italiens, mais aussi slaves ou germaniques, voire haut-allemand biblique. Les relevés s'accompagnent éven-

2. Pour une présentation des résultats de cette enquête, cf. Giovanni Tassoni, *Arti e Tradizioni Popolari, le inchieste napoleoniche sui costumi e le tradizioni nel regno italico*, Bellinzona, La Vesconta, « Arte e monumenti della Lombardia prealpina », 1973.

tuellement d'essais d'explication sur les usages et le caractère des habitants en relation avec le climat. Mais les descriptions de coutumes ne sont guère fournies ; souvent, le rédacteur note qu'il n'y a rien de bien particulier dans sa zone d'observation : « Je ne vois aucune pratique particulière qui mérite d'être relevée concernant les travaux agraires durant les différentes saisons » (Giovanni Battista Jacotti, Dipartimento del Passariano). Le préfet du département de l'Adda signale l'absence locale de *canzi nazionali* et explique que ses paysans ne témoignent pas beaucoup de goût pour la musique, sauf éventuellement pour les chants religieux et la « Walsa » ou « l'Allemande ». En fait, la plupart des rubriques du questionnaire restent sans réponses. Et les planches représentant les costumes d'hommes et de femmes montrent souvent des habits qui, de toute évidence, ne sont ni ruraux, ni populaires, ni spécifiquement italiens : ils évoquent plutôt les vêtements d'une population urbaine, ayant une petite aisance. Quelques-uns cependant présentent des particularités ornementales (coiffes de femmes, broderies, châles) qui ont un tour plus original : mais ces éléments ne sont pas particulièrement mis en évidence. On est encore loin des « costumes typiques » abondamment reproduits par l'iconographie quelques décennies plus tard. Cécité des observateurs requis par les préfets – ou des préfets eux-mêmes – qui ne savent pas voir la réalité sociale qu'ils ont sous les yeux ? A la même époque, Joseph Lavallée, dans sa description des départements français, indique qu'il ne mentionne pas l'habillement des populations, trop peu original selon lui [3]. Banalité des coutumes et costumes populaires ? Il est probable qu'en ce début du XIXe siècle les observateurs commencent tout juste à apprendre ce qu'ils doivent remarquer, tandis que les observés ne savent pas encore ce qu'ils doivent mettre en avant.

La puissance publique, lorsqu'elle est « éclairée » en la matière, peut précisément faire progresser la situation en formant des observateurs, et en apprenant à la population comment elle peut devenir sujet d'observation intéressant.

3. Cf. Jocelyne George, *Paris Province, de la Révolution à la mondialisation*, Paris, Fayard, 1998, p. 131-135 : « Sur la piste du costume régional ».

C'est ce que pratique le grand-duc Jean, frère de l'empereur d'Autriche, dans sa retraite de Styrie où l'a conduit une disgrâce politique [4]. Né à Florence en 1782, le dernier-né du futur empereur Léopold II a eu des précepteurs helvétiques : il a gardé de cette prime éducation la passion des Alpes et l'idéal d'une paysannerie rude et libre. Il se retrouve en 1811 à la tête d'une conjuration antinapoléonienne des pays alpins, dite « Alpenbund », qui va à l'encontre de la politique alors suivie par son frère et souverain, nouvellement allié avec Napoléon auquel il a donné sa fille en mariage. Le grand-duc Jean se voit mis à l'écart et envoyé en province. Il y cultive l'opposition systématique, tant politique que morale, à la cour. Peu soucieux d'être utilisé dans le cadre d'une alliance dynastique, il choisit lui-même son épouse et se marie avec la fille d'un maître de postes. Car l'archiduc Jean, qui adopte le style du gentleman-farmer proche de ses gens, dirige lui-même une exploitation agricole et adopte pour tenue le costume de chasse alpin. Soucieux de développer l'économie de la région et de créer des fermes modèles, il assaille les autorités locales de questionnaires. Le recueil de données, dont il rédige lui-même la synthèse, couvre un large spectre, depuis les considérations hygiénistes sur la santé des populations et leur mode de vie jusqu'à l'état d'esprit des dirigeants d'opinion locaux. L'archiduc convoque aussi des peintres chargés de réaliser des séries d'illustrations sur la population. Mais il ne se contente pas d'enregistrer. Ce réformateur veut aussi améliorer. Il organise pour ses populations tout ce que doivent avoir des paysans libres, sains et heureux : de grandes fêtes où les ruraux sont tenus d'apparaître revêtus de beaux costumes typiques, des danses traditionnelles et des concours de chants. Du fait de sa réputation de libéral proche du peuple, le grand-duc Jean suscite l'ire de la cour jusqu'en 1848, date à laquelle il apparaît brusquement comme inespéré atout de la monarchie. Metternich en fuite, le prince Jean est chargé par l'empereur de former un ministère et de présider l'Assemblée constituante ; dans le même temps,

4. Cf. Mohammed Rassem, « Erzherzog Johann und die innerösterreichische Statistik/Volkskunde », dans *Kulturwissenschaft im Vielvölkerstaat*, *op. cit.*, p. 73-80.

l'Assemblée de Francfort fait appel à ce prince providentiel et l'élit vicaire impérial. Le retour de la réaction et la fin de l'épisode libéral le renvoient dans ses foyers.

La puissance d'un prince du sang, même en disgrâce, a permis à l'archiduc Jean d'accélérer dans ses domaines un processus en cours plus général : l'attribution aux populations paysannes d'un riche ensemble de coutumes remarquables, de festivités pittoresques et de costumes typiques. Alors qu'au début du siècle les traditions populaires semblaient un peu sommaires, elles sont déjà quelques décennies plus tard d'une remarquable richesse. Les publications qui leur sont consacrées se comptent par centaines. Un terme même a été créé, traduction « saxonne » de l'expression allemande de *Volkskunde* (science du Peuple). William John Thoms, bibliothécaire du Parlement anglais, grand admirateur de l'œuvre des Grimm, propose en 1847 de désigner la culture traditionnelle des paysans sous le terme de folklore. A la fin du siècle, c'est tout un corps de spécialistes qui s'attache à son étude. Bien évidemment, depuis les toutes premières collectes, chaque observateur lance un cri d'alerte : la culture traditionnelle est en voie de disparition et il faut se hâter de recueillir ses derniers vestiges avant qu'ils ne disparaissent à tout jamais. Mais, en 1900, les paysanneries européennes possèdent toutes des coutumes et des rituels dont la richesse peut enthousiasmer aussi bien les théoriciens que les voyageurs curieux, et dont la spécificité permet d'affirmer la singularité de l'identité nationale.

Les grandes collectes de contes

En même temps qu'il invente le terme de folklore, William Thoms lance le projet d'un vaste réseau de collecteurs destiné à fournir les matériaux de cette nouvelle science. Car l'étude de la culture populaire s'inscrit désormais dans une nouvelle forme de sociabilité née avec l'âge bourgeois : l'association d'amateurs unis par un intérêt commun qui détermine l'occupation de leurs loisirs. Si Jacob Grimm n'avait pu mener à bien, en 1815, la constitution d'un réseau de collecteurs à travers l'Allemagne, quelques décennies plus tard les initiatives de ce type peuvent aboutir dans nombre de pays européens. Parallèlement aux sociétés savantes nationales se constituent des associations locales d'érudits et des publications périodiques, au travers desquelles circulent aussi bien des savoirs que des directives indiquant aux amateurs de bonne volonté comment faire œuvre scientifique. Alexandre Afanassiev, employé des Archives générales de Moscou, se voit ainsi confier en 1852 par la Société russe de géographie, fondée quelques années auparavant, la tâche de centraliser toutes les recherches éparses sur les contes populaires russes [5]. C'est à lui, donc, que sont adressés les documents recueillis. Il les sélectionne et les ordonne en fonction de la perspective théorique qui fait autorité en Europe : celle des Grimm. Publiée à partir de 1855, la collecte, dont l'ensemble forme près de 2000 pages, a un large succès. Parce qu'elle prouve l'existence d'un « trésor » culturel national et montre comment le mettre au jour, la publication d'Afanassiev est suivie dans les décennies suivantes de nombreuses publications sur les chants et contes traditionnels. Toutes se caractérisent par leur ampleur : jusqu'à 10 volumes pour les chansons recueillies par Kiréiévsky entre 1860 et 1874. Contemporaines, les collectes de Svend Grundtvig pour le Danemark, publiées à partir de 1853, forment des séries d'importance. L'heure n'est plus à recueillir quelques vestiges du patrimoine ancestral : l'ambition constamment affichée est de faire œuvre scientifiquc, ce qui, selon les perspectives intellectuelles de l'époque, implique une volonté d'exhaustivité dans la collecte des documents. Cosmopolitisme du national, toujours. Les entreprises menées dans les différents pays s'inspirent explicitement les unes des autres : le diplomate Costantino Nigra se réfère ouvertement au Danois Grundtvig pour les collectes de chants piémontais qu'il lance au sein d'un réseau monté à cet effet. Et, dans la lignée des Grimm, l'idée d'un ancien fonds commun mythique européen est à l'arrière-plan de toutes ces recherches. Thoms, d'ailleurs, avait lancé le projet d'une col-

5. Cf. Alexandre Afanassiev, *Les Contes populaires russes*, Paris, Maisonneuve et Larose, 1988 (trad. et introduction par Lise Gruel-Apert.

lection des *Lais and Legends* des différentes nations. Par conséquent, c'est valoriser les contes populaires de telle ou telle nation que de les rattacher à ceux qui ont été recueillis ailleurs.

Si la France se singularise dans ce mouvement européen de publication totale des contes et chants populaires nationaux, c'est d'abord par le fait que l'entreprise est mise sous l'égide de la puissance publique. En 1845, le ministre de l'Instruction publique Salvandy institue une « Commission des chants religieux et historiques de la France » qui doit, sous la direction de l'écrivain breton Émile Souvestre, recueillir et publier tout le patrimoine populaire français. Comme le précise l'arrêté de création, tous les chants populaires de France, toutes les provinces, toutes les langues, tous les patois doivent être pris en considération, et ce travail considérable est destiné à faire suite à la grande collection des « Documents inédits de l'Histoire de France ». Le projet reste inabouti. Mais, le 14 septembre 1852, Hippolyte Fortoul, ministre de l'Instruction publique et des Cultes, signe un arrêté portant organisation du Comité de la langue, de l'histoire et des arts de la France, dont la section philologique est chargée de procéder à la publication des chants populaires français [6]. La section de philologie est composée principalement de membres de l'Académie française ou de l'Académie des inscriptions et belles-lettres : notamment Sainte Beuve, Ampère et La Villemarqué. Deux mois plus tard est publiée la liste des correspondants locaux. Un rapport de Fortoul, adressé au prince-président, expose clairement la finalité nationale de cette initiative ministérielle :

> Les chants populaires ont été, depuis le commencement du siècle, l'objet des recherches de l'érudition. Notre pays possède, plus qu'aucun autre, de précieux restes de ces poésies, aussi bien dans la langue nationale que dans les idiomes provinciaux qu'elle a remplacés. Malheureusement, ces richesses que le temps emporte chaque jour disparaîtront bientôt, si

6. Cf. *Instructions pour un Recueil général de poésies populaires de la France (1852-1857)*, édité et introduit par Jacques Cheyronnaud, Paris, Éd. du Comité des travaux historiques et scientifiques, 1997.

> l'on ne s'empresse de recueillir tant de témoignages touchants de la gloire et des malheurs de notre patrie.
> Fondateur d'un gouvernement qui aime à s'appuyer sur la fidélité des souvenirs poétiques du peuple, vous avez voulu, Monseigneur, conserver avec respect les chants qui rappellent les luttes héroïques de nos pères et les joies paisibles de leurs foyers domestiques. Cette pensée que l'Empereur avait conçue, vous m'avez ordonné de la réaliser.
> [...] Je suis assuré, Monseigneur, de ne point faire un vain appel au zèle des fonctionnaires de mon département qui pourront concourir à l'accomplissement de votre désir, et le comité qui dirige les publications entreprises par mon ministère sera utilement chargé de choisir et de préparer les matériaux du vaste monument que vous voulez élever à notre gloire littéraire [7].

Comme l'Académie celtique, fondée sous le Premier Empire et à laquelle, donc, Fortoul fait opportunément allusion, le Comité doit prouver que la France, pour avoir pris du retard en matière de collecte de chants populaires, est néanmoins la première des nations, celle qui, « plus qu'aucune autre », a de précieux restes de son patrimoine national. Sous la Restauration et la monarchie de Juillet, les érudits français avaient constamment déploré que les Allemands, les Scandinaves, les Espagnols, les Russes, etc., produisent des titres de gloire nationale à grand renfort de recueils de contes populaires alors que la France restait hors course. Il importe donc que la France reprenne rang dans la compétition à la place qui est la sienne, la première. C'est ce qu'établissent les *Instructions* adressées aux correspondants du Comité l'année suivante. Rédigées par Jean-Jacques Ampère [8], membre de l'Académie française et de l'Académie des inscriptions et belles-lettres, spécialiste d'histoire littéraire médiévale, elles commencent par énoncer le problème français qu'elles attribuent à des rémanences d'ancien régime politique et esthétique :

7. Rapport de Hippolyte Fortoul au prince-président de la République française, reproduit dans *ibid.*, p. 51-52.

8. Jean-Jacques Ampère (1800-1864) était le fils du célèbre mathématicien et physicien.

> Dans presque tous les autres pays de l'Europe, de pareilles collections ont été formées.
> Si la France est moins avancée à cet égard, ce n'est pas, comme on l'a cru quelquefois, que la poésie populaire manque à notre pays.
> Cette lacune a pour cause un dédain irréfléchi né des habitudes un peu mondaines que notre littérature avait peut-être trop empruntées à notre ancienne société, dont elle offrait une si brillante image. Ce préjugé doit disparaître dans nos temps nouveaux [9].

Par conséquent, il est attendu des collecteurs qu'ils fournissent un « recueil abondant » qui « présentera une image fidèle et vivante du génie de notre nation ». Les instructions très détaillées données par Ampère, et qui, à grand renfort d'exemples cités *in extenso*, montrent ce qu'il faut recueillir, font constamment référence aux collectes effectuées par les autres nations : les Français sont censés avoir des ballades comme les Allemands ou les Scandinaves, des romances comme les Espagnols, des chansons de nourrice comme les Anglais, des chants de printemps comme les Grecs, sans oublier les chants druidiques. Mais Ampère, en définissant les limites de la collecte, fait référence à une détermination non pas linguistique, mais territoriale de la nation : la France, c'est l'espace défini par les frontières présentes de l'État reconnu internationalement sous ce nom. La nation France est l'héritière du royaume de France et de ses conquêtes, l'héritage culturel des régions annexées ayant été versé dans le patrimoine national :

> Les limites de la France actuelle sont les seules limites que reconnaisse le comité. Tout ce qui s'est produit sur notre territoire, tel qu'il est aujourd'hui constitué, nous appartient. Cependant, si quelques poésies populaires existaient dans certaines provinces avant leur réunion à la France, nous les considérons comme faisant partie de la conquête ou acquises par l'annexion, et nous n'hésiterions pas à nous en emparer [10].

9. Jean-Jacques Ampère, *Instructions du Comité de la langue, de l'histoire et des arts de la France*, reproduit dans *Instructions...*, *op. cit.*, p. 85.

10. *Ibid.*, p. 87.

Ce qui implique, et Ampère y insiste très longuement, que toutes les langues et dialectes parlés en France soient sérieusement pris en considération par les collecteurs. Il fournit même, à titre d'exemples incitatifs, des extraits de chants et de poésies en basque, catalan, béarnais, corse, flamand, breton, alsacien, etc. Et il précise bien :

> On ne saurait exclure [les poésies] composées dans ces différents idiomes sans mutiler notre poésie populaire et sans faire injure aux populations françaises au sein desquelles se sont produites ces compositions, nationales par l'inspiration, dont le vocabulaire peut se retrouver à l'étranger, mais n'en est pas moins le vocabulaire indigène d'une portion de nos compatriotes [11].

On pourrait s'étonner de cette revendication des poésies dialectales pour le patrimoine national alors que se poursuit l'œuvre d'unification linguistique engagée depuis la Révolution. Mais c'est que, grâce à ses « idiomes », la France s'ancre dans le patrimoine européen. Dans tel chant breton, affirme Ampère, on retrouve des thèmes de l'*Edda* scandinave, dans tel autre, lorrain, des motifs des runes scandinaves ou finnois, dans des refrains de Flandre des traces du paganisme germanique, dans une chansonnette corrézienne les éléments d'un chant grec.

Si la France, par sa diversité interne, est au cœur de l'Europe, elle est riche aussi de ses extensions dans le Nouveau Monde. Le patrimoine national est étendu par les *Instructions* à ce qui, un bon siècle plus tard, sera appelé la francophonie :

> Dans le bas Canada vivent encore d'anciennes chansons françaises, héritage fidèlement gardé sous la domination étrangère, et que nous avons le droit de revendiquer. [...] Il y a plus, les Indiens *coureurs des bois* savent encore de vieux refrains français, qui, égarés bien loin de leur berceau, retentissent encore aujourd'hui dans les forêts et les déserts immenses situés entre le Canada et l'Orégon. M. de Tocqueville a entendu, dans l'Amérique du Nord, un *bois brûlé*

11. *Ibid.*, p. 87.

> chanter, sur un air très mélancolique, une chanson française qui commençait ainsi : « Entre Paris et Saint-Denis/Il était une fille... » De même le *Chant de la Vallière*, qui n'est qu'un refrain des montagnards du Quercy, a été retrouvé, sous la Restauration, par un Périgourdin, sur les rives du Mississippi.
> A plus forte raison les chants créoles, qui ont cours dans les colonies que nous possédons encore, devront entrer dans la collection[12].

La publication du *Recueil général des poésies populaires* ne sera jamais menée à bien ; le « monument élevé à la gloire littéraire » de la France demeure à l'état d'ébauche, et les manuscrits rassemblés finissent en 1876 par être déposés à la Bibliothèque nationale où ils resteront en sommeil. Néanmoins, les publications de poésies et chants régionaux se multiplient à partir de 1860. Car c'est une double conception de l'identité française qui se forme au cours du XIXe siècle. La première version met en avant l'exceptionnalité d'une nation qui n'a pas, comme les autres, à quêter ses fondements dans la tradition populaire ; la seconde s'inscrit dans le mouvement européen général. D'un côté, donc, la représentation anciennement forgée de la France comme détentrice d'une universalité transcendant les particularismes et associée à la définition, issue de la Révolution, de la nation française comme résultante d'un choix politique individuel excluant tous les déterminismes. De l'autre, la perception de la nation comme communauté organique ancrée dans sa tradition. L'une est glorieuse, l'autre plus modeste mais fort efficace pour appuyer le développement du sentiment d'appartenance nationale. Il est devenu usuel aujourd'hui d'opposer les conceptions « à la française » et « à l'allemande » de la nation, la communauté de citoyens et le « *Volk* ». Les deux coexistent pourtant depuis le XIXe siècle, et la Troisième République va les développer concomitamment. On retrouve d'ailleurs cette double référence dans la définition par Renan de la nation, comme « plébiscite » renouvelé tous les jours par les individus, mais aussi comme fidélité à un héritage commun. En fait, la quête et le culte du folklore vont être pratiqués en France avec la même

12. *Ibid.*, p. 88.

ardeur que dans les autres nations européennes, mais avec une insertion moins univoque dans la construction identitaire.

Le national dans l'indo-européen

> Grecs, Latins, Celtes, Germains et Slaves, nous vînmes tous de l'Orient... et, après des milliers d'années, les langues et les traditions de ceux qui allèrent à l'est et de ceux qui allèrent à l'ouest présentent encore de telles ressemblances que l'on a pu établir, comme un fait qui n'est plus à discuter, que les uns et les autres descendent d'un tronc commun. Mais nous allons maintenant plus loin : non seulement nous trouvons les mêmes mots et les mêmes terminaisons en sanscrit et en gothique ; non seulement nous trouvons dans le sanscrit, le latin et l'allemand, les mêmes noms donnés à Zeus et à d'autres divinités... mais ces contes mêmes, ces *Märchen* que les nourrices racontent encore presque dans les mêmes termes, sous les chênes de la forêt de Thuringe et sous le toit des paysans norvégiens, et que des bandes d'enfants écoutent à l'ombre des grands figuiers de l'Inde, eux aussi, ces contes faisaient partie de l'héritage commun de la race indo-européenne [13].

Le théoricien de la commune origine indo-européenne des contes populaires est un philologue allemand, Friedrich Max Müller [14], devenu professeur à Oxford après avoir été formé

13. Max Müller, *Essais sur la mythologie comparée, les traditions et les coutumes*, trad. française de G. Perrot, Paris, Librairie académique Perrin, p. 271-273, cité par Nicole Belmont, *Mythes et Croyances dans l'ancienne France*, Paris, Flammarion, 1973, p. 172.

14. Le père de (Friedrich) Max Müller était un poète lié au cercle d'Arnim. Certains de ses poèmes, inspirés de la tradition populaire, comme le cycle de *La Belle Meunière*, ont été mis en musique par Schubert. Il est aussi l'auteur des poèmes *Griechenlieder*, contemporains des *Chants populaires de la Grèce* de Fauriel, destinés à exalter la Grèce soulevée contre les Ottomans. Pour la présentation de l'œuvre de Max Müller, cf. Nicole Belmont, *Paroles païennes, mythe et folklore*, Paris, Imago, 1986, chapitre IV, « La mythologie inévitable, Friedrich Max Müller ». Cf. également Giuseppe Cocchiara, *Storia del folklore in Europa*, Turin, Boringhieri, 1952, « Nel "laboratorio" di Max Müller », p. 307-325.

successivement à Berlin et à Paris. Son œuvre s'inscrit dans la lignée des recherches linguistiques engagées dès le début du siècle et qui ont mis au jour l'existence de similitudes entre la plupart des langues européennes et le sanskrit, langue sacrée de l'Inde.

Aux origines de l'indo-européen se trouve la Compagnie des Indes anglaises. Au milieu du XVIIIe siècle, les troupes britanniques ont conquis le Bengale. Les premiers temps de l'exploitation du territoire ayant pris la forme d'une mise en coupe réglée laissant la colonie exsangue, la Compagnie entreprend d'introduire des méthodes d'administration moins dévastatrices. Pour bien administrer, il faut connaître. D'autant que la Compagnie a établi que son intérêt est de conserver les structures locales. Elle fait donc venir d'Angleterre des fonctionnaires et des savants ayant pour mission d'étudier la société et la culture indiennes. Parmi le contingent qui débarque en 1783 figure William Jones, un avocat londonien, qui a étudié grec et latin à Oxford avant de s'initier au persan et à l'arabe. Nommé juge à la Cour suprême du Bengale, il arrive avec un projet ambitieux : étudier les lois, l'histoire, la géographie, les sciences, la littérature de l'Inde. Un des objectifs pratiques est d'aider à l'établissement de règles juridiques et d'arbitrage entre les colonisateurs et les anciens pouvoirs indigènes. Dès janvier 1784, Jones fonde à Calcutta l'*Asiatic Society of Bengal* à laquelle il donne un programme de recherche on ne peut plus complet sur la civilisation indienne. Lui-même ne tarde pas à révéler à ses pairs une découverte prodigieuse : le sanskrit présente une remarquable affinité avec le latin et le grec, tout en paraissant avoir un degré de perfection plus élevé. Étrange admiration du colonisateur pour la culture du colonisé ? Mais l'Europe est alors traversée par le grand mouvement de délégitimation des antiquités gréco-latines comme culture suprême. Et les biens du colonisé tombent dans le patrimoine du colonisateur. De surcroît, l'affirmation d'une antique parenté peut favoriser une bonne intelligence entre ancien et nouveau pouvoir. Son essor une fois pris, la comparaison linguistique s'étend. Dès 1789, Jones avance qu'il existe de fortes similitudes entre le sanskrit, le latin, le grec, le celtique, le gothique et le vieux perse, qu'il suppose avoir une commune origine. La philologie comparative alors en formation se saisit de l'hypothèse qu'elle soumet à une étude systématique des analogies non seulement sémantiques mais aussi morphologiques et syntaxiques entre les différentes langues, l'objectif étant de retrouver la « langue mère ». Friedrich Schlegel, dans son essai de 1808 *Sur la langue et la sagesse des Indiens*, souligne la nécessité d'études sur les *Veda*, antiques textes sacrés de l'Inde, pour la mettre au jour. En 1816, le linguiste berlinois Franz Bopp publie un premier ouvrage où il met en relation le système de conjugaison du sanskrit, du grec, du latin, du persan et du gothique. Très vite, les rapports entre langues présentant des analogies sont décryptés comme des relations de parenté, des ramifications d'un tronc commun, et elles sont inscrites dans un devenir. Formée en même temps que s'élabore le concept d'évolution dans les sciences naturelles (la *Philosophie zoologique* de Jean-Baptiste de Lamarck est publiée en 1809), la philologie comparative propose une explication de type historique aux relations entre les langues indo-européennes : les migrations des peuples à partir d'un foyer initial. De l'indo-européen naissent les Indo-Européens. L'épopée des grands ancêtres, désormais, commence dans l'obscurité des temps antéhistoriques [15]. Jean-Jacques Ampère le professe dès 1830 dans le cours de littérature étrangère qu'il donne à l'École normale :

> Au Nord de la Perse et de l'Inde, à travers la nuit des temps et le silence de l'histoire positive, on se figure cette grande famille de peuples descendant de l'immense plateau de l'Asie centrale. Une part se répand au Sud dans les plaines de la Perse et de l'Inde ; d'autres gagnent l'Asie Mineure, les côtes de la Grèce et de l'Italie ; d'autres enfin se dirigent vers le Nord [16].

15. Les études préhistoriques sont alors en voie de constitution. Des fouilles sont menées depuis le début du siècle en France, en Angleterre et en Allemagne. Mais c'est seulement avec la publication des *Antiquités celtiques et antédiluviennes* de Jacques Boucher de Perthes, à partir de 1846, qu'un débat scientifique sur la question d'une contemporanéité de l'espèce humaine et d'espèces animales disparues est véritablement lancé.

16. Jean-Jacques Ampère, cours professé à l'École normale, manuscrit inédit conservé à la Bibliothèque de l'École normale supérieure, cité par Michel Espagne, *Le Paradigme de l'étranger*, *op. cit.*, p. 36.

Les *Veda*, de ce fait, semblent pour les Européens une voie royale d'accès aux origines de leur culture. Eugène Burnouf, le responsable de la chaire d'études indiennes du Collège de France, incite vivement son jeune étudiant Max Müller, qui est arrivé à Paris en 1845 après avoir suivi l'enseignement de Bopp à Berlin, à entreprendre leur traduction. La Compagnie des Indes anglaises, qui possède les principaux manuscrits et cherche précisément à les faire traduire, non seulement les confie à Müller mais assume les frais. Le premier volume paraît en 1849. Et le traducteur passe de la philologie comparée à la mythologie comparée. Selon Müller, le *Rig-Veda* est la « véritable théogonie des races aryennes[17] ». Max Müller reprend certains aspects fondamentaux de la théorie des Grimm : la perception de l'oralité populaire traditionnelle comme relique de l'ancienne mythologie et l'idée d'un fonds originel européen (présenté par les Grimm comme indo-européen dès 1834). Mais il pense retrouver dans le texte indien l'explication des récits mythologiques : en s'éloignant du berceau primitif, les peuples ont emporté avec eux des mots, des figures poétiques dont ils ont perdu peu à peu la signification originelle, naturelle, et qui ont servi de support à la création d'histoires merveilleuses. La mythologie, selon Müller, dérive d'erreurs étymologiques des anciens peuples. Ainsi, expose-t-il, si la mythologie scandinave raconte pourquoi le dieu Tyr a eu une main dévorée par un loup, c'est qu'elle explicite ainsi l'épithète « à la main d'or », attribuée dans les *Veda* au soleil pour désigner son rayonnement : conservée dans la langue, la métaphore est devenue au fil du temps incompréhensible et a donné lieu à un récit censé l'expliquer. Dans la théorie de Müller, les aspects irrationnels, éventuellement éthiquement choquants des mythologies indo-européennes, sont rapportés à un simple phénomène d'opacification des expressions langagières. De ce fait, les peuples indo-européens sont crédités d'une cosmogonie originelle parfaitement naturelle et pure. Leurs ancêtres, avance

17. Max Müller, *Nouvelles Leçons sur la science du langage*, Paris, Durand, 1868, t. II, p. 144, cité par Nicole Belmont, *Paroles païennes*, *op. cit.*, p. 94.

Müller, ont développé la notion d'un être supérieur tout-puissant et créateur du monde. L'observation du soleil et de l'éternel combat entre la lumière et l'obscurité aurait fait naître ce premier sentiment de la divinité. L'œuvre de Max Müller donne donc une explication logique et rassurante aux aspects « aberrants » de la culture indo-européenne : elle offre dans le même temps une grille d'interprétation cohérente à toutes les coutumes et traditions à travers le retour linguistique au sanskrit et à la cosmogonie des *Veda*. De là son large succès auprès des linguistes et des folkloristes des différentes nations : enfants de la Thuringe, de la Norvège ou de l'Inde contemporaine participent tous du même patrimoine prestigieux, et leur folklore fournit un remarquable terrain à l'exégèse mythologique.

Dès lors qu'est affirmée leur origine indo-européenne, les nations du vieux continent se découvrent sœurs. Presque toutes, du moins : les rares exceptions se trouvent renvoyées à une singulière étrangeté. Avec la possibilité de la cultiver et d'en faire un motif de fierté. Quand les Slaves et les Allemands, par la grâce de la philologie comparée, apprennent leur parenté, les Magyars non indo-européens se perçoivent comme un isolat, une « branche détachée et abandonnée de leur race », ainsi que l'exprime un poème de Vörösmarty publié en 1828[18]. A partir de quoi ils développent une image de leur radicale différence qui sert d'ailleurs fort bien les volontés d'indépendance vis-à-vis de l'Autriche. Si les Hongrois, qui se veulent héritiers des Huns, se donnent eux aussi pour origine des peuples venus de l'Est, ils marquent la distinction avec les nations voisines en insistant sur leur préservation de cette orientalité originelle. Au cœur de l'Europe, la Hongrie est présentée comme la nation la plus fidèle au patrimoine culturel primitif. Ce qui conduit par exemple à annoncer aux voyageurs étrangers qu'en visitant les marchés hongrois ils se croiront au milieu des bazars de Perse, ou à

18. Pour la présentation des références « orientales » en Hongrie, cf. Tamás Hofer, « Construction of the "Folk Cultural Heritage in Hungary" and Rival Versions of National Identity », dans *Hungarians between « East » and « West ». National Myths and Symbols*, Budapest, Musée d'Ethnographie, 1994, p. 27-53.

chercher en Chine ou au Japon les sources d'inspiration d'un style architectural national.

La théorie des origines indo-européennes, cependant, sert parallèlement de fondement à des discours qui mettent essentiellement l'accent non sur les analogies mais sur les irréductibles différences entre habitants de l'Europe. L'*Essai sur l'inégalité des races humaines*, rédigé par le comte Joseph Arthur de Gobineau et publié à Paris en 1853, est contemporain des premiers travaux de Max Müller. Après avoir été brièvement en 1849 chef de cabinet de Tocqueville, ministre des Affaires étrangères, Gobineau est entré dans la diplomatie. Son *Essai* est une sorte d'épopée noire de la décadence des races – et particulièrement de celle qu'il présente comme la plus pure d'entre elles, les Aryens – par le métissage. Selon Gobineau, c'est la proportion de l'élément aryen, composante la plus noble de l'indo européen, dans les populations issues du mélange, qui doit tenir lieu de critère de hiérarchisation. Cette œuvre de Gobineau inaugure toute une série de discours et d'essais qui, reprenant l'ancienne classification sommaire des populations d'après leur apparence physique, l'accompagnent de considérations historico-génétiques. Elles invoquent une référence scientifique en transposant sur l'homme la théorie darwinienne de l'évolution et de la sélection naturelle (*De l'origine des espèces au moyen de la sélection naturelle* est publié en 1859). La « raciologie », qui classe les individus en catégories déterminées par des caractéristiques physiques rapportées à des catégories psychologiques et culturelles, connaît son apogée à la fin du siècle. En 1899, Houston Stewart Chamberlain, un Anglais venu faire ses études en Allemagne après avoir grandi en France, publie les *Fondements du* XIXe *siècle*. Cinq ans auparavant, il avait publié, en français, une étude sur Wagner qui avait été l'occasion pour lui de développer des idées nationalistes radicales. Les *Fondements du* XIXe *siècle* les reprennent en accentuant l'aspect raciste et font des peuples germaniques, seuls authentiques descendants des Aryens selon Chamberlain, les chefs naturels de l'Europe à venir. L'idéologie nationale-socialiste trouvera les substrats de son racisme dans les écrits de Chamberlain qui, après avoir épousé une fille de Wagner, s'établit à Bayreuth. Entretemps, les raciologues qui prônent la suprématie aryenne ont rapatrié les ancêtres indo-européens sur une terre originelle à leur convenance : la Scandinavie, d'où les Aryens blonds aux yeux bleus partirent conquérir la Germanie.

Le passage de l'indo-européen aux Indo-Européens puis aux Aryens, du linguistique au biologique puis au racial, correspond bien à l'apparition d'une nouvelle forme de détermination à l'œuvre dans la construction identitaire. Pendant la première phase, pluridécennale, de la construction identitaire, le leitmotiv constant est qu'il faut unir toutes les composantes de la nation et leur faire prendre conscience de leur commune origine. Et si l'accent, dans la détermination de l'appartenance à la nation, est mis essentiellement sur le critère linguistique, c'est qu'il est en fait remarquablement souple. Les nobles magyars germanophones ou latinophones ont pu réaliser l'union avec leurs paysans en apprenant la langue de ces derniers, ou du moins une version « enrichie » et « affinée » de celle-ci. De même pour les élites suédophones de Finlande, rapidement converties à la nouvelle langue nationale. Et la filiation avec les grands ancêtres se traduit alors essentiellement en termes culturels. Le critère biologique, en revanche, marque des limites intangibles. On peut se convertir à une langue comme à une religion, mais pas à une race ; on peut acquérir une culture, on ne peut changer son sang. L'invocation à la race permet donc de trancher radicalement entre ceux qui appartiennent à la nation et ceux qui, quoi qu'ils fassent, lui seront toujours hétérogènes. Elle désigne dans le Juif magyar, allemand ou français, maîtrisant parfaitement la langue nationale et tout disposé à participer à son illustration culturelle, l'étranger dans le corps national. Le succès croissant de l'idée de nation comme véritable base de l'organisation politique et sociale est la cause de ce recours à un facteur d'exclusion : se trouvent désormais en jeu la question des rapports de pouvoir au sein de la nation et la détermination des droits des individus. Le comte de Gobineau était farouchement antidémocrate, et la Révolution de 1848 – février et juin – est en arrière-plan de sa théorie de l'inégalité. La détermination raciale est une réponse simple à la recherche d'une hiérarchie : la « fraternité laïque » au sein de la nation n'est pas mise en cause, mais certaines catégories de la population en sont exclues. Les droits qui leur sont accordés ne sont que concédés et révisables selon l'intérêt supérieur de la nation. Et le même principe vaut pour le « droit des gens » : poser que certaines nations sont racialement plus pures que d'autres, ou supérieures, justifie l'impérialisme alors même que le principe de création des nations pose initialement la souveraineté de chacune et leur égalité.

Pour autant, l'émergence du nationalisme fermé pratiquant exclusion et hiérarchisation ne marque pas l'arrêt de la construction identitaire telle qu'elle s'était effectuée dans la première phase, à savoir l'élaboration du patrimoine national dans un cadre général européen. Les deux usages faits de la référence indo-européenne, l'un mettant l'accent sur la parenté des nations et l'ancrage de chaque patrimoine national dans le même fonds, l'autre confisquant l'héritage au profit de quelques-uns, coexistent. Plus précisément, ils s'entremêlent, leur combinaison selon les contextes politiques et sociaux donnant lieu à des configurations idéologiques aussi complexes que mouvantes.

Au demeurant, le terme de « race », s'il connaît une grande fortune à partir du milieu du XIXe siècle, est utilisé selon des acceptions fort variables. Dans certains emplois, il est bel et bien référé au biologique et à un système de classification hiérarchisé des groupes humains selon leurs caractéristiques physiques. Mais il est plus souvent employé pour désigner une communauté humaine vivant sur un territoire donné. La connotation biologique est alors faible, voire nulle. Si bien que le terme peut faire fonction de synonyme de nation. Parler à la fin du XIXe siècle de race slovène, finnoise, ou même, comme cela se trouve en France, de race angevine ou auvergnate, ne signifie pas que le locuteur s'inscrive dans la lignée de Gobineau ou de Chamberlain. Même si la banalisation du terme, sa possible interchangeabilité avec celui de nation favorisent la récupération par les idéologies racistes des éléments identitaires nationaux. Quand un homme politique républicain ou un érudit libéral, à la fin du XIXe siècle, déclarent que le folklore exprime l'« âme de la race », ils ne disent pas la même chose que l'idéologue nazi qui utilisera la même formule. L'équivoque peut induire des contresens rétrospectifs et notamment masquer le fait que la construction des folklores nationaux s'est effectuée pour l'essentiel en dehors de toute perspective raciste, dans l'habituel cadre transnational de l'émulation identitaire.

Mélodies populaires

Entre 1790 et 1795, le compositeur attitré des princes Esterhazy, Joseph Haydn, séjourne à Londres : à la suite de quoi il produit plus de 400 arrangements de chansons écossaises et galloises. Beethoven harmonise, entre 1810 et 1818, 57 chants irlandais, 25 chansons galloises, 37 écossaises et quelques italiennes [19]. Il avait eu le projet d'une collection de chants populaires de tous les pays. Les premières recherches de mélodies populaires, comme celles des contes et poésies, s'inscrivent dans les principes énoncés par Herder et les Grimm de la découverte du national dans le transnational. Et les collectes, là encore, ont pour finalité la régénération, par ressourcement dans l'authenticité de la création populaire, de l'art savant. Conception durable du rôle de l'inspiration populaire, qu'exprime encore au XXe siècle un collecteur français :

> Plus l'art musical moderne se développe, plus il s'écarte du peuple, plus l'abîme s'approfondit entre le peuple et lui, abîme entrouvert depuis le XVIIe siècle. Il risque de s'étioler, de se réduire à l'impuissance dans la recherche presque exclusive de formules et de procédés, dans les manies intellectuelles.
> Or, l'art de la France, l'art autochtone, a toujours plongé ses racines dans la bonne terre, surtout les admirables, les exquises fleurs lyriques du sol, que sont les chants des provinces, des paysans. En revenant à l'inspiration de la chanson populaire qui fut son ancêtre, la musique française ne ferait que revenir à ses origines et retrouverait, à cette source, une nouvelle et féconde jeunesse. Les écoles musicales espagnole et russe n'ont-elles pas donné le plus magnifique et salutaire exemple ?

19. Cf. Brigitte et Jean Massin, *Ludwig van Beethoven*, Paris, Club français du livre, 1967, p. 683, et Arnaud Laster, « Musique et peuple dans les années 1830 », *Romantisme*, 1975, n° 9, *Le Peuple*, p. 77.

> C'est, à coup sûr, ce que pensait le maître musicien, si délicatement français, *Gabriel Fauré* lorsqu'il écrivait, en 1905, à Charles Bordes, que les chants populaires sauraient « *apprendre aux musiciens français à quelle source ils peuvent puiser des inspirations, s'ils veulent contribuer à la renaissance d'un art vraiment national*[20] ».

Les musiques nationales du XIXe siècle se constituent en insérant dans les grands genres, anciens ou nouveaux, des références aux mélodies populaires. Mikhaïl Glinka pose ainsi dès les années 1830 les bases d'une musique nationale russe par l'introduction dans des compositions de type « occidental » (poème symphonique, opéra, cantate) de thèmes, de modalités et de rythmes populaires. Considéré comme le père de la musique russe, il n'en est pas moins très lié avec des musiciens français, italiens ou allemands. A l'époque où les compositeurs-interprètes voyagent par nécessité à travers toute l'Europe, les musiques à référence nationale rencontrent souvent l'intérêt à l'étranger : à preuve les succès français de Liszt – et la composition par Berlioz d'une *Marche hongroise* – et l'accueil favorable fait à l'exilé Chopin et à ses *Polonaises*. Il est vrai que les emprunts à la musique populaire sont discrets et très transposés : il y a ainsi adaptation à des instruments totalement étrangers à la tradition populaire (piano, basson, etc.). La seconde moitié du siècle voit l'apogée des « musiques nationales », composées selon les grands genres internationaux, mais avec une coloration propre, gagée sur la référence aux mélodies populaires censées exprimer le génie national et ses déclinaisons en matière de culture, d'histoire ou de paysage.

Les grandes opérations de collectes de musique populaire sont un peu plus tardives que celles qui portent sur la littérature orale, et elles en découlent. Si Ampère, dans ses *Instructions*, comme beaucoup d'autres initiateurs de collecte, insiste sur la nécessité de noter les airs des chants populaires, c'est que la chose, bien souvent, a été négligée. Le retard en matière de collecte folklorique musicale est comblé à la fin

20. Joseph Canteloube, *Les Chants des provinces françaises*, Paris, Didier, 1947, p. 60.

du siècle, dans un contexte complexe, puisque l'étude transnationale de la musique populaire, qui s'insère dans la reconstitution d'une histoire générale de la musique depuis l'Antiquité, croise une vague de nationalisme culturel qui prend tournure xénophobe.

La création à Paris de la Schola Cantorum, en 1896, comme rivale d'un Conservatoire déclaré trop sclérosé, répond à un objectif clairement affiché : œuvrer à la formation d'un art purement français [21]. Parmi ses fondateurs, Charles Bordes, spécialiste du chant populaire basque et languedocien, et Vincent d'Indy, grand collecteur-adaptateur de musique cévenole et nationaliste très antisémite. Mais on trouve aussi dans la mouvance de la Schola Cantorum Julien Tiersot dont l'idéal est la création d'une musique nationale, laïque et républicaine. C'est lui qui publie en 1889 l'*Histoire de la chanson populaire en France*, première grande synthèse sur la question. La Schola Cantorum enseigne les bases d'une musique bien française : la musique médiévale, les grands classiques nationaux et les chants populaires régionaux.

La xénophobie avec ses imprécations éventuellement racistes, telle qu'elle traverse le champ artistique français à la Belle Époque, a son équivalent dans les autres grandes nations occidentales, en Allemagne notamment : l'exacerbation de la concurrence sur un marché très encombré conduit à invoquer comme facteur de discrimination contre les rivaux les critères nationaux et raciaux. Le chant populaire et son enracinement dans le plus profond de la tradition sont alors invoqués en témoignage de l'irréductible spécificité du génie national, inaccessible aux étrangers. Le nationalisme xénophobe cautionne les tentatives de protectionnisme culturel, de même qu'en retour l'affirmation d'un génie culturel propre à la race, ou à la nation, conforte un nationalisme agressif ou exclusif [22]. Pour autant, le nationalisme culturel

21. Cf. Jacques Cheyronnaud, « Éminemment français, nationalisme et musique », *Terrain*, octobre 1991, n° 17, *En Europe, les nations*, p. 91-105.

22. Pour une présentation du nationalisme culturel à la fin du XIXe siècle, cf. Christophe Charle, *Paris fin de siècle, culture et politique*, Paris, Seuil, 1998, chapitre VI, « La naissance du nationalisme littéraire ».

croise et recroise le recours aux inspirations étrangères. Les efforts de certains jeunes compositeurs pour créer une nouvelle expression artistique, imposer de nouveaux modes de perception et modifier au profit de l'avant-garde qu'ils forment l'espace des positions, peut ainsi les amener à se référer au génie national, mais aussi, alternativement ou simultanément, au patrimoine culturel international.

En 1905, un jeune musicien hongrois vient à Paris concourir au prix Rubinstein. Deux ans auparavant, âgé de vingt-deux ans seulement, il a pu faire jouer sa première œuvre, un poème symphonique consacré au grand héros de la patrie, Kossuth. Entre deux découvertes amusées du Luxembourg et du Moulin-Rouge, Béla Bartók écrit à sa mère ses réflexions sur la formation d'une musique nationale hongroise :

> Si on compare la musique populaire hongroise à ce que je connais des autres peuples, on peut dire qu'elle les surpasse en expressivité et en variété. Un paysan qui pourrait composer des mélodies analogues à celles que j'envoie ici, s'il était extrait enfant de la classe paysanne et quelque peu éduqué, créerait sans doute des choses de valeur. Malheureusement, il est rare qu'un paysan hongrois suive des études. Notre intelligentsia est pour l'essentiel d'origine étrangère. [...] Une musique véritablement hongroise ne peut naître que s'il existe une élite véritablement hongroise. [...] Nous avons un groupe hétérogène germano-juif : la plupart vivent à Budapest. C'est perdre son temps que d'essayer de les éduquer à l'esprit national ; il vaut mieux éduquer les provinces hongroises [23].

Les paysans hongrois *versus* les bourgeois juifs et allemands ou les provinces *versus* la capitale, l'innovation musicale à promouvoir *versus* le goût musical dominant ? Dans les années qui suivent, Bartók et Zoltán Kodály parcourent les campagnes avec un gramophone pour enregistrer les chants populaires hongrois, mais aussi slovaques et roumains [24]. En

23. Cité dans Halsey Stevens, *The Life of Béla Bartók*, Oxford, Clarendon Press, 3e éd. 1993, p. 31. Cf. également, pour l'œuvre de Bartók, Paul Griffiths, *Bartók*, Londres et Melbourne, J.M. Dent and Sons, 1984.

24. Pour Bartók, il importe de distinguer l'authentique musique populaire des paysans hongrois de la musique tsigane, fort appréciée

1918 déjà, c'est en milliers que se chiffrent les enregistrements. Or, dans les airs traditionnels recueillis parmi les villages les plus reculés, Bartók découvre ce que promeut l'avant-garde musicale, et notamment Debussy : des rythmes, des harmoniques, des tonalités autres que ceux de la musique contemporaine consacrée. Les œuvres qu'il compose à cette époque – la série des *Pièces faciles*, notamment – sont tout autant marquées par l'influence de Debussy que par l'analyse de la tonalité des chants populaires (pentatonique des ballades transylvaniennes, par exemple). Et les publications qu'il fait à partir du matériau des collectes ont pour perspective la description classificatrice de toutes les musiques populaires, de toutes les nations, à toutes les époques : le principe analytique est emprunté au Finlandais Ilmari Krohn [25]. En 1913, d'ailleurs, Bartók est allé en Algérie mener des collectes de musique orientale ; en 1934, il prolongera cette étude par des recherches en Turquie. Le plus grand collecteur de musique populaire, le musicien qui s'est le plus systématiquement référé dans son œuvre aux danses et aux chants paysans, s'inscrit en fait dans la modernité esthétique aussi bien que dans le cosmopolitisme culturel.

---

depuis longtemps par les aristocrates magyars. Liszt estimait que la musique paysanne hongroise était trop pauvre et trop peu élaborée pour être appréciée universellement alors qu'il accordait un haut degré artistique à la musique tsigane, à partir de laquelle, selon lui, on pouvait concevoir une musique d'inspiration nationale. Le renversement de perspective opéré par Bartók n'a pas tant pour principe d'exclure les Tsiganes de la nation que de promouvoir, par le retour à une tradition plus primitive, de nouvelles possibilités d'expression musicale.

25. Le père d'Ilmari Krohn, Julius, s'était consacré à l'étude du *Kalevala*, dans le cadre d'un comparatisme général des traditions orales de tous les pays. Contre la théorie indo-européenne de Müller (qui, de fait, tenait à l'écart la tradition orale finno-ougrienne), il avait repris l'hypothèse de l'orientaliste allemand Benfey, d'une diffusion des contes à partir de l'Inde, mais par la voie des échanges marchands et des contacts culturels à travers l'histoire. Krohn avait insisté sur la nécessité de recueillir toutes les variantes existantes d'un conte, et tous les motifs utilisés, pour déceler la forme primitive, selon lui la plus simple. C'est un disciple de Krohn, Anti Aarne, qui publie en 1910 un *Catalogue des types de contes*, dont le principe formera la base de ce que l'on connaît aujourd'hui comme l'index Aarne-Thompson des contes populaires.

Une finalité autre que le renouvellement de l'art savant est aussi souvent assignée aux collectes d'airs populaires de la fin du XIXe siècle : fournir, après arrangement, le répertoire d'une musique moderne, destinée à contrecarrer le développement d'une nouvelle forme de musique populaire, celle de la chanson de café-concert. La tradition musicale paysanne paraît le meilleur moyen de former le goût des masses et de lutter contre la dégénérescence culturelle. La tradition paysanne contre l'univers déshumanisé et dégradé du prolétariat urbain...

CHAPITRE II

La nation illustrée

Quels sont les peintres de 1850 qui sont allés planter leur chevalet au milieu d'une filature ou d'une usine sidérurgique ? On cherchera longtemps la réponse. Il suffirait de demander quels artistes ont peint la campagne et les paysans pour que les noms fusent. La paysannerie est sans doute la catégorie sociale la plus présente dans les tableaux du XIXe siècle. La mise en cause du canon classique et de l'ancienne hiérarchie des œuvres selon leur thématique, l'effondrement du genre mythologique, la sortie de l'atelier font surgir deux nouvelles catégories du pittoresque – au sens propre du terme : les paysans et le paysage, alors que le monde nouveau de l'industrialisation et de la ville en expansion reste longtemps dans l'incongruité artistique. Mais, si la peinture des paysages et celle des paysans se développent simultanément, elles ne se confondent pas pour autant. « Une terre qu'on travaille est rarement un paysage [1]. »

Paysages

La peinture de paysage se renouvelle à la fin du XVIIIe en proposant au regard une nature où les hommes et leur labeur n'apparaissent pas. Nature vierge, animée de sa propre vie, où les traces de l'activité humaine, si elles se distinguent, ne le font que sous formes de ruines. Les cimes alpines, les rives

1. Raymond Williams, « Plaisantes perspectives », *Actes de la recherche en sciences sociales*, novembre 1977, nos 17-18, p. 31.

accidentées du Rhin participent de cette esthétique où la contemplation du grandiose donne au spectateur le sentiment du sublime. Et c'est encore une nature supposée vierge que les premiers peintres français du paysage vont chercher en 1830 dans la forêt de Fontainebleau, sauvagerie la plus proche de la capitale. Ce qui, par contrecoup, conduit rapidement à faire des paysages qui y sont peints des sites « à voir ». Très vite, les guides de voyage les indiquent, et Napoléon III institue des « zones artistiques protégées [2] ». C'est à Fontainebleau que Flaubert, dans *L'Éducation sentimentale*, envoie Frédéric et Rosanette fuyant l'insurrection de juin 1848 et les revendications prolétariennes. Ils découvrent la forêt dans une voiture découverte dont le cocher tient absolument à leur montrer les sites célèbres, « parfois même s'arrêtant pour les faire admirer [3] » ; et ils ne croisent guère qu'un peintre en blouse bleue au pied d'un chêne. Flaubert, qui esquive pour juin 48 la peinture historique révolutionnaire, se livre alors à plaisir à l'écriture du tableau de paysage et à sa réception par les deux personnages. L'un, Frédéric, esthète de bonne volonté, éprouve convenablement le sentiment idoine de l'éternité et de la démesure naturelle, l'autre, la demi-mondaine, ne supporte pas le spectacle et part cueillir des fleurs.

> Ils arrivèrent un jour à mi-hauteur d'une colline toute en sable. Sa surface, vierge de pas, était rayée en ondulations symétriques ; çà et là, tels que des promontoires sur le lit desséché d'un océan, se levaient des roches ayant de vagues formes d'animaux. [...] Personne. Aucun bruit. Les sables, frappés par le soleil, éblouissaient...

Colline sableuse, roches, solitude : ce paysage de Fontainebleau est archétypique, au sens propre. Il est l'un des grands modèles de construction des paysages au XIXe siècle. Rien d'étonnant à cela si l'on songe que la formation des peintres

2. Cf. Isabelle de Lajarte, *Anciens Villages, Nouveaux Peintres, de Barbizon à Pont-Aven*, Paris, L'Harmattan, 1995, et Françoise Cachin, « Le paysage du peintre », dans *Les Lieux de mémoire*, *op. cit.*, t. II, vol. 1, p. 435-486.

3. Gustave Flaubert, *L'Éducation sentimentale*, troisième partie, chapitre 1.

ne passe plus guère par le voyage en Italie mais par les séjours en France ou en Allemagne. Autres grands modèles de base : le paysage alpin, découvert initialement en Suisse par les Anglais, et, plus tardivement, le rivage breton en tant que conservatoire de la côte sauvage. Les paysages nationaux dérivent le plus souvent de l'un ou l'autre de ces modèles, par adaptation et adjonction d'éléments signifiants. Le travail d'élaboration du paysage national, au demeurant, est œuvre collective, menée aussi bien par les poètes et les écrivains que par les peintres : la description paysagère tient une large place dans la littérature du XIXe siècle. Tous sélectionnent dans les ressources naturelles, et selon une esthétique cohérente, des vues chargées de sens et porteuses de sentiment. Mais comment déterminer précisément le paysage qui soit résumé et emblème de la nation [4] ? Comment choisir entre montagne et plaine, mer, lac ou rivière, forêt et lande, sachant que nombre de pays possèdent la gamme complète ou partielle ? C'est souvent un principe de différenciation qui est mis en œuvre. Le paysage national norvégien, ainsi, n'est ni vallée ni forêt, mais il prend la forme du fjord immaculé de neige, dont la couleur et la verticalité contrastent fortement avec les vertes prairies de l'ancien possesseur danois et les non moins vertes forêts du nouveau possesseur suédois. La Hongrie a des montagnes, carpatiques, et des collines. Mais, par un démarquage radical vis-à-vis de l'Autriche et de ses Alpes grandioses, les poètes et les peintres hongrois retiennent comme paysage typique de la Hongrie la Puszta (Grande Plaine) [5]. Un poème de Petöfi, en 1844, exalte ce paysage, *a priori* ingrat, proclame que la Puszta est belle et que les Hongrois doivent l'aimer. Cette étendue décrite comme infinie et balayée par les tempêtes sous un ciel chargé de cumulus devient une sorte de mer continentale, symbole de liberté farouche. Investissement du caractère national dans le paysage, précisé par des

4. La détermination d'un paysage comme expression et emblème de la nation explique que dans les années 1990 le ministère des Biens culturels italiens ait protesté contre l'utilisation de paysages toscans archétypiques dans des films publicitaires présentant des automobiles de marque scandinave.

5. Nous nous référons ici à une étude en cours de Réka Albert sur l'invention du paysage national hongrois.

éléments que mettent en scène les tableaux de la Puszta qui se multiplient à partir de 1850 : une hutte archaïque de pasteur qui évoque les origines orientales, un puits à bascule renvoyant à la même référence (on le retrouvera dans le paysage de la finno-ougrienne Estonie), et des animaux à demi sauvages, dits de race hongroise. Le paysage tchèque, en revanche, n'est ni plaine, ni montagne, mais déclivités modérées et ondulantes, où croissent des conifères et des feuillus. La Suisse, même si son territoire s'agrandit au début du XIXe siècle, reste bien mince entre de larges voisins : elle se fait haute, très haute. Le pays des Helvètes se représente tout en cimes prodigieuses et étincelantes. Le paysage national français est plus complexe, puisqu'il apparaît essentiellement sous la forme d'une série de paysages régionaux bien identifiés mais très divers. Cette indétermination apparente du national n'est pas seulement due à la quantité de peintres, français ou étrangers, qui s'adonnent en France à la représentation paysagère. C'est qu'au XIXe siècle se met en place une conception de la spécificité française fondée sur la variété des ressources naturelles du pays : la France, par sa diversité, peut s'enorgueillir d'être une sorte de résumé idéal de l'Europe, où l'on trouve tout ce qui ailleurs n'existe que séparément. C'est, au reste, une logique analogue qui fait insister le rédacteur des *Instructions* pour la collecte de poésie populaire française sur la diversité linguistique du territoire. La conception de la France comme synthèse harmonieuse de la diversité européenne deviendra, sous la Troisième République, un *topos* universitaire et politique[6]. Cette représentation de la France

6. Cf. par exemple : « La France [doit] susciter ou ressusciter une image d'elle-même dans toute la richesse de son infinie diversité, dans toute la puissance de son développement millénaire, dans toute la fécondité inépuisable de son génie. Cette image, elle se la doit, elle la doit à la nature, qui a versé sur elle à pleines mains ce qu'ailleurs elle n'a donné que séparément. Est-ce donc pour rien que nous sommes le pays privilégié entre tous, qui réunit les climats et les dons les plus opposés, qui voit ses côtes baignées et par la dure mer germanique et par l'Océan aux horizons sans fin, et par la mer caressante et tiède où toutes les grandes civilisations se sont mirées et dont les flots ont enfanté la beauté éternelle ? Est-ce pour rien que nos frontières, même restreintes, hélas ! enferment des régions aussi différentes ? », Gaston Paris, discours prononcé en Sorbonne le 24 mars 1895, repro-

comme synthèse de la diversité a un corollaire, énoncé vigoureusement et répétitivement : la France, alliance harmonieuse des contrastes, est terre par excellence de la modération [7]. Traduction paysagère : un vallon herbeux légèrement ondulant par temps doux, sous un ciel serein mais sans lumière écrasante, des arbres qui ne font pas forêt, un village dans le lointain.

La détermination de la végétation participe de la formation du paysage national : bouleaux russes, pins finlandais (le paysage forestier finnois se distinguant de la forêt suédoise par ses lacs), chênes germaniques ou, illustrés depuis longtemps, cyprès italiens. A l'époque où la science agricole s'intéresse activement à la sélection des races d'animaux domestiques, on voit même apparaître dans les tableaux des bovins et des équidés dits nationaux, comme les élégants chevaux de la Puszta. Les vaches nationales, à l'instar de celles de la Maremma italienne ou des troupeaux hongrois, ont en général des cornes spectaculaires. Mais, si l'on trouve parfois en arrière-plan de ces paysages emblématiques quelques constructions villageoises ou des églises au clocher typique, les hommes n'y apparaissent que très rarement, et sous forme de figures lointaines à peine esquissées.

Les paysans ne sont pas dans le paysage. On les trouve aux champs, à la sortie de la messe ou à la foire. Labourages, pâturages et glanages, moissons, vendanges et cueillettes : les travaux rustiques sont consciencieusement inventoriés par la peinture du XIXe siècle. Presque tous : aux âmes sensibles seront épargnés les épisodes sanglants de la vie rurale, tuée du cochon ou vêlage. La peinture la plus réaliste a ses limites. On trouve encore des scènes pastorales issues d'anciens modèles picturaux, mais adaptées à la conception moderne de la paysannerie comme créatrice de culture. Ainsi, le tableau

---

duit dans *La Tradition en Poitou et en Charentes*, Poitiers, Librairie Boissaud, 1981.

7. Pour la représentation de la France comme diversité harmonieuse et modération, cf. Anne-Marie Thiesse, *Ils apprenaient la France, l'exaltation des régions dans le discours patriotique*, Paris, Éd. de la Maison des sciences de l'homme, « Ethnologie de la France », 1997.

peint par le Hongrois Janós Jancko en 1860, qui présente des paysans sous l'ombrage entourant un pâtre joueur de flûte : la scène est intitulée « Naissance de la poésie populaire » [8] ! Mais la peinture, plutôt que le repos sous la verdure, met à l'honneur les événements du cycle de vie et du calendrier collectif rural : mariages, processions religieuses, marchés. La peinture flamande, certes, avait déjà mis en scène les fêtes populaires, mais le traitement, dans les grands tableaux du XIXe siècle, est généralement très différent : les compositions sont plus statiques, plus ordonnées, les personnages sans disgrâce physique, les visages harmonieux et les expressions graves ou sereines. La paysannerie est pittoresque, mais calme et sans outrance. De la même manière que la peinture de paysage a créé un nouveau regard sur la nature et des séries de sites à voir, à préserver et à prendre pour modèles, de même ces grands tableaux font des fêtes rurales des événements proprement spectaculaires et prescrivent le regard à porter sur elles. Ce qui ne sera pas sans effet sur l'évolution et sur la multiplication des fêtes populaires, dont l'organisation prend de plus en plus en compte l'existence de spectateurs.

D'un pays à l'autre, les peintures rurales ne se distinguent guère par la thématique, ni, pour une période donnée, par le style. Pourtant, les scènes de genre et les compositions festives peuvent facilement être lues en termes nationaux. Les indications ne sont pas fournies par le paysage en arrière-plan, généralement faiblement caractérisé, mais par les costumes des personnages.

Costumes traditionnels

L'iconographie du XIXe siècle illustre abondamment les costumes populaires des différentes parties de l'Europe. On ne peut en dire autant pour les siècles précédents. Ce n'est pas que les peintres, certains d'entre eux du moins, n'aient fait figurer des paysans dans leurs tableaux : mais les habits

8. Collections du Musée national de Budapest.

dont ils les ont revêtus ne ressemblent guère à ce que nous connaissons depuis sous l'appellation de « costumes traditionnels » de telle ou telle région ou nation. Il y a loin de toute façon entre les habits colorés que l'on attribue aux paysannes, dès le milieu du XIXe siècle, et cette robe noire unique que bien des femmes gardaient des années sans la laver, de peur de la gâter, et dont parle Michelet pour une période encore toute proche de lui. Entre les deux, une moins grande pauvreté, les champs de coton, les manufactures de tissage et les colorants industriels. Un nouveau regard aussi, qui dresse un code vestimentaire non plus seulement social, mais aussi territorial et national. Et ouvre du coup la possibilité de faire du port de tel ou tel vêtement une manifestation politique. Les observations sur les différents pays d'Europe, leurs illustrations, avaient jusque-là surtout relevé, en matière de costumes, les différences entre états sociaux. A partir du moment où se forme l'idée de nation, les variables mises en avant changent de nature et deviennent géographiques.

L'élaboration d'un costume national n'est pas sans analogie avec la construction d'une langue nationale. D'autant que l'important développement de la morphologie comparative en linguistique conduit à l'élaboration de modèles analogues pour la description d'objets matériels investis d'une valeur culturelle, comme l'indique le titre de l'ouvrage d'Owen Jones publié en 1856, *The Grammar of Ornament*[9]. Gagé sur la référence à des usages populaires considérés jusque-là comme parfaitement vulgaires et donc non consignés, le costume national est réalisé dans des matériaux de qualité, obéit à des règles fixes – choix des couleurs, longueur et forme des différentes parties – et doit pouvoir rivaliser en éclat et en

9. Owen Jones, l'auteur de *The Grammar of Ornament*, était l'un des théoriciens du « design » industriel qui s'est constitué en Grande-Bretagne à partir du milieu du XIXe siècle. Le système analytique proposé par Jones à partir d'une étude comparative des motifs ornementaux de toutes les cultures du monde avait pour objectif l'établissement d'une taxinomie universelle, à partir de quoi pouvait être déterminé ce qui était stylistiquement correct ou impropre. L'œuvre de Jones, à finalité pédagogique, proposait aux étudiants des écoles d'arts appliqués des exemples et des principes de conception pour l'architecture, la décoration murale ou les motifs textiles.

dignité avec les costumes des autres nations. Et ce sont les élites sociales qui l'adoptent en un premier temps à des fins patriotiques. Mais, à la différence de la langue nationale, le costume national n'est pas d'usage quotidien et il a une fonction surtout festive et démonstrative.

Les premières observations portées sur les vêtements paysans sont encore dans la perspective du musée vivant[10]. Les commentaires sur les costumes bretons, du temps de l'Académie celtique, affirment ainsi qu'il s'agit purement et simplement du vêtement gaulois inchangé depuis 2000 ans. Hypothèse qui se révèle vite peu tenable et qui, surtout, ne permet pas de raccrocher la tradition locale aux périodes historiques prestigieuses que les romans – et leurs gravures – commencent à illustrer. Un autre point de vue lui est vite substitué : le costume paysan est très ancien – mais la datation reste floue – et il se caractérise non par sa fonctionnalité, mais par son caractère pittoresque. Les « séries » et « recueils » de gravures sur les costumes paysans se multiplient à partir de la première décennie du XIXe siècle. Identifiant, pour un espace donné, des éléments originaux de plus en plus mis en évidence, ils déterminent des modèles et leurs variantes. Les premiers, tourisme fortuné et exotisme obligent, concernent l'Eu-

10. La nécessité pour les Roumains de fournir récurremment les preuves d'une continuité ininterrompue avec les grands ancêtres explique sans doute que Mircea Eliade, en 1943 encore, affirme la similitude entre l'habit contemporain des paysans du « réduit national » et celui des Daces : « Les Géto-Daces étaient de taille moyenne, blonds. Ils laissaient pousser leur barbe et leurs cheveux. Les nobles portaient une sorte de bonnet et les autres allaient nu-tête. Leurs traits physiques ainsi que les caractéristiques vestimentaires – chemise longue jusqu'aux genoux, serrée à la taille par une ceinture, cape fixée par une fibule – ont été transmis et conservés jusqu'à nos jours sur les bas-reliefs de la fameuse colonne Trajane érigée sur le Forum romain. Ces mêmes caractéristiques peuvent être remarquées chez les paysans roumains d'aujourd'hui, particulièrement chez les habitants des régions carpatiques de la Transylvanie. Pendant près de deux mille ans, les Daces ont eu de profondes racines dans le sol de la patrie sans jamais émigrer : on pourrait dire qu'ils sont le produit de ce sol qui les nourrissait et que, pour sa défense, ils étaient toujours prêts à sacrifier leur vie », Mircea Eliade, *Los Rumanos. Breviaro historico*, Madrid, Éd. Stylos, 1943, cité dans la traduction française, *Les Roumains, précis historique*, Bucarest, Editions Roza Vinturilor, 1992, p. 6-7.

rope du Sud : *Sketches of the Country, Character and Costume in Portugal and Spain*, de William Bradford (1810), ou planches consacrées par Bartolomeo Pinelli aux costumes populaires de Rome (1820). Ce genre de publication se développe ensuite dans toute l'Europe, l'accent étant mis tout particulièrement sur les régions supposées les plus archaïques. En 1829 paraît à Nantes un recueil de Charpentier dont le titre indique bien la place toujours éminente de la Bretagne en matière de patrimoine national : *Recueil des costumes de la Bretagne et des autres contrées de France*. L'espace des recueils peut aussi bien être régional, national, que transnational : une des grandes séries s'intitule *Costumes des femmes du Tyrol, de la Hollande, de la Suisse, de la Franconie, de l'Espagne, du Royaume de Naples* (Paris, 1827). L'influence de l'illustration historique puis de la mise en scène théâtrale contribuent à accentuer certains aspects spectaculaires : coiffes de plus en plus hautes, en manière de hennin, ou bien jeux de couleurs vives. Grâce à la lithographie, qui permet un abaissement sensible des coûts de reproduction, ces albums de costumes se diffusent parmi le public aisé. Tailleurs et couturières n'ont ensuite pas grande difficulté à utiliser ces éléments, à l'instar des gravures de mode, comme modèles de costumes d'apparat pour une riche clientèle. Et, dans les nations en construction, le port de ce type de costume peut faire office de manifeste politique. En 1849, à Christiania, la revendication nationaliste s'exprime à travers des séries de « tableaux », joués par des jeunes filles de la bourgeoisie costumées en paysannes norvégiennes, tandis que des chorales masculines entonnent des airs inspirés des chants populaires [11]. En Europe centrale et orientale, la bonne société se donne des « bals patriotiques » en costumes « nationaux » – constitués à partir du plus pittoresque des costumes régionaux. Le souci des élites d'avoir un peuple présentable donne lieu souvent à un militantisme pour l'adoption par les paysans les moins pauvres du costume « traditionnel », sinon quotidiennement, du moins pour les fêtes. Avec un certain succès, puisque le vêtement richement orné et coloré est adopté dans la paysan-

11. Cf. Anne-Lise Seipp, communication dactylographiée citée, p. 17.

nerie jouissant de quelque aisance, qui en fait un signe de distinction. Ce qui explique la double représentation iconographique des populations paysannes au XIXe siècle : alors que la peinture réaliste montre des ruraux au travail ou dans la peine, aux vêtements pauvres, ternes et sans originalité, on voit aussi se multiplier les scènes de genre avec costumes typiques, repris ensuite par l'iconographie touristique.

L'exemple écossais montre comment, à partir d'un habillement populaire sans prestige, produit conjugué des ressources locales, de la pauvreté et des conditions de vie, peut être construit un vêtement porteur de sens. Lorsque les frères Schott, en 1845, étudient le costume des paysans de Valachie, ils pensent trouver des différenciations bien établies et codifiées entre les différentes vallées, à l'instar, écrivent-ils, de ce que l'on peut observer concernant les couleurs claniques des tartans écossais. La référence écossaise, donc, permet de décrire ailleurs le système de la mode populaire. Mais cette tradition modèle est aussi très récente : selon l'historien Hugh Trevor-Roper[12], elle a au plus un quart de siècle quand les frères Schott s'y réfèrent. Quant au pittoresque kilt, qui dégage élégamment les mollets virils, son apparition dans la culture écossaise ne serait plus ancienne que d'un siècle.

L'actuel kilt écossais aurait été créé à l'initiative d'un maître de forges du Lancashire, qui, ayant besoin de charbon de bois pour son entreprise, conclut un accord en 1727 avec un chef de clan écossais pour l'exploitation de forêts des Highlands. Ce qui l'amena à embaucher du personnel local pour la fabrication du combustible et à découvrir que l'habillement usuel de ses ouvriers était inapproprié au travail requis. Les Highlanders pauvres, n'ayant pas les moyens d'acheter des vêtements coupés et cousus, pantalons ou braies, portaient le plus économique des habits : un plaid ceinturé, qui, au besoin, se révélait utile pour dormir à la belle étoile. L'industriel anglais, désireux de voir ses ouvriers porter une tenue plus adaptée à leur tâche, fit venir un tailleur

12. Pour la présentation du kilt écossais, nous nous référons à Hugh Trevor-Roper, « The Invention of Tradition : The Highland Tradition of Scotland », dans *The Invention of Tradition*, *op. cit.*, p. 15-43.

militaire et le chargea de transformer le plus simplement possible l'habit des Highlanders pauvres. Coup de ciseaux à la taille et plis cousus : le kilt était né. Le nouveau vêtement fut bientôt largement adopté. Pour peu de temps : l'écrasement de la dernière révolte jacobite, en 1745, entraîna, entre autres tentatives d'éradication du particularisme écossais, l'interdiction de tout costume spécifique. Les Highlanders furent tenus de passer au pantalon. Sauf les soldats des régiments écossais au service de la couronne anglaise qui conservèrent le droit de promener glorieusement sur les champs de bataille leur kilt. Lequel, n'étant plus porté par les gens du peuple, put devenir – dès que l'interdiction fut levée en 1782 – le vêtement adopté par les classes supérieures lorsqu'elles voulaient afficher leur origine prestigieuse. Grâce à la tâche accomplie par le jeune Macpherson et à son barde antique, les Highlands vaincus étaient passés au statut d'antiquités éminentes du Royaume-Uni. La bourgeoisie écossaise et les nobles anglicisés se mirent à arborer des versions coûteuses et sophistiquées du kilt, considéré tant par les militaires que par les civils fortunés comme un costume écossais de la plus haute antiquité. Le kilt doit probablement son succès à ce qu'il est à l'antithèse du pantalon, « uniforme masculin » de la modernité bourgeoise. Les Wittelsbach ont mis aussi à l'honneur une tenue découvrant la jambe lorsqu'ils ont lancé pour les hommes la mode de la tenue de chasse alpine et fait de la culotte de peau le costume bavarois identitaire. L'iconographie consacrée à la Bretagne, au cours du XIXe siècle, montre bien que la détermination progressive du costume traditionnel conduit à l'abandon du pantalon long au profit de la pittoresque culotte bouffante blanche.

En janvier 1820 est fondée à Édimbourg la *Celtic Society* qui a pour fonction de promouvoir l'usage de l'antique costume des Highlands. Son président est Sir Walter Scott et son fondateur le colonel David Stewart of Garth, un demi-solde qui consacre ses loisirs forcés à la tradition écossaise. Il publie en 1822 un ouvrage où il affirme que les tartans ont toujours eu des motifs différents, emblématiques des clans. Si l'usage du tartan – produit d'un tissage qui présente des figures géométriques – est attesté en Écosse dès le XVIe siècle, il semble que l'adoption de tel ou tel motif coloré ait été affaire de goût pour les plus fortunés, les autres devant se contenter de tissu brun. L'idée d'une différenciation clanique intéresse beaucoup l'une des plus grandes entreprises de fabrication de tartans, qui voit là un excellent moyen de stimuler le marché. En accord avec la *Highland Society* de Londres, qui s'était déjà vivement engagée dans l'affaire ossianesque, elle établit un *Key Pattern Book* ; les experts de la *Society* certifient l'appartenance de tel ou tel motif à tel ou tel clan. Le roi George IV annonce une visite à Édimbourg en 1822. L'organisation des cérémonies est confiée à Scott, qui prend pour assistant le colonel Stewart of Garth. Et chaque chef de clan est convié à venir avec une petite troupe, en costume. Même le roi se met de la partie, qui participe à la compétition celtique, se glisse dans un kilt, et dans l'euphorie des toasts salue « les chefs et les clans d'Écosse. » L'opération inscrivant dans une longue tradition historique les créations plus ou moins récentes de l'industrie textile est parachevée par la découverte miraculeuse d'un manuscrit. Il s'intitule *Vestiarum Scoticum* et date du XVIe siècle. C'est du moins ce qu'indiquent ses inventeurs, les frères Allen. Ces deux jeunes gens ont des origines mystérieuses et un talent certain pour charmer de riches aristocrates. Ils défendent une thèse : le kilt écossais est un vestige du vêtement porté dans toute l'Europe médiévale et partout ailleurs disparu à la Renaissance. A l'époque où le Moyen Age est furieusement à la mode, l'idée est opportune. C'est le moment où la reine Victoria et son époux éprouvent un coup de foudre pour le domaine de Balmoral sur lequel vient d'être bâtie une splendeur néo-gothique. Ils l'achètent et en prennent possession en 1842. Le prince Albert, né Saxe-Cobourg-Gotha, insiste pour que les agrandissements et la décoration soient de style purement écossais. Le couple royal prend même des leçons de danse écossaise : ainsi commence pour la dynastie hanovrienne une durable tradition de ressourcement dans les Highlands, faite de chasses à la grouse, de marches dans la lande et de fêtes en kilt. Le whisky commence à être une boisson connue. L'Écosse est consacrée comme réduit des authentiques valeurs ancestrales du Royaume-Uni.

Alliance profonde entre l'archaïsme ostensible de la construction identitaire et la plus indéniable modernité économique et technologique : le couple royal inaugure à Londres en 1851 une *International Exhibition*, la première du genre, à la préparation de laquelle le prince Albert s'est intensément consacré. Crystal Palace est édifié pour l'occasion. Cette immense construction de verre et d'acier est une remarquable innovation technologique dont les éléments sortent des manufactures de Birmingham. Des dizaines de milliers de visiteurs se pressent chaque jour pour voir les machines gigantesques, les porcelaines de Chine, les cristaux de Bohême ou la *Medieval Court* toute en boiseries néo-gothiques créée par Pugin. C'est le début d'un calendrier serré de grandes expositions où les nations viennent montrer leurs produits les plus remarquables et leurs innovations les plus prestigieuses tout en mettant en scène leur identité sous le signe de la tradition.

Exhibitions identitaires

Paris, 1867. La section X de l'Exposition universelle est consacrée aux objets destinés à l'amélioration physique et morale des populations. On y a organisé une section de produits manufacturés « utiles et bon marché » destinés à une clientèle populaire [13]. Il est prévu de flanquer les réalisations industrielles dernier cri d'une présentation d'anciens costumes paysans. La tâche est confiée à un groupe d'artistes qui se déclarent convaincus de la disparition imminente des costumes typiques et veulent présenter « les derniers vestiges des mœurs anciennes ». On donne donc à voir des costumes français (bretons, alsaciens, auvergnats et normands) et étrangers. L'apport suédois fait grosse impression auprès des visiteurs. Car les exposants scandinaves ont eu une idée de génie : ils ont réalisé une véritable scénographie. Le long d'une galerie, ils ont disposé des niches inspirées de l'archi-

13. Pour la partie « folklorique » de l'Exposition de 1867, cf. Isabelle Collet, « Les premiers musées d'ethnographie régionale en France », dans *Muséologie et ethnologie*, Paris, Réunion des Musées nationaux, 1987, p. 68-100.

tecture médiévale norvégienne. A l'intérieur, ils ont installé des mannequins très réalistes, habillés de costumes traditionnels norvégiens et suédois. Et à l'extérieur, dans le parc de l'Exposition, ils ont monté deux reconstitutions de bâtiments ruraux : la copie d'un bâtiment de ferme suédois et celle d'un grenier norvégien, dont ils ont fait des halls d'exposition.

Paris, 1878. La section suédoise présente cette fois des dizaines de mannequins costumés, dans des reconstitutions d'intérieurs rustiques, ornés de peintures de paysages nationaux accrochés au mur. Pour l'essentiel, la muséographie ethnographique européenne des décennies suivantes est issue du modèle suédois. Et désormais les « villages nationaux » font partie des attractions principales des grandes expositions. Les salles de ferme à l'ancienne et les maisons rustiques deviennent le pendant quasi systématique des grands halls de machines. En 1893, à l'Exposition universelle de Chicago, on peut visiter un « village allemand », financé par des banquiers berlinois et des entreprises américaines. Un des clous de l'Exposition nationale de Genève, en 1896, est le Village suisse. Il est constitué de véritables chalets, démontés et réinstallés, et de bâtiments fabriqués pour la circonstance qui imitent le style montagnard. Il y a même une cascade, des animaux et des figurants en costume typique qui se livrent à la traite, à la fabrication du fromage et à des activités artisanales sous les yeux du public. Aux heures et jours prévus par le programme, ils célèbrent des fêtes et font des processions. Les visiteurs peuvent se restaurer de plats rustiques et acheter des objets traditionnels. Le succès est tel que pour l'Exposition universelle de 1900 le président de la Société des magasins du Louvre propose la réalisation d'un village français sur le même principe. Le projet n'aboutit pas, faute de financement, mais, fin de siècle oblige, on présente dans chaque groupe de l'Exposition des « musées centenaux », destinés à illustrer l'évolution des arts et techniques depuis cent ans[14]. Le « musée centenal » consacré à l'outillage agricole met en scène, dans des constructions au style vaguement médiéval, des mannequins costumés disposés en scènes campagnardes (gardian camarguais, berger landais sur échasses).

14. Cf. Isabelle Collet, « Le monde rural aux expositions universelles », dans *Muséologie et Ethnologie*, *op. cit.*

Les villages des Expositions internationales et nationales représentent des miniatures de la nation : on les constitue généralement avec des bâtiments évoquant les différentes régions [15]. Il s'agit bien évidemment de rendre l'unité profonde de la diversité. La composition n'a rien d'innocent et peut exprimer des revendications territoriales précises. En 1896 se tient à Budapest l'Exposition du Millenium hongrois, qui célèbre la conquête du territoire par les troupes d'Árpád [16]. La Hongrie est entrée dans un processus de développement industriel et urbain récent, mais intense, dans lequel la bourgeoisie juive et allemande joue un rôle prépondérant. L'Exposition, qui met l'accent sur les innovations techniques et les réalisations manufacturières, inclut aussi un « village ethnographique ». Les visiteurs pénètrent dans l'Exposition par un large portail qui reproduit, en dimensions agrandies, les portes d'entrée des villages des Székelys (Sicules). Cette population, localisée en Transylvanie orientale, a tenu depuis des siècles le rôle de paysannerie libre gardienne des frontières ; elle est supposée descendre directement des guerriers nomades d'Attila. A l'occasion de l'Exposition est jouée une opérette, *Le Garnement du village*, avec des acteurs professionnels et des amateurs, venus en train de deux villages du Sud. Ils sont censés porter leurs véritables costumes et parler leur dialecte sur scène. Le village ethnographique est composé de 12 bâtiments hongrois et de 12 bâtiments représentant les minorités nationales de la Hongrie : volonté de montrer l'unicité de l'État par-delà la diversité ethnique. Or l'année précédente avait eu lieu à Prague une grande exposition eth-

15. Le *Pueblo español*, construit pour l'Exposition internationale de Barcelone en 1929, a ceci de moderniste qu'il se présente comme une petite ville. Les bâtiments sont des copies de maisons en pierre de toute l'Espagne et de tous les styles architecturaux, avec un fort accent sur le gothique. Conservé après l'Exposition, le *Pueblo*, avec ses boutiques de néo-artisanat et ses restaurants, est aujourd'hui un centre d'attraction pour touristes et visites scolaires.

16. Pour la présentation du Millenium hongrois, cf. Tamás Hofer, « Construction of The Folk Cultural Heritage in Hungary and Rival Versions of National Identity », dans *Hungarians between « East » and « West »*, *op. cit.*

nographique tchéco-slovaque, préfigurant le futur État-nation. La ferme slovaque présentée au Millenium est tout à fait analogue à celle qu'on pouvait voir à Prague. Le conflit territorial est clair.

Musées patriotiques

Si la section suédoise de l'Exposition internationale de 1878 fournit le modèle de tous les musées ethnographiques créés en Europe dans les décennies suivantes, c'est que son concepteur a su utiliser un mode d'expression novateur et spectaculaire. Philologue de formation – il est l'auteur de publications sur la réforme de l'orthographe suédoise –, le docteur Artur Hazelius [17] a sillonné la Dalécarlie. Dans cette région isolée, supposée donc avoir le mieux conservé les traditions, il collecte des costumes et des ustensiles. En 1872, il ouvre au public sa collection d'objets ethnographiques avec un but explicite : « Utiliser les objets du patrimoine pour éveiller et stimuler les sentiments patriotiques du visiteur. » Sa collection prend en 1880 le nom de Musée nordique (*Nordiska Museet*). La présentation s'inspire d'un dispositif alors très à la mode : le diorama. Hazelius compose avec des mannequins de cire des tableaux vivants en jouant de la dramatisation des personnages, dont l'expression est figée sur un instantané. Il les place sur une scène surélevée, ouverte sur un seul côté vers le public qui dispose de sièges pour s'asseoir. La référence théâtrale est évidente. Un scénographe danois, Bernard Olsen, est particulièrement impressionné par l'exposition suédoise à Paris. Illustrateur de revues et décorateur, ce spécialiste du costume historique est de 1868 à 1885 directeur

17. Pour la présentation des musées scandinaves, cf. Marc Maure, « Nation, paysan et musée, la naissance des musées d'ethnographie dans les pays scandinaves (1870-1904) », *Terrain*, n° 20, mars 1993, p. 149-157, et Marc Maure, « Nationalisme et patrimoine en Norvège au XIXe siècle », dans *L'Europe entre Cultures et Nations* (sous la direction de Daniel Fabre), Paris, Éd. de la Maison des sciences de l'homme, Mission du Patrimoine ethnologique, « Ethnologie de la France », 1996, p. 63-76.

artistique de Tivoli, le grand parc d'attractions de Copenhague. Après sa rencontre avec Hazelius lors de l'Exposition de 1878, il décide de monter un musée national de culture populaire. Dès 1879, il se voit confier la responsabilité de la section « costumes nationaux nordiques » à l'exposition des Beaux-Arts et de l'Industrie de Copenhague. Le musée national d'Ethnographie (*Dansk Folkemuseum*) est ouvert officiellement en 1885. Simultanément, Olsen ouvre dans le même bâtiment un « Panoptikon » où les visiteurs peuvent voir des mannequins de cire représentant les célébrités nationales, mises en situation dans des scènes historiques. Les créations d'Olsen seront intégrées dans le Musée national danois en 1926.

Les inaugurations de musées nationaux d'ethnographie, après l'Exposition de 1878, se suivent selon un calendrier très serré. 1884 : ouverture au musée du Trocadéro de la Salle de France, qui fait office d'exposition de folklore national ; 1885, musée d'Ethnographie danois ; 1889 : musée des Costumes allemands et Ustensiles domestiques populaires (*Museum für deutsche Volkstrachten und Erzeugnisse des Hausgewerbes*) à Berlin ; 1894 : musée national d'Ethnographie (*Norsk folkemuseum*) à Oslo et musée de Folklore (*Museum für Volkskunde*) à Vienne ; 1895 : musée d'Ethnographie tchécoslovaque à Prague ; 1896 : Musée national à Budapest, avec une grosse section ethnographique, etc. Chaque nouvelle création sert d'argument aux folkloristes des autres nations pour convaincre autorités et mécènes de soutenir un projet patriotique de ce type. Dans le même temps sont fondées des sociétés nationales d'ethnographie, dotées de revues, qui publient des instructions de collecte et expliquent au public cultivé pourquoi et comment s'intéresser à la culture populaire. La première de ces associations est la *Folk-lore Society*, instituée à Londres en 1878.

D'où viennent les premières collections folkloriques de ces musées ? En général de dons faits par des érudits, souvent issus des « associations d'antiquaires », au sens anglais, c'est-à-dire des amateurs d'histoire. De nombreuses sociétés de ce genre (*Geschichts- und Altertumsvereine*) se sont créées en Allemagne dans les années 1830 ; elles se fédèrent en 1852. La même année est fondée à Nuremberg, haut lieu du médiéval allemand, le *Germanisches Nationalmuseum*. Il est destiné à rassembler tous les éléments du patrimoine allemand : documents historiques, tableaux de maître, collections lapidaires, objets populaires. La création d'un musée national présentant spécifiquement des costumes et ustensiles populaires – depuis 1852, les collections privées n'ont cessé de grossir – est décidée après l'Exposition de 1878 [18]. L'homme qui joue un rôle déterminant dans la fondation du musée allemand est un hygiéniste – il est à l'origine du système de canalisation de Berlin – et un militant politique. Anticlérical, antibismarckien, le docteur Rudolf Virchow a contribué à la formation du Parti du Progrès en 1861. Avec Adolf Bastian, et sous l'influence de l'Exposition de 1878, il crée en 1886 un musée d'Ethnologie (*Völkerkunde*) et lance en 1888 un Comité pour la fondation d'un musée d'Ethnographie nationale, qui ouvre en 1889. L'année suivante est fondée à Berlin une Société des études folkloriques (*Verein für Volkskunde*), qui met au point un programme de recherches et publie une revue à partir de 1891. L'Association de *Volkskunde* juive, qui a son centre à Hambourg, est fondée en 1896 [19].

A l'origine du musée français se trouve également un médecin, le docteur Ernest Hamy, créateur du musée d'Ethnographie du Trocadéro ouvert à l'issue de l'Exposition de 1878 [20]. Une section européenne, confiée au conservateur Armand Landrin, y est ouverte en 1884 : la salle française, très clairement inspirée de la scénographie suédoise, présente un intérieur breton reconstitué avec des mannequins costumés, ainsi que quelques autres costumes provinciaux (Pyrénées, Bresse, Normandie). On ignore les conditions de formation de cette collection. Le seul témoignage écrit restant

18. Cf. Martin Roth, *Heimatmuseum 1918-1945. Eine deutsche Institution im Wandel der politischen Systeme*, thèse, Université de Tübingen, 1987.

19. Pour la *Volkskunde* juive, cf. Christoph Daxelmüller, « Das Ende der jüdischen Volkskunde », dans *Volkskunde und Nationalsozialismus* (sous la direction de Helge Gerndt), Munich, Münchner Beiträge zur Volkskunde, 1987, p. 149-169.

20. Pour la création de la Salle de France et les débuts de l'ethnographie française, cf. Nélia Dias, *La Fondation du musée d'Ethnographie du Trocadéro (1878-1900)*, thèse, Paris, EHESS, 1985.

porte sur un costume de la montagne Noire fabriqué spécialement pour le musée par un vieux tailleur qui a refait de mémoire l'« habit traditionnel », le collecteur local n'arrivant pas à trouver de pièce ancienne [21]. Deux ans plus tard est fondée la Société des traditions populaires qui a pour animateur principal Paul Sébillot, peintre de marines et grand spécialiste de folklore breton. Sébillot et Landrin publient en 1896 des *Instructions sommaires relatives aux collections provinciales d'objets ethnographiques*. Comme en Allemagne, des créations de musées folkloriques régionaux suivent rapidement. Le plus célèbre étant le Museon Arlaten, fondé par Frédéric Mistral et ouvert en 1896.

En 1881, à l'Exposition industrielle de Milan, le médecin palermitain Giuseppe Pitrè présente une collection de « costumes et ustensiles siciliens ». Fondateur de la revue *Archivio per lo studio delle tradizioni popolari*, Pitrè lance également en 1894 la série *Bibliographia delle tradizioni popolari d'Italia*. D'autres initiatives régionales sont prises dans les grandes expositions nationales. La *Società nazionale delle tradizioni popolare* est fondée en 1893 par l'aristocrate florentin Angelo De Gubernatis, un des organisateurs des fêtes de Dante. L'Association publie une revue du même nom. Mais la réalisation des projets de musée ethnographique italien tarde. Un musée anthropologique est ouvert en 1906 à Florence par l'ethnologue Lamberto Loria et le paléontologue Aldobrandino Mochi. A l'occasion de l'Exposition de 1911 qui est organisée pour célébrer le Cinquantenaire de l'Unité italienne, des collectes folkloriques sont faites par toute l'Italie. L'ouverture prochaine d'un musée national des Arts et Traditions populaires est prévue. Mais de nouveaux délais, puis la guerre font ajourner le projet. En fait, la complexité des rapports italiens entre nation et régions, la rivalité entre Rome et Florence comme capitales culturelles, retardent longtemps la création d'un musée national qui n'est inaugurée à Rome qu'après la Seconde Guerre mondiale alors que des musées folkloriques

21. Cf. Francis Maguet et Anne Tricaud, *Parler province, des images, des costumes*, catalogue d'exposition au musée national des Arts et Traditions populaires, Paris, Réunion des Musées nationaux, 1994, p. 40-41.

régionaux sont constitués dès le début du siècle. Celui de Palerme est ouvert par Pitrè en 1910.

En Espagne, plus encore, l'intensité des activités folkloriques régionales contraste avec le rôle mineur de l'organisation centrale. Dès 1881, Machado y Álvarez crée la revue *El Folk-lore Español* et y publie des principes d'organisation d'une association qui suivent fidèlement le modèle de la *Folklore Society* londonienne, fondée trois ans plus tôt. Mais le projet donne plutôt naissance à un riche ensemble de revues et d'associations régionales : en 1883 pour la Castille et 1884 pour la région de Rioja, le Pays Basque-Navarre, l'Andalousie, la Galice. La même année est publié un *Projet de questionnaire du folklore canarien*. Une section folkloriste est instituée au sein de la très active Association des excursionnistes catalans. Publications, collectes et créations de musées, durant les décennies suivantes, se poursuivent dans le cadre régional. C'est en 1940 qu'est constitué le musée national d'Ethnologie [22].

Peu après le *Nordiska Museet*, Hazelius a ouvert son complément : un musée de plein air, installé à Skansen, qui est inauguré en 1891. Le musée de Skansen est composé de bâtiments venus des différentes parties du pays, démontés et remontés de façon à former un village. Les guides du musée sont vêtus de costumes populaires typiques des provinces suédoises. L'idée s'inspire de l'initiative lancée par la « Société norvégienne pour la préservation des monuments anciens », créée en 1841, qui s'occupe de l'architecture médiévale et qui poursuit un but patriotique : « La constitution d'un musée historique célébrant la renaissance de l'indépendance norvégienne sous le règne de la dynastie actuelle. » Sous l'influence de cette société, le roi Oscar II a fait installer en 1881 à Oslo, sur la presqu'île de Bygdoy, une collection de bâtiments venus de toute la Norvège. Les pays nordiques, parce qu'ils utilisent le bois comme matériau de construction, ont l'expérience du démontage et remontage de bâtiments. Le romantique roi de

22. Pour la formation de l'ethnographie espagnole, cf. Angel Aguirre, *La Antropología Cultural en España*, Barcelone, PPU, 1986, p. 18-50.

Prusse a même acheté en 1841 une église médiévale norvégienne pour l'installer dans un parc royal à Potsdam. L'opération est plus aisée que le transfert d'un cloître roman. Alors que le modèle scandinave du musée ethnographique est très largement imité par toute l'Europe, le principe du musée de plein air, pourtant tout aussi admiré, est beaucoup moins souvent repris. Les difficultés du transport de bâtiments de pierre en sont certainement une raison. En 1901, le Danois Olsen ouvre un *Frilandsmuseet* dans un site proche de Copenhague : il sert de référence pour l'élaboration du musée de plein air d'Arnhem aux Pays-Bas, ouvert en 1912. Les expériences scandinaves inspirent plus tardivement le musée du Village de Bucarest. Allemands et Français, en revanche, ne réaliseront jamais de musées de plein air, alors même que leurs intellectuels en signalent régulièrement l'intérêt. Karl Liebknecht lui-même salue la valeur éducative du musée Skansen et souhaite qu'on construise un *Freilichtmuseum* de ce type à Berlin. Le projet semble en bonne voie en 1930, avec une localisation sur les bords du lac de Grunewald. La même année, l'historien français Marc Bloch, de retour d'une mission en Scandinavie, dit toute son admiration pour les musées de plein air qui lui apparaissent comme autant de représentations matérielles d'une histoire mentale, sociale et technique [23]. Et il déplore que les musées folkloriques français aient un caractère trop urbains. Certes, dit-il, il y aurait quelque utopie « à prétendre transplanter, tels quels, chez nous, ces musées rustiques ; ils sont fils du sol et de l'âme nationale ». Mais il suggère qu'à défaut d'imitation directe il soit procédé à une transposition « de l'exemple nordique ». Le projet d'un musée de plein air français est très sérieusement envisagé durant la dernière décennie avant la Seconde Guerre mondiale, avec pour localisation le parc du château de Chambord. Mais en France et en Allemagne, comme dans bien d'autres pays européens, le modèle du musée de plein air ne sera jamais repris que sous la forme des villages ethnographiques des Expositions, jusqu'à

23. Marc Bloch, « Musées, expositions, iconographie économique », *Annales d'histoire économique et sociale*, 1930, vol. 2, n° 6. Cet article de Marc Bloch est reproduit en annexe de l'article cité de Marc Maure dans *Terrain*.

l'invention de la notion d'écomusée qui garde certains principes du musée de plein air (bâtiment authentique, reconstitution d'activités traditionnelles), mais sans déplacement de constructions.

Tous les fondateurs de musées d'ethnographie nationale, de la fin du XIXe siècle jusqu'à l'entre-deux-guerres, répètent à satiété qu'ils se consacrent à une entreprise patriotique de la plus haute importance méritant le soutien des autorités – si la nation a son autonomie politique – ou, sinon, des individus conscients de leurs devoirs. Cela n'apparaît nullement comme contradictoire avec la reprise d'un même modèle et avec l'institutionnalisation des échanges d'informations en la matière. Dès 1889 a lieu à Paris un Congrès international des Traditions populaires. On y insiste, évidemment, sur l'urgence qu'il y a à collecter objets et traditions promis à une imminente disparition. Mais un thème nouveau est abordé : la formation d'un marché des objets ethnographiques, désormais affectés d'une valeur commerciale.

Les musées ethnographiques ont en effet une triple fonction. Leur forte charge identitaire est destinée à exalter le sentiment patriotique. Leurs collections doivent rassembler les matériaux nécessaires à une étude scientifique de la civilisation matérielle traditionnelle. Mais ils ont aussi, très explicitement, une finalité pratique : fournir aux artistes et aux artisans des modèles et des motifs pour nourrir la création moderne. Car l'expansion de la production industrielle a fait naître une nouvelle notion : l'art populaire.

L'Art national

L'un des principaux enjeux des grandes expositions est le rapport entre art et industrie ou, plus précisément, la conception d'arts appliqués correspondant à l'âge industriel. La valorisation de l'artisanat est en fait indissolublement liée au développement de la production manufacturée. La fabrication mécanisée abaisse les coûts, augmente les quantités et ouvre de nouveaux marchés. Mais il faut proposer des modèles pour les matériaux manufacturés et les objets dans lesquels ils sont transformés. La nécessité d'une association entre art et production industrielle est posée très explicitement en Angleterre dès les années 1830 et un *Select Committee of Arts and Manufactures* est constitué officiellement. Le Comité fera ouvrir des écoles formant des spécialistes capables de concevoir des produits industriels à valeur artistique. Le projet de l'Exposition internationale de Londres s'inscrit dans la même perspective, en y ajoutant une autre préoccupation, à la fois sociale et commerciale : éduquer le goût du public acheteur des nouveaux biens de consommation. Cette volonté d'une pédagogie de masse pour l'apprentissage esthétique donne lieu l'année suivante à l'ouverture d'un musée dirigé par Henry Cole, l'un des plus importants responsables de l'Exposition. Homme polyvalent, aquarelliste de formation, Henry Cole a pris fait et cause pour le développement de l'industrie par les arts. Il s'occupe accessoirement d'embaucher un peintre pour la conception du premier timbre-poste [24], de demander à un autre d'illustrer une carte de vœux (inventant ainsi une fort durable tradition) et se consacre quelque temps à standardiser l'écartement des rails de chemins de fer. Cinq ans après sa création, le musée dirigé par Cole est installé à South Kensington, qui lui donne son nom ; transféré en 1899 dans un nouveau bâtiment, il devient le *Victoria and Albert Museum* [25]. La présentation d'objets artistiques du monde entier doit aider le public à affiner son sens esthétique ; des contre-exemples sont d'ailleurs fournis pour indiquer les erreurs à ne pas commettre. Des salles sont prévues pour des conférences didactiques, de même que des bibliothèques et des emplacements

24. C'est le peintre William Wyron qui dessine le tout premier timbre-poste, le « Penny Black », qui coûte un penny et est mis en vente en 1839.

25. Pour l'histoire du musée, cf. *A Grand Design. The Art of the Victoria and Albert Museum* (sous la direction de Malcolm Baker et Brenda Richardson), Baltimore, The Baltimore Museum of Art and The Board of Trustees of the Victoria and Albert Museum, 1997, catalogue de l'exposition « A Grand Design » itinérante entre Baltimore, 1997, et Londres, 2000.

permettant aux artistes d'étudier en toute tranquillité les modèles. La création du musée londonien, on s'en doute, a été remarquée et a suscité des imitations sur le continent. En 1862, à l'occasion d'une nouvelle Exposition internationale à Londres, le gouvernement autrichien envoie en mission un professeur d'histoire de l'art, Rudolf von Eitelberg. Quelques années plus tard, le musée autrichien d'Art et d'Industrie (*Österreischiches Museum für Kunst und Industrie*) ouvre à Vienne. Le musée des Arts appliqués d'Oslo ouvre en 1876, celui de Copenhague en 1890. En l'absence de bâtiment spécifique, des sections d'art appliqué ou d'art industriel sont créées dans des musées de la plupart des capitales européennes.

Si les premières collections des musées ethnographiques sont constituées essentiellement de vêtements et d'objets domestiques, c'est qu'il s'agit là d'un des secteurs où la production industrielle, par une offre immense et un abaissement sensible des coûts, modifie le plus nettement les pratiques de consommation. A partir du moment où l'industrie fournit massivement des produits bon marché accessibles à la clientèle populaire, les objets artisanaux, concurrencés en termes de coût, changent de statut et sont investis d'une valeur esthétique. Dès lors que les usines textiles produisent en abondance de nouvelles étoffes, les tissus et lainages populaires « traditionnels » ne sont plus utilisés par nécessité : leur usage relève d'une manifestation de distinction sociale. Et les produits du travail artisanal se voient créditer une valeur ajoutée tant éthique qu'csthétique. De là des entreprises qui veulent créer un art décoratif moderne dans l'esprit de la tradition artisanale.

En 1861, le peintre anglais William Morris fonde avec quelques amis une entreprise de décoration. Morris, né dans une riche famille de propriétaires miniers, s'est lié durant ses années d'études à Oxford avec les peintres préraphaélites [26]. Très influencé par les œuvres de Ruskin, il travaille d'abord avec un architecte et se passionne pour le gothique, avant de

26. Cf. *William Morris* (sous la direction de Linda Parry), Londres, Philip Wilson Publishers, catalogue de l'exposition « William Morris, 1834-1896 », Londres, Victoria and Albert Museum, mai-septembre 1996.

se tourner vers la peinture. En 1860, il s'installe dans la demeure qu'il a fait construire : non pas un château, mais une maison d'inspiration médiévale. Avec l'aide de ses amis préraphaélites, il conçoit un aménagement intérieur dont les moindres détails doivent concourir à l'harmonie de l'ensemble. Papiers peints, céramiques, vitraux, meubles : tout a été exécuté par des artisans sélectionnés, d'après les dessins de Morris et de ses amis. Après l'achèvement de *Red House*, les amis deviennent associés et proposent sur le marché leurs nouveaux savoir-faire. Les peintres Rossetti, Brown et Burne-Jones, le mathématicien Charles Faulkner, l'ingénieur Peter Marshall, l'architecte Philip Webb, sous l'égide de Morris, forment l'équipe. L'objectif annoncé est de proposer au public des éléments de décoration beaux, fonctionnels et bon marché. Le tout dans une perspective éthique et sociale. Contre l'asservissement humain par le travail industriel, Morris exalte la figure de l'artisan libre et créateur. Les tentures, les vitres, les meubles proposés par Morris et ses associés se vendent fort bien et donnent le ton dans les milieux chic. Quinze ans plus tard, Morris, qui s'est séparé de ses associés, est le décorateur le plus couru de Londres. Son influence, consacrée par la création, à l'initiative de l'architecte C. R. Ashbee, de l'*Arts and Crafts Exhibition Society* en 1888, gagne les États-Unis et le continent. L'esthétique préraphaélite, appliquée à une fabrication artisanale qui associe explicitement fonctionnalité et ornementation naturelle, valorise l'arabesque, la ligne courbe. En terme de motifs : femmes et fleurs. De la diffusion de l'esthétique *Arts and Crafts* naîtra l'Art nouveau. Pour Morris, comme pour Ruskin, le renouveau esthétique nourri de références médiévales, qui valorise le travail artisanal et vise à une harmonie du cadre de vie, est étroitement lié à une prise de position politique contre les stigmates de l'âge industriel. Ruskin ne se contente pas de réclamer un système d'éducation gratuite, des retraites, des logements sains et bon marché, des espaces verts dans les villes et de consacrer sa fortune à la fondation d'une coopérative d'aide aux pauvres. Il dénonce avec virulence par des publications et des conférences le machinisme, le capitalisme, l'asservissement de l'ouvrier et exalte la force spirituelle de l'art et de la force créatrice tels qu'ils ont existé, selon lui, au Moyen Age. Le socialisme utopique de Ruskin suscite contre lui de violentes passions. Comme lui, Morris dénonce la société industrielle contemporaine et multiplie les conférences dans les cercles industriels et ouvriers. Sa première prise de position politique est un manifeste de 1877 destiné *Aux travailleurs anglais*, qui les appelle à se dresser contre les Tories et dénonce une politique qui, défendant les seuls intérêts de classe des possédants, soutient les Turcs contre la lutte de libération nationale bulgare. Quelques années plus tard, après avoir découvert *Le Capital* de Marx [27], Morris rejoint le mouvement socialiste et est l'un des corédacteurs du Manifeste de la *Socialist League*. Il participe activement à une manifestation brutalement réprimée par les forces de l'ordre, le *Bloody Sunday* de novembre 1887. A sa mort, le *comrade Morris* sera salué comme un éminent militant du socialisme anglais.

Que l'innovation esthétique, la valorisation de la tradition et la critique de la société moderne, encore une fois, viennent du Royaume-Uni, n'est pas pour surprendre. Du pays le plus tôt engagé dans l'industrialisation et la modernité économique, et donc le plus précocement confronté aux bouleversements sociaux qui en découlent, viennent les premières réponses aux nouveaux problèmes, tant en matière d'accompagnement de l'invention technologique que de critique sociale et politique contre le versant négatif du changement. Rien d'étonnant donc à ce que le même pays ait inventé l'épopée barbare et la locomotive, le roman historique et les gigantesques filatures, l'artisanat décoratif et le métropolitain.

L'introduction sur le continent de l'esthétique *Arts and Crafts* entraîne la formation de ce que l'on appelle l'« art rustique national ». La fabrication artisanale de textile ou de mobilier, concurrencée économiquement par la production industrielle, devient, après un travail d'adaptation guidé par des artistes, une production valorisée pour des consommateurs urbains aisés. Expositions internationales, musées eth-

27. Morris avait lu *Le Capital* dans l'édition française faite par Maurice Lachâtre entre 1872 et 1875. Il fit relier son exemplaire, surabondamment annoté, par l'artiste socialiste Thomas Cobden-Sanderson qui réalisa une élégante couverture de cuir vert à feuillage doré.

nographiques et arts nationaux participent donc de la même relation dialectique entre industrie et création. Les projets de musée français des Traditions populaires, discutés à partir de 1889, prévoient notamment qu'une des missions de l'institution sera de fournir une source d'inspiration pour l'industrie française. Comme le développement de l'artisanat traditionnel rénové est supposé apporter aux paysans pauvres – aux femmes surtout – les moyens d'une vie décente et mettre un frein à l'exode rural, à la délinquance et à la prostitution, les dames de la haute société apportent souvent leur patronage aux entreprises de production et de commercialisation spécialisées.

En 1864, quelques années avant sa reconnaissance officielle comme État, la Roumanie est déjà pourvue des institutions culturelles primordiales d'une nation : université, bibliothèque nationale, pinacothèque, et musée national. Dès 1874, par dons privés, ce musée reçoit une collection de costumes populaires typiques[28] puis une série de poupées revêtues de ces costumes. La Roumanie présente dans toutes les grandes expositions internationales des costumes et des ustensiles domestiques populaires. En 1906, la partie folklorique du musée devient autonome et elle est confiée à un jeune conservateur formé en France et en Allemagne. Désignée sous le nom de « musée d'Ethnographie, d'Art national, d'Art décoratif et industriel », l'institution a notamment pour tâche d'offrir une documentation aux professionnels formés par l'École d'art national. Parallèlement à la constitution du musée ethnographique national roumain, des folkloristes publient des albums richement illustrés de tissus, d'ustensiles ou de mobilier. Ils constituent des séries d'objets « typiquement nationaux », qui servent de modèles pour le néo-artisanat. Des associations philanthropico-esthétiques s'occupent d'encadrer les artisans ruraux et de leur faire comprendre l'intérêt d'une production adaptée à un nouveau marché et normalisée en

28. Pour la présentation de l'art national roumain, cf. Iona Popescu, « L'art national chez les Roumains », *Ethnologie française*, juill.-septembre 1995, *România. Constructions d'une nation*, p. 394-411.

fonction des attentes de sa clientèle. Dans les premières années du siècle est créée sous l'égide de la reine de Roumanie la Société *Furnica* (Fourmi), qui doit donner « une impulsion pour le travail artistique des villages » et aider les femmes à gagner honnêtement leur vie en restant à la campagne. La Société a un magasin dans la capitale pour commercialiser des textiles et des objets fabriqués dans les villages. Peu après est formée la Société *Domnitsa Maria* qui organise des ateliers de tapis et de poterie et des concours de création nationale. La Société *Arta Romaneasca*, constituée dans l'entre-deux-guerres et patronnée par des « personnes au goût sûr, informées sur les anciennes traditions », est la dernière d'une longue série d'associations aux objectifs caritatifs, économiques et nationaux. Ces associations font connaître « l'art roumain » au niveau international, tout en introduisant de radicales modifications dans la production originelle. Les motifs attachés à un type précis d'objet sont souvent passés sur les autres : ceux des tapis d'Olténie se retrouvent sur les œufs de Pâques, ceux des broderies sont utilisés pour les meubles. La ligue nationale des femmes de Gorj, dirigée par Aretia Tatarescu, se spécialise dans les tapis et les fait évoluer vers la tapisserie : raffinement croissant des coloris, travail de plus en plus soigné des bordures qui ressemblent à des cadres de tableaux. Aretia Tatarescu dans les années 1930 ajuste la production à un marché très particulier : celui des salles d'exposition et des pièces d'apparat. Le tapis « traditionnel » d'Olténic qu'elle fait fabriquer pour l'Exposition de New York de 1939 ne mesure pas moins de 18 mètres par 24.

L'artisanat national destiné au marché de luxe international est un apport majeur de capital symbolique pour les pays peu industrialisés : ne pouvant mettre en avant puissance ou innovation, ils transforment leur retard en archaïsme authentique et donc prestigieux. En Grèce, ce sont les étrangers, diplomates ou archéologues, qui les premiers collectionnent des costumes ou des bijoux populaires et lancent une mode reprise par la bourgeoisie locale [29]. Les femmes de la bonne

29. Cf. Stelios Papadopoulos, « La découverte muséologique du paysan en Grèce », dans *Paysans et Nations d'Europe centrale et balkanique*, *op. cit.*, p. 87-93.

société athénienne commandent leur portrait, pictural ou photographique, en costume typique ; elles décorent leurs intérieurs d'objets inspirés de l'artisanat, brodent ou tissent d'après les motifs traditionnels. Dans les fêtes philanthropiques, leurs filles s'adonnent à des danses folkloriques. Elles créent des œuvres qui gèrent des ateliers et des écoles artisanales. Les paysannes pauvres, les orphelines, plus tard les réfugiées, offrent une main-d'œuvre bon marché. En 1911 est fondé le « Lycée des femmes grecques » qui est voué à « la culture du sentiment artistique et musical, la collection dans toute la Grèce des costumes nationaux et leur conservation soit par l'organisation de fêtes, soit par la publication d'albums ». La mise au point de l'artisanat traditionnel dans le cadre de ces œuvres caritatives féminines est ensuite confirmée par la muséographie ethnographique : c'est d'ailleurs une femme, Anna Apostolaki qui est le premier directeur du musée des Objets artisanaux créé à Athènes.

Là où existe déjà un milieu artistique dense et au fait des grandes tendances internationales, c'est plutôt parmi la jeune avant-garde que surgissent les découvreurs d'art populaire. Les régions retenues comme foyers privilégiés de l'art national se caractérisent par un archaïsme pittoresque mais exempt de grande misère. Les terres latifundiaires et leurs masses d'ouvriers agricoles ne risquent guère de devenir lieux de pèlerinage pour citadins en quête d'authenticité. En Hongrie, c'est aux environs de Kolozsvár (Cluj), en Transylvanie, que l'intelligentsia déclare retrouver les formes les plus anciennes et les mieux préservées de l'esthétique populaire nationale. Certains artistes s'occupent d'encadrer la production rurale, de l'adapter pour la clientèle urbaine et de commercialiser les objets, broderies, meubles ou textiles[30]. Lors d'une de ses premières recherches de terrain en Transylvanie, Bartók passera commande de tout un mobilier peint pour son appartement de Budapest. Le goût citadin détermine de plus en plus précisément la production traditionnelle : les broderies initialement utilisées pour les chemises deviennent polychromes et sont appliquées aux coussins, qui se vendent mieux. En Suède,

30. Cf. Zador Tordai, « Les métamorphoses du folklore : quelques repères pour une compréhension », *ibid.*, p. 19-33.

c'est la province de Dalécarlie, mise à l'honneur au *Nordiska Museet*, qui est érigée en emblème de la tradition rustique nationale. Quant à la Bretagne, lieu de séjour obligé pour les peintres, elle sert pour la France de réserve parfaite de motifs traditionnels en matière de mobilier, de broderie ou de faïence.

Le marché du néo-artisanat, en se développant, se structure, depuis les productions très standardisées destinées à la petite bourgeoisie nationale, jusqu'aux produits à haute valeur distinctive qui concernent un public fortuné international. La brochure de présentation de *L'Art paysan polonais*, publiée dans les années 1930, indique clairement cette destination par le choix des langues de rédaction : polonais, mais aussi français, anglais et allemand[31]. L'esprit *Arts and Crafts*, évoqué dans le titre même de ce catalogue international de vente, est longuement exposé dans la préface :

> Notre époque du machinisme, de la production de masse et de la division du travail, qui transforme l'ouvrier en un automate réduit à exécuter toujours la même fonction, détermine chez l'homme moderne une nostalgie de la création libre, individuelle, telle qu'elle s'exprime dans l'industrie populaire. Ici la main sensible de l'homme travaille la matière fournie par l'animal ou la plante qu'il a élevés lui-même [...]. Ici on sent d'une manière presque palpable la liaison créatrice de l'homme à la terre, qui trouve son expression artistique dans le tissu, la broderie, la céramique, la sculpture, etc. Sans hâte, avec amour et application, au cours des longs mois d'hiver, le paysan artiste s'adonne à son œuvre, en recréant le vieil art traditionnel de la contrée. Dans son travail se reflètent le pittoresque, les usages et la mentalité de la région.

La brochure précise bien un peu plus loin que l'inspiration surgie de la nature a été revue et corrigée par un artiste (un décorateur s'est chargé de porter à un haut niveau esthétique le kilim polonais en inventant une nouvelle technique de tis-

31. *L'Art paysan en Pologne, Peasant Arts and Crafts in Poland*, catalogue des articles mis en vente aux bazars de l'industrie populaire, Varsovie, Éd. de la Société pour l'encouragement de l'industrie populaire, s.d.

sage et de coloration)[32]. Qu'importe : acheter de l'artisanat populaire, c'est avant tout acquérir un riche supplément d'âme, la valeur ajoutée de la terre et de la tradition. Leitmotiv de toutes ces entreprises commerciales, qui prennent soin de préciser aux acheteurs urbains et aisés toute la série des éléments identitaires qui font le prix du produit et en justifient l'acquisition. La diffusion de cet artisanat rustique de luxe passe par des réseaux similaires à ceux qui concernent les objets de prestige et les œuvres d'art, c'est-à-dire des commerces et des revues spécialisées. La revue anglaise d'art décoratif *Le Studio* édite de 1910 à 1912 une série de numéros spéciaux sur « l'art rustique » des différentes nations européennes. Or *Le Studio*, qui a été fondé en 1893 et a des bureaux à Londres, New York et Paris, est l'un des principaux médiateurs de l'Art nouveau. C'est à travers cette revue qu'ont été mis en relation les prototypes de l'Écossais Charles Mackintosh en matière de mobilier et les créations de la Sécession viennoise. A ses lecteurs et lectrices soucieux d'art décoratif international, *Le Studio* livre tout le savoir nécessaire sur les arts rustiques nationaux. Une iconographie abondante et luxueuse, partiellement en couleurs, permet une connaissance visuelle précise des objets et de leur décor. Le numéro consacré aux pays nordiques s'ouvre par une page publicitaire, illustrée d'une photographie, sur le magasin *Bikupan* de Stockholm[33]. Elle indique que l'Association *Bikupan* (la Ruche) est patronnée par la reine et s'occupe de commercialiser l'artisanat confectionné par les femmes pauvres de la campagne : broderies, dentelles suédoises, authentiques costumes nationaux et poupées costumées, bois peints et sculptés. La revue est illustrée de nombreuses photographies, souvent fournies par le Touring Club de Suède : paysans en costumes pittoresques – culottes courtes pour les hommes, jupes abondamment brodées pour les femmes –, scènes de genre composées selon des modèles picturaux, et

32. La même brochure précise que les tissus décoratifs et artistiques ont des ornements bicolores plus compliqués que les ornements populaires Radiuschki « dont ils s'inspirent ».

33. *Le Studio*, automne 1910, numéro spécial, *L'Art rustique en Suède, Laponie et Islande*.

objets typiques de l'artisanat traditionnel soigneusement rapportés à une région précise. L'article de fond livre l'arrière-plan identitaire qui confère à ces représentations paysannes une haute valeur culturelle. A commencer par la tradition suédoise dans son double passé : le temps des grands ancêtres Vikings et l'« autrefois » indéterminé de la civilisation paysanne.

> L'art rustique suédois, dont les origines remontent jusqu'aux temps légendaires des Vikings [a] dans son développement ultérieur conservé ses anciens caractères tout en subissant l'influence du changement des styles avec les époques. [...] Lorsqu'à la suite du mouvement créé par Ruskin et Morris la culture des arts domestiques fut devenue un important facteur du développement de l'art moderne, elle trouva en Scandinavie un terrain fertile. Là, le lien avec l'art rustique primitif, qui caractérise si bien le pays, n'avait jamais été entièrement rompu. Dans les ateliers de tissage des villages survivait un art acquis par de lointains héritages : dans les chaumières, les dentellières, les couturières et les brodeuses suivaient encore de vieux modèles qui avaient été transmis de mère en fille pendant bien des générations [34].

Précieuse tradition, transmise imperturbablement à travers les siècles, les guerres et les famines, mais qui était évidemment sur le point de disparaître à tout jamais au moment où elle a commencé à susciter l'intérêt. Aux élégantes de la Belle Époque, le rédacteur de l'article raconte le fabuleux voyage des aventuriers de la Tradition perdue, le docteur Hazelius et ses assistants :

> Lorsque, vers 1830, Hazelius assuma la tâche de sauver du néant et de l'oubli les restes de la vie et des coutumes du passé, c'était le dernier moment. Dix ou vingt ans plus tard, il eût été trop tard. Un de ses premiers collaborateurs qui fut envoyé en exploration, comme on pourrait dire, affirme, à propos d'un de ses voyages à travers le Smaland, qu'à cette époque encore le pays offrait un tableau de l'ancien temps ; on pouvait y voir ces chaumières avec le plafond ouvert jusqu'au comble, et quantité de maisons au toit bas, avec tout

34. Sten Granlund, « Suède », *ibid.*, p. 29.

> leur attirail antique de tapisseries, tentures de plafond et ustensiles domestiques. Il y avait si peu de temps qu'on venait d'abandonner les costumes locaux qu'on pouvait s'en procurer de complets sans difficulté. C'était un véritable plaisir, dit-il, que d'aller, le sac au dos et le bâton à la main, de chaumière en chaumière demander de vieilles choses. Jamais les paysans ne songeaient à refuser ces vieilleries, mais ils paraissaient fort étonnés de voir que des gens sensés et de jeunes messieurs sortis de l'Université pussent se consacrer à quelque chose d'aussi absurde que d'errer à travers la campagne et de dépenser leur argent pour pareille marchandise.

Ce récit sur le sauvetage en 1830 d'une tradition qui aurait été irrémédiablement perdue dix ans plus tard est d'autant plus savoureux qu'Hazelius est né en 1833...

L'article consacré à l'Islande récite avec non moins d'application une série de référents identitaires nationaux : l'*Ultima Thule* antique, une population farouchement indépendante, une république originelle, une nature sauvage, des sagas, une constitution arrachée au conquérant danois et une haute culture. Les lectrices de la revue apprennent que les Islandais ne peuvent rivaliser avec les Norvégiens en matière d'architecture, mais qu'ils ont une grande maîtrise de l'ornementation romane et gothique. Quant à la broderie féminine islandaise, abondamment reproduite par les photographies, elle renvoie tout droit à la plus connue des sagas : après la mort de Sigurd, Grimhildr a offert à Gudrun un trésor parmi lequel figuraient de jeunes brodeuses [35]...

Le numéro du *Studio* portant sur la Russie, l'Ukraine et la Pologne orientale est dirigé par des femmes de la plus haute aristocratie russe, qui ne manquent pas de souligner la revitalisation contemporaine de l'art national :

> Les formes originales et la beauté de l'ornementation russe ont enfin attiré l'attention et l'intérêt de l'Europe ; en même temps en Russie, il se dessine une tendance très vive à ressaisir l'art national si longtemps délaissé et dominé par l'imitation des arts occidentaux. Depuis les derniers quinze à vingt ans, on voit naître une nouvelle activité qui s'efforce

35. Cf. Jarno Jessen, « Islande », *ibid.*, p. 45-49.

> de ressusciter les anciennes industries rurales dans les villages où les paysans conservent encore les notions et même la pratique de ces arts, et il en résulte une nouvelle branche du commerce, qui devient chaque année de plus en plus importante [36].

La très copieuse livraison présentant l'art rustique en Autriche-Hongrie est riche en publicités pour les associations spécialisées : *Central Society of Moravia for Peasant Art Industry*, *Industrial Art Productions and Textiles Fabrics of Bosnia and Herzegovina*, *Society for the Furtherance of Lace-making in Austria*, *National Association of Home Industries*, *National Association of Hungarian Home Industries*, les deux dernières étant placées respectivement sous le patronage des archiduchesses Maria Josefa et Isabella. Les directeurs des différents musées ethnographiques de la Double Monarchie, de Zakopane à Kolozvar, sont chaleureusement remerciés pour leur aide. L'accent est mis tour à tour sur la richesse multiculturelle d'un Empire unifié qui entretient officiellement sa diversité et sur les différences radicales entre les nationalités ou races (ce sont les deux termes employés) de cet assemblage. Les points de vue, on s'en doute, divergent selon l'origine des rédacteurs.

> L'art populaire de Bosnie et d'Herzégovine a un caractère essentiellement oriental. [...] Une des premières tâches qu'assuma le gouvernement autrichien, lorsqu'il eut occupé ces provinces, ce fut de faire revivre les industries locales. Pour cela, il fonda des écoles de travail des métaux, de broderie, de tissage de la soie, de la toile, et des tapis. [...] Le Musée national de Sarajevo fut fondé, et la collection qui y a été réunie est fort complète. Il est utile de savoir combien de tels musées sont appréciés dans toute l'Autriche-Hongrie, car on en a partout reconnu l'importance pour l'étude des peuples mêmes et de leur manière de vivre [37].

36. Princesse Alexandre Sidamon-Eriskoff et N. de Chabelskoï, « L'art rustique en Grande-Russie », *Le Studio*, automne 1912, numéro spécial, *L'Art rustique en Russie*, p. 11.

37. A.S. Levetus, « L'Autriche », *Le Studio*, automne 1911, numéro spécial, *L'Art rustique en Autriche et en Hongrie*, p. 13.

Les spécialistes requis pour le numéro reconnaissent que l'art de la broderie n'est pas toujours de la plus grande ancienneté, mais ils établissent une quasi-synonymie entre « ancien » et « national » :

> La broderie rustique des Tchéco-Slaves [*sic*] a atteint son plus haut degré à une époque relativement récente ; on peut considérer les XVIIIe et XIXe siècles, et surtout la première moitié de ce dernier, comme la période où, sous de puissantes influences étrangères (allemande et italienne surtout), se développa la diversité, comme technique et comme ornementation, de cette catégorie de l'art rustique. [...] Les productions les plus anciennes et les plus nationales sont toujours des objets de ménage : draps de lit, serviettes, couvre-pieds, etc., tandis que les articles de toilette, qui sont sujets à plus de déplacements dans leur emploi et à de plus fréquents changements, sont plus récents et plus variés, même comme décoration. Certaines pièces du costume, d'un usage plus intime et plus permanent, telles que la coiffe, le corsage et le fichu de tête, appartiennent aux vieux objets nationaux [38].

Le chapitre hongrois insiste de manière répétitive sur l'originalité d'une nation non indo-européenne et donc constamment créditée de traits culturels orientaux qui doivent arrêter le regard du peintre ou du photographe :

> La particularité la plus intéressante des Matyos, c'est leur costume. A Pâques, ou à quelque autre grande fête, lorsqu'ils sont réunis par centaines, souvent par milliers devant leur église, sur la principale place de Mezö-kövesd, on se croirait véritablement transporté loin, bien loin de l'Europe, au milieu de la Perse ou du Caucase : des couleurs, d'une variété infinie, étincellent et papillotent de ci de là. [...] Tous, parés de ces couleurs voltigeantes, ils entrent en file solennelle à l'église, à l'intérieur de laquelle, mystérieusement illuminée, le charme du spectacle et le luxe de ces costumes s'accentuent à l'extrême. Il est rare que l'œil d'un artiste moderne tombe sur un spectacle aussi magnifique [39].

38. Dr. Michaël Haberlandt, directeur du Musée ethnographique de Vienne, « L'art rustique en Autriche », *ibid.*, p. 17.

39. Aladar Kriesch-Körösföi, « L'art rustique en Hongrie », *ibid.*, p. 39.

L'article énumère en fait avec conviction tous les éléments de la liste identitaire magyare anciennement ou récemment établis : la parenté – qui dans le cours de l'article glisse à la filiation directe – avec les Huns d'Attila, le paysage de la Grande Plaine et la beauté sublime des troupeaux de chevaux galopant devant leurs gardiens, le costume spécifique (le lecteur apprend qu'au temps des Francs les Hongrois – Européens résolument originaux – portaient déjà des pantalons), les portails d'allure tout à fait orientale des Sicules et le « pays magique » de Kalotaszeg, vivant musée de la nation. L'abondante iconographie ajoute aux broderies, meubles sculptés, costumes et maisons typiques auxquels le lecteur pouvait s'attendre les poteaux funéraires sculptés du district de Kalotaszeg. Ces étranges mémoriaux prendront, à la fin du régime communiste, valeur de symboles patriotiques : on en plantera dès 1990 dans l'ancienne zone interdite du cimetière de Budapest, là où furent enterrées dans une fosse commune les victimes de la répression de 1956.

De l'épopée au timbre-poste

La conception de l'art décoratif national officiel est une affaire d'importance, y compris dans ses objets les plus communs. Les nations qui accèdent au statut d'État se voient ainsi dans l'obligation de décliner rapidement leur identité en billets de banque, pièces de monnaie, timbres-poste et uniformes : et ce sont des artistes qui ont en d'autres domaines porté haut la gloire de la nation qui sont commis à cette mission patriotique.

Alors que dans les « grandes nations » les ressources humaines en matière de création artistique permettent une division du travail de construction identitaire, dans les « petites nations » la maîtrise d'œuvre est assurée par des concepteurs polyvalents. Ils réinvestissent dans l'illustration de la tradition nationale une compétence acquise au sein de l'avant-garde internationale. Le peintre Akseli Gallen joue ainsi le rôle d'homme-orchestre dans la mise au point de la « check-list » identitaire finnoise. Né en 1865, il a pu bénéficier initialement de l'aide d'un industriel du bois, activité qui marque un premier essor économique du pays. Il fréquente à Paris l'académie Julian puis l'atelier de Cormon, le spécialiste du tableau préhistorique : Gallen découvre dans la capitale française le naturalisme, puis la tendance nouvelle du symbolisme, et poursuit sa formation à Berlin. Mais c'est dans l'illustration du monument culturel national, le *Kalevala,* qu'il trouve son style. Il triomphe au concours de peinture kalévaléenne organisé par une association d'étudiants patriotes en 1890. Les scènes principales de l'épopée, traitées selon une esthétique moderne, lui fournissent la matière de nombreux tableaux. Il se confond si bien avec cette entreprise patriotique qu'il adopte le pseudonyme de Gallen-Kallela. Mais il invente aussi la représentation picturale du paysage national finnois : lacs cernés de conifères et de bouleaux, forêts enneigées. Gallen-Kallela est en outre l'un des plus ardents promoteurs du « carélianisme », mouvement qui érige la Carélie orientale, supposée région primitive et conservatoire du *Kalevala*, en lieu de pèlerinage pour les intellectuels et artistes finnois en quête de l'âme nationale. Étudiants, jeunes peintres et musiciens partent à la rencontre des bardes, des artisans, des valeurs ancestrales et de la nature inviolée de ce « réduit national ». Gallen-Kallela fait en Carélie son voyage de noces, et peu après lui Sibelius. Le « retard finlandais » en matière culturelle devient, par la grâce de ce qui est présenté comme îlot de sauvagerie miraculeusement préservé à la fin du XIXe siècle, argument de fierté et de supériorité : les Finlandais, eux, sont encore à même de puiser directement aux sources de la culture nationale, alors que cette possibilité n'existe plus chez les nations plus anciennes. En 1900, année de la composition de *Finlandia* par Sibelius, Gallen-Kallela participe à la décoration du pavillon finlandais de l'Exposition universelle : les œuvres kalevaléennes qu'il réalise pour l'occasion sont reprises sous forme de fresques au plafond du Musée national d'Helsinki. Principal animateur de « Jeune Finlande », mouvement culturel patriotique, il entre en opposition avec le régime russe et abrite un temps Gorki. S'intéressant à la gravure, à la décoration, à l'architecture, Gallen-Kallela opère la « finnisation » de toutes les tendances de l'art moderne. C'est lui qui, après avoir rejoint l'armée blanche au moment de la guerre civile, dessine les étendards, la monnaie, les insignes et les ordres de la toute nouvelle République de Finlande créée en 1919. Promoteur de l'iconographie nationale, Gallen-Kallela n'en est pas moins un artiste cosmopolite, engagé dans les débats contemporains sur la réinvention de la couleur, le fauvisme et l'expressionnisme. Il expose en Allemagne avec Munch ou Kandinsky et va peindre des paysages en Afrique orientale ou au Mexique.

La Première Guerre mondiale n'était pas achevée, ni la République tchécoslovaque proclamée, que le peintre Alphonse Mucha recevait une commande urgente : les timbres-poste du nouvel État[40]. Il disposait de 24 heures pour dessiner l'affranchissement au tarif de base, et de trois jours pour les envois en express. Suivirent les différents billets de banque, l'emblème national, et jusqu'aux uniformes de la police. Né en 1860 dans une petite ville de Moravie, le jeune Mucha avait commencé sa carrière artistique grâce à un mécène aristocrate local qui lui fit exécuter des peintures pour son château et finança ses études. Après deux ans de formation à Munich, Mucha se rend à Paris et s'y installe durablement. Pour subsister, il accepte de faire des travaux d'illustrateur pour l'édition et la presse : la maison Colin, *Le Figaro illustré*, les journaux de théâtre font appel à lui. Il est définitivement lancé comme illustrateur par Sarah Bernhardt, après avoir réalisé en 1894 pour une pièce de l'actrice une affiche dans le plus remarquable style Art nouveau. Femmes-fleurs, femmes-lianes : les affiches publicitaires de Mucha sont sur tous les murs. On en tire des panneaux décoratifs, des cartons de soierie, des cartes postales, des menus. La Belle Époque marque l'explosion de la publicité et de la décoration : Mucha devient le chef de file des concepteurs sur le marché international. Il illustre les biscuits Lu, les produits Nestlé, le champagne Moët et Chandon, le rhum jamaïcain Fox-Land, les cycles Waverley,

40. Cf. Arthur Ellridge, *Mucha, le triomphe du Modern Style*, Paris, Pierre Terrail, 1992.

les corsets Warner... Mucha dessine des bijoux pour le joaillier Fouquet et des vitraux pour la chapelle assomptionniste de la rue François-Ier à Paris. Ressortissant de l'Empire austro-hongrois, il réalise pour l'Exposition internationale de 1900 l'affiche de la section autrichienne, la décoration du pavillon de Bosnie-Herzégovine ainsi que des cartons de tapisseries pour une firme autrichienne. Mucha s'établit à partir de 1904 aux États-Unis, où il poursuit ses activités de concepteur tout en donnant des cours à l'*Art Institute* de Chicago. Mais ce séjour dans le Nouveau Monde permet au maître international des arts décoratifs de jeter les bases d'un projet éminemment patriotique : la réalisation d'une grandiose œuvre picturale qu'il intitule *L'Épopée slave*. Parmi les Américains fortunés que la renommée de Mucha lui fait fréquenter figure l'industriel Charles R. Crane, millionnaire de la plomberie et des ascenseurs. Propriétaire d'une importante usine à Saint-Pétersbourg, Crane cultive la slavophilie, entretient un orchestre symphonique russe à New York et invite de nombreux artistes slaves en Amérique. Lié à Woodrow Wilson, le futur président américain, il connaît aussi Masaryk, le futur président tchèque (une de ses filles épousera d'ailleurs le fils de Masaryk). Crane accorde une oreille favorable au projet de Mucha. Lequel propose à ses compatriotes de décorer gratuitement la maison municipale de Prague, nouvellement bâtie en style Art nouveau, et leur demande de construire un édifice – gigantesque – pour les immenses panneaux de *L'Épopée slave* qu'il veut leur offrir. Les réactions des bourgeois tchèques ne sont pas aussi enthousiastes qu'il l'avait espéré, mais, grâce à un premier chèque de Crane, il se lance dans l'entreprise, par un long voyage dans les pays slaves. Le Tchèque cosmopolite découvre dans les profondeurs de la Sainte Russie une culture qui lui semble n'avoir pas changé depuis le IXe siècle, voire la continuation d'un paganisme venu du fond des âges. Il suffit de chercher la primitivité pour la trouver, et l'intérêt de Mucha ne se porte pas sur l'avant-garde artistique russe, alors l'une des plus avancées qui soit. En 1911, Mucha commence son *Épopée* dans un château tchèque aux vastes pièces qu'un ami lui a prêté. Non sans être allé préalablement consulter à Paris un éminent spécialiste de l'histoire tchèque. En marge de son grand œuvre, Mucha fait des affiches pour le festival musical du Printemps de Prague et dessine des décors pour le Théâtre national. En 1919, après avoir rempli sa mission de *designer* officiel de la République tchécoslovaque, il peut exposer au Clementinum de Prague les onze premiers panneaux de l'*Épopée*. Les œuvres partent ensuite pour Chicago et New York, où elles rencontrent un très grand succès : pas moins de 600 000 visiteurs lors de leur présentation au Brooklyn Museum. Le contraste de la slavitude éternelle façon Mucha avec l'image de la Russie bolchevique n'est sans doute pas étranger à cet engouement. En septembre 1928, *L'Épopée slave* est officiellement remise à la ville de Prague, mais Mucha, jusqu'à sa mort, continue la série. Travaillant essentiellement pour son pays, hormis quelques couvertures pour le *Hearst Magazine*, il fait des affiches pour le Festival des Sokols, pour les théâtres ou cinémas de Prague, et illustre pour le calendrier du dixième anniversaire de la République « la réconciliation des Tchèques et des Slovaques ». Une présentation de son œuvre est faite à Paris, au Jeu de paume, en juin 1936. Mucha meurt en juillet 1939 : quatre mois auparavant, l'armée hitlérienne a envahi la Tchécoslovaquie.

A l'aube du XXe siècle, les éléments principaux de la « check-list » identitaire sont clairement établis, ce qui fait que les nations nouvellement émergées peuvent rapidement rattraper leur « retard ». Pour la plupart des nations européennes, les grands ancêtres sont identifiés, la langue nationale fixée, l'histoire nationale écrite et illustrée, le paysage national décrit et peint, le folklore muséographié, les musiques nationales composées. Le reste n'est plus qu'affaire de densification et de vulgarisation : la construction identitaire entre désormais dans l'ère de la culture de masse.

TROISIÈME PARTIE

CULTURE DE MASSE

La vaine outrance des paradoxes anarchisants ne résisterait pas une minute, un jour de crise, à la force de la pensée ouvrière complète, qui concilie l'Internationale et la nation.

JEAN JAURÈS, *L'Armée nouvelle*,
« Internationalisme et patriotisme ».

De la Première Guerre mondiale naît la Société des nations, de la Seconde l'Organisation des nations unies. Nations et non pas États. Car la nation est au XXe siècle tenue pour seul fondement légitime de l'État, sur l'ensemble de la planète. Les combats contre les colonisateurs européens sont menés par des Fronts ou des Mouvements de libération nationale. Et toute revendication sécessionniste au sein d'un État constitué passe désormais par la proclamation de l'existence d'une nation spécifique et opprimée. L'idée de nation triomphe, s'étend à la terre entière et réalise une catholicité, au sens étymologique du terme[1]. Mais l'universalité de la nation n'est pas celle des grandes religions de conversion : aucune nation, même dans une phase d'impérialisme exacerbé, n'a été pensée comme coextensive à l'humanité[2]. L'universalité du national passe par le particulier, par le recouvrement total de l'espace au moyen d'unités discrètes et homologues. Cependant, la nouvelle organisation du monde et l'existence de sociétés internationales d'arbitrage entre nations sont impuissantes à prévenir les affrontements sanglants. Car aucune définition de la nation n'apporte de réponse incontestable à une question fondamentale : comment définir le territoire de la nation et en déduire les limites d'un État ? La nation est un principe, l'État une réalité concrète. De la conception de la nation comme âme d'un peuple, on ne peut déduire un espace géographique déli-

1. Catholique, étymologiquement, signifie « étendu à toute la terre », universel.

2. Benedict Anderson, *L'Imaginaire national*, *op. cit.*, définit d'ailleurs à juste titre les nations comme des « communautés imaginées » limitées.

mité, non plus que de sa transposition en termes culturels : linguistes et ethnographes peuvent repérer des aires de diffusion d'une langue ou d'une tradition, mais il est impossible de les cartographier par des lignes continues définissant des surfaces homogènes [3]. La conception politique de la nation n'apporte pas non plus de solution à la question des frontières : un suffrage sur le choix de l'État-nation, s'il est démocratique, retient le vote majoritaire et crée par contrecoup une minorité incluse dans un État qui ne correspond pas à sa nationalité revendiquée. De surcroît, l'introduction d'une troisième dimension, celle du temps, rend les choses inextricables : un même territoire a généralement été occupé successivement par des populations différentes. Or il est difficile selon le principe national de poser une date de prescription en matière d'ancienneté d'occupation du sol, puisque ce serait avaliser les droits – illégitimes du point de vue national – de la prise de possession par un envahisseur ou par un tiers profitant de l'abandon contraint du territoire par ses occupants antérieurs.

3. Cette question de la transposition géographique des nations a donné lieu à une masse énorme d'écrits depuis les diverses statistiques des nationalités effectuées dans l'Empire des Habsbourg. Toute la période de la Première Guerre mondiale et celle qui la suit immédiatement marquent une intensification des publications : ouvrages émanant des nations revendiquant un territoire, le plus vaste possible, études de géographes ou d'ethnographes, commissions préparatoires aux traités de 1919-1920. L'ouvrage d'Arnold Van Gennep, *Traité comparatif des nationalités* (les tomes II et III, annoncés, n'ont jamais été publiés), présente une intéressante synthèse des débats. Deux chapitres portent précisément sur « le problème des frontières » : reprenant les critères de frontière linguistique, culturelle, religieuse ou même naturelle, Van Gennep montre à l'aide de nombreux exemples qu'ils ne sauraient apporter de solution satisfaisante. Le critère linguistique lui-même se révèle totalement fallacieux, car dans une grande partie de l'Europe les situations de contiguïtés entre populations de parlers différents, les mariages entre « nationalités » ne permettent même pas de déterminer la langue d'un individu donné qui peut être amené, selon ses interlocuteurs, à en utiliser plusieurs. En fait, c'est par la création d'un État-nation, l'école, les prescriptions des usages publics et les médias de masse que sont constitués des espaces linguistiques à peu près homogènes. (Réédition du *Traité comparatif des nationalités*, avec une préface de Jean-François Gossiaux, Paris, Comité des travaux historiques et scientifiques, 1995.)

Cas extrême : la revendication serbe sur le Kosovo, proclamé sanctuaire de la nation puisque s'y déroula en 1389 la grande bataille contre l'Empire ottoman marquant la fin d'un royaume serbe indépendant.

L'idée de nation est née du combat contre le pouvoir monarchique et la division sociale en ordres aux droits inégaux. Son triomphe est celui de la démocratie, dans une perspective libérale. Le suffrage universel masculin, l'établissement d'une Constitution, suivent généralement de près la création d'un État-nation, leur application pouvant être variable selon l'évolution des rapports de force internes. Mais, lorsque la nation est consacrée comme principe politique suprême, le contexte économique et social, dans une grande partie de l'Europe, n'est plus du tout celui dans lequel elle a été conçue. Le capitalisme industriel s'est imposé comme mode de production, et l'expansion d'un nouveau groupe social, le prolétariat ouvrier, fait apparaître une ligne de fracture sociale et une référence identitaire concurrente de la nation. « Prolétaires de tous les pays, unissez-vous » : l'internationalisme sur la base de l'appartenance de classe contre l'union interclasses sur la base de l'appartenance nationale [4]. De cet affrontement qui constitue l'axe principal de l'histoire européenne du XXe siècle, il semble bien que la nation soit sortie victorieuse. Puissance irrésistible du capitalisme, sans doute, et échec des tentatives faites pour lui substituer un autre mode de production. Mais puissance aussi de l'idée nationale comme communauté fraternelle, solidaire et protectrice. Du coup, lorsque, à la fin du XXe siècle, la mondialisation du capitalisme met en question la souveraineté des États-nations, la nation apparaît comme un refuge, sa disparition une effroyable menace pour la cohésion sociale et les conditions d'existence des plus démunis. For-

4. Pour un examen des tensions entre identité nationale et identité internationale, cf. Eric Hobsbawm, *Nations et Nationalisme depuis 1780*, Paris, NRF-Gallimard, 1992 (éd. originale, Cambridge, Cambridge University Press, 1992), p. 157-167, et Georges Haupt, Michaël Loewy, Claudie Weil, *Les Marxistes et la Question nationale*, Paris, Maspero, 1974. Cf. également Ulrike Brummert, *L'Universel et le Particulier dans la pensée de Jean Jaurès*, Tübingen, Gunter Narr Verlag, 1990 (éd. originale en français).

mée sous les auspices de la liberté, de l'égalité en droits et de la fraternité, l'idée nationale s'est toujours proposée comme idéal exigeant au besoin qu'on lui sacrifiât sa vie. « Vous croyez vous battre pour la France ou l'Allemagne, et vous mourrez pour servir les intérêts des Krupp ou des Schneider. » Les objurgations des militants internationalistes n'ont pu arrêter les tueries de la Première Guerre mondiale. Aliénation de prolétaires ne pouvant discerner leurs intérêts ? Mais c'est aussi que l'État-nation, déjà, s'est imposé comme l'espace par excellence où chacun dispose de droits et peut lutter pour les défendre et les accroître. C'est dans ce cadre que les conflits sociaux peuvent conduire à l'obtention des droits revendiqués, garantis par la puissance publique, et qu'est pratiquée une relative redistribution des richesses. La guerre des classes internationale n'a pour horizon que la victoire absolue dans une lutte finale, à une date si incertaine que le discours mobilisateur est nécessairement messianique : l'affrontement, dans le cadre de l'État-nation, se traduit en résultats partiels mais tangibles. Et c'est l'appartenance à la nation qui donne à l'individu un statut autre que celui de simple producteur. Dans la pratique, il y a souvent, en fait, coexistence entre identité de classe et identité nationale : que l'une soit mise en avant dans une conjoncture politique ou économique précise ne signifie pas que l'autre ait été abandonnée [5].

5. Cf. la description littéraire du défilé marquant solennellement l'ouverture du Congrès international socialiste de Bâle en 1912 : « Au rouge des drapeaux se mêlait tout un parterre de couleurs, ornements, costumes. Douze fanfares jouaient des airs qui se chassaient l'un l'autre, du *Ranz des vaches* à *L'Internationale*. Là-dessus, sans arrêt déferlait le refrain des cloches. En tête du cortège cent cyclistes du Parti socialiste. [...] Puis venaient les jeunesses socialistes de Bâle. Ici commençait l'idylle. C'étaient des centaines de jeunes gens en costume national ; imaginez des petits Guillaume Tell de vingt ans marchant en foule, avec le petit chapeau, la chemise aux manches larges, les bretelles vertes, le genou nu sortant de la culotte, l'arbalète au côté. [...] Derrière le cortège des Guillaume Tell venaient les jeunes filles. Vêtues de blanc, avec des robes à l'antique, mêlant ainsi les époques et les mythologies. [...] Des enfants en blanc avec de courtes tuniques agitaient des palmes sur lesquelles il était écrit en lettres d'or qu'il est plus glorieux de sécher les larmes que de répandre des torrents de sang. Et juste derrière ce groupe marchaient, non pas le Christ entrant

La nation a été intellectuellement construite comme un organisme immuable, toujours identique à lui-même à travers les vicissitudes de l'histoire. Le passage de la nation comme principe intemporel à l'État-nation, organisation qui ne peut perdurer qu'en s'adaptant, met au jour cette contradiction entre fixité et évolution. Et fait naître une angoisse : la disparition de la nation. La nation éternelle, en s'incarnant, devient sujette à la morbidité et à la mortalité. C'est au moment où triomphe l'État-nation comme forme d'organisation politique par excellence, à la fin du XIXe siècle, que le discours sur la décadence de la nation prend toute sa force. Contemporain du biologisme social, il dénonce un effondrement interne qu'il attribue à une pathologie affectant le corps de la nation. Et il lance une exhortation : il faut régénérer la nation. Avec en arrière-plan deux perspectives médicales sur l'étiologie et le traitement des maladies : invasion de l'organisme par des agents externes agressifs ou bien consomption. Soit – c'est la version du nationalisme intégral, souvent xénophobe et antisémite – il y a dénonciation des germes délétères ou des parasites qu'il convient d'expulser du corps national. Soit – c'est la version la plus commune – l'affaiblissement est attribué à un oubli criminel par les nationaux de leurs origines, de leur tradition, de leur âme dans lesquelles ils doivent de toute urgence se retremper. La renaissance nationale est alors donnée comme un retour aux sources. Révolutions nationales et nationalismes réactionnaires se nourrissent de ces fantasmatiques diagnostics de décadence, récurremment prononcés au cours du siècle.

à Jérusalem, mais dans leurs vêtements sombres Jaurès et Kautsky. Les délégués s'avançaient sous les drapeaux. [...] La plupart n'étaient pas de simples oriflammes rouges, mais portaient des emblèmes corporatifs qui ramenaient le défilé en plein Moyen Age. [...] Les groupes nationaux, séparés par un intervalle marqué, se succédaient en chantant, les Allemands, les Hongrois, les Croates, les Français, les Belges, les Anglais, les Russes. Les chants n'étaient pas les mêmes : chaque pays avait sa chanson. Les Français ne savaient que *L'Internationale* », Louis Aragon, *Les Cloches de Bâle*, 1934, cité dans l'édition des *Œuvres romanesques complètes*, Paris, NRF-Gallimard, « La Pléiade », 1997, p. 994-995.

CHAPITRE I

La nation comme horizon

La coïncidence entre État et nation est *a priori* impossible [1]. Et pourtant elle s'est souvent réalisée, quand bien même elle n'est jamais incontestable. C'est que le dilemme n'est pas sans avoir une solution, plus ou moins durablement efficace. La fixation des frontières d'un État ne peut transcrire de manière satisfaisante l'existence d'une nation et son droit à l'autonomie : au demeurant, tout « principe des nationalités » est une formule d'éthique politique séduisante qui masque les rapports de force économiques et militaires à l'œuvre dans la formation des États. Mais il est possible de réinterpréter en termes nationaux tout ce qu'incluent les frontières de l'État [2]. Au prix, bien sûr, d'un gigantesque travail, théorique et pratique. L'œuvre de construction identitaire engagée à la fin du XVIIIe et qui a permis l'avènement des nations non seulement ne s'achève pas avec la généralisation des États-nations, mais elle s'intensifie et se systématise.

1. Le recours, d'une grande brutalité, au déplacement massif de population pour faire coïncider nation et État a été utilisé à plusieurs reprises dans l'histoire européenne du XXe siècle, le dernier tragique exemple en date étant l'« épuration ethnique » consécutive à l'éclatement de la Yougoslavie.

2. Application burlesque de cette dévolution au patrimoine national de tout ce qui se trouve dans les frontières de l'État : les mésaventures de l'homme préhistorique découvert à la fin du XXe siècle dans un glacier alpin. Le malheureux était tombé dans une crevasse avant d'être emporté par la glace, lentement. Quelques millénaires plus tard, il importa de savoir si l'on retenait pour sa dernière demeure le lieu où il était tombé, auquel cas il était autrichien, ou bien celui où il avait fini, ce qui en faisait un chasseur italien. Après bien des polémiques, un compromis fut passé, prévoyant quelques utilisations transfrontalières de l'ancêtre congelé.

Nationaliser l'État

Le tsar Alexandre III fut le premier des Romanov à découvrir qu'il était russe ; plus précisément, il fut le dernier souverain européen à comprendre, dans les années 1880, que la monarchie devait prendre en compte le fait national. Non pas en lâchant quelques concessions en matière de souveraineté politique – l'autocrate ne voulait céder en rien sur l'absolutisme –, mais en admettant qu'il fallait atténuer la divergence État/nation. Or l'Empire était multinational et multilingue. Il fallait donc l'homogénéiser. *Cujus regio, ejus lingua.* Le dogme était nouveau. Les aïeux d'Alexandre III s'étaient déjà adonnés à des campagnes brutales de russification linguistique ou même religieuse, comme en Pologne. Mais il s'agissait de réprimer des insurrections et d'en faire disparaître le terreau. Alexandre III, conseillé par le parti national slave, russifia intensément là même où la menace sécessionniste ou insurrectionnelle était faible. L'antisémitisme devint officiel, les exactions de toutes sortes contre les Juifs encouragées par le pouvoir. Les autres « allogènes » se virent interdire l'usage de leur langue, à l'école et dans la vie publique. C'était donner un coup de fouet aux revendications nationalistes d'autonomie et attiser l'hostilité au régime. L'introduction du capitalisme, le clivage entre l'archaïsme du pouvoir et les transformations économiques et sociales amorcées, les défaites militaires amenèrent les révolutions de 1905 et 1917 : les « allogènes » autocratiquement russifiés n'y furent pas les moins actifs.

Le pouvoir bolchevique, quand il hérite de l'ancien empire multinational, devenu patrie de la révolution internationale, mais aussi espace de la « construction du socialisme en un seul pays », retient la leçon. Une Union est construite, sur la base d'emboîtements complexes d'entités nationales aux statuts divers. L'application du principe national dans le cadre de l'Union conduit à créer des dizaines de langues à partir de parlers qui n'avaient pas toujours fait précédemment l'objet de transcriptions, et qui sont reconnues comme langues de culture et d'éducation. Les populations des limites de l'Union se voient attribuer, par le choix de l'alphabet et un travail de réfection lexicale et grammaticale, des langues proclamées comme parfaitement distinctes de celles parlées de l'autre côté de la frontière : le moldave est ainsi construit par différenciation d'avec le roumain. Diversité culturelle dans l'unité idéologique (comme le dit Lénine : « L'enseignement doit être national par la forme et socialiste par le contenu[3] ») et sous contrôle d'un pouvoir centralisé appuyé sur l'appareil du parti. Tout ressortissant de l'Union a une citoyenneté, soviétique, et une nationalité qui peut servir à des ostracismes de masse (les Allemands de la Volga sont déportés vers l'Est au moment de la Seconde Guerre mondiale). « A chaque nationalité son espace autonome » : le Birobidjan est créé en 1928 pour tenter de territorialiser la nationalité juive. Il est situé au sein de la République soviétique de Russie, mais loin, très loin de la capitale et des espaces où vivent depuis des siècles les populations juives. L'organisation de l'URSS reconnaît les langues et cultures nationales, les favorise dans une certaine mesure, mais le russe est, en dernière instance, la langue des dirigeants de l'Union et la condition d'accès aux positions de pouvoir. Lorsque le système s'effondre, les anciennes Républiques socialistes soviétiques se proclament États-nations, en fait souvent multinationaux. Des affrontements sanglants en découlent. Revanche sur la russification : les Russes installés dans les Pays baltes se voient contraints de passer des examens linguistiques pour obtenir les droits de citoyenneté dans l'État où ils vivent.

L'histoire européenne du XXe siècle a connu d'autres épisodes de « nationalisation au knout » de l'État que celle menée par Alexandre III. Ces entreprises ont généralement été associées au refus par le pouvoir d'opérer les concessions démocratiques, même minimales, qu'impliquait le principe de souveraineté nationale. La dictature franquiste a réprimé aussi férocement les revendications politiques que les particularismes, liant par contrecoup les aspirations démocratiques et les exigences de régionalisation. Le pouvoir communiste expirant de Bulgarie, dans un ultime refus de libéralisation, a mené

3. Cité par Daniel Baggioni, *op. cit.*, p. 309.

une brutale campagne de « bulgarisation » forcée de sa minorité turque portant jusqu'aux patronymes. Mais, plus souvent, la « nationalisation » de l'État a été conduite par des politiques alliant diversement, selon les rapports de force et les périodes, coercition et inculcation du sentiment d'appartenance. L'unification n'implique pas alors une négation de la diversité, ou une tentative d'éradication, mais l'établissement d'une intégration hiérarchisante : tout ce qui est sur le territoire de l'État relève de la nation, et toute particularité locale est une composante de l'ensemble. Elle n'a de sens et de légitimité que dans ce cadre. La diversité n'est alors pas contradiction de l'unité : elle en fait la richesse [4]. Les grandes références identitaires nationales sont flanquées d'une série de déclinaisons locales, secondaires, qu'elles couronnent. Traduction, par exemple, sous forme de spectacle : l'organisation de défilés où l'on voit se succéder, de manière ordonnée et harmonieuse, les diverses composantes de l'ensemble national – identifiables notamment par des costumes régionaux – sous l'égide de représentants de l'État et d'élus de la nation. Ce qui n'empêche pas d'ailleurs que l'on fasse figurer dans la représentation de la nation des sous-ensembles relevant d'un autre État : parties arrachées au corps national et qui doivent être recouvrées pour que soit réalisée l'harmonie. Cette nationalisation de l'État passe au premier chef par un intensif travail d'éducation de masse, visant à inculquer dans l'ensemble de la population le sentiment d'appartenance commune.

L'éducation au national

L'école constitue, bien sûr, une pièce maîtresse dans ce dispositif. On y apprend non seulement la langue, l'histoire ou la géographie de la nation, mais aussi comment être et penser nationalement. L'éducation morale s'insère dans l'apprentis-

4. Pour la représentation de la diversité dans l'unité en France et son utilisation dans l'éducation de masse au national, cf. Anne-Marie Thiesse, *Ils apprenaient la France*, *op. cit.*

sage de la nation. C'est au terme de son merveilleux voyage à travers la Suède, sur les ailes d'une oie sauvage, que le petit Nils Holgersson, enfant méchant et cruel envers son prochain, devient un être civilisé, conscient de ses devoirs envers autrui, et fraternel [5]. Et c'est par un long Tour à travers la France, ses grands hommes, ses paysages emblématiques, ses monuments, que les jeunes Julien et André se dépouillent de leur naïveté première et de leurs craintes, quittent l'enfance pour devenir de futurs hommes, dignes de leur patrie [6]. Comme l'énonce explicitement l'auteur de leurs aventures dans sa préface, l'apprentissage de la nation – qui dans sa version incarnée et sensible s'appelle la patrie – constitue une éducation totale :

> Les jeunes héros [...] ont des devoirs sérieux à remplir et des risques à courir. En les suivant le long de leur chemin, les écoliers sont initiés peu à peu à la vie pratique et à l'instruction civique en même temps qu'à la morale ; ils acquièrent des notions usuelles sur l'économie industrielle et commerciale, sur l'agriculture, sur les principales sciences et leurs applications. Ils apprennent aussi à propos des diverses provinces les vies les plus intéressantes des grands hommes qu'elles ont vus naître : chaque invention faite par des hommes illustres, chaque progrès accompli grâce à eux devient pour l'enfant un exemple, une sorte de morale en action d'un nouveau genre, qui prend plus d'intérêt en se mêlant à la description des lieux mêmes où les grands hommes sont nés.
>
> En groupant ainsi toutes les connaissances morales et civiques autour de l'idée de la France, nous avons voulu montrer aux enfants la patrie sous ses traits les plus nobles, et la leur montrer grande par l'honneur, par le travail, par le respect profond du devoir et de la justice.

Et c'est même par la nation qu'est enseignée l'expression légitime du sentiment amoureux, puisque l'enfant est constamment confronté durant sa scolarité à des déclarations enflammées à la patrie, toujours infiniment belle. Il apprend à la

5. *Le Merveilleux Voyage de Nils Holgersson à travers la Suède*, de Selma Lagerlöf, a été publié en 1907.

6. *Le Tour de la France par deux enfants, Devoir et patrie*, de G. Bruno (Mme Fouillée), a été publié, au cours de sa longue carrière scolaire, à des millions d'exemplaires. Première édition en 1878.

chanter lui-même, soit littéralement, à travers les hymnes à la patrie (généralement dithyrambiques et d'une extrême similitude d'un pays à l'autre), soit en rédigeant sur commande des textes écrits exprimant son affection et son admiration. Le corps glorieux de la patrie s'affiche aux murs de la classe, sous forme d'une carte colorée. La pédagogie du sentiment d'appartenance passe par l'emploi répétitif des possessifs de la première personne du pluriel : « notre pays », « notre patrie » qui rappellent constamment que l'identité est collective. Les manuels scolaires forment un puissant facteur d'intégration puisqu'ils sont diffusés à des centaines de milliers, voire, sur plusieurs générations, à des millions d'exemplaires : leurs textes, leurs illustrations, leur typographie sont références communes sur tout le territoire et pour une longue durée.

Mais seuls les États-nations les plus riches peuvent, avant la Seconde Guerre mondiale, scolariser de manière à peu près exhaustive la population. Et même là, l'école n'est pas le seul lieu de l'éducation au national [7], laquelle s'exerce aussi dans toutes les activités de loisir de la population.

Le corps patriotique

Au XIXe siècle, l'activité physique de loisir est surtout affaire d'étudiants et de lycéens, masculins. Le sport moderne est issu de deux courants : le mouvement gymnaste, né dans les pays germaniques et scandinaves au début du XIXe siècle, le sport d'équipe, formé dans les collèges anglais. Le premier est fortement lié, dans ses origines, à l'émergence de l'idée nationale. Ling, le père de la gymnastique suédoise, est un membre du groupe des « gothiques » patriotes dans les années

7. La conscription militaire, telle que la pratiquent la plupart des États-nations, marque clairement pour l'individu une appartenance à laquelle il ne peut se dérober. Mourir pour la patrie relève du libre choix individuel quand la nation n'est qu'un principe et sa reconnaissance étatique une aspiration ; s'y exposer est, dans l'État-nation, un devoir auquel on ne peut se dérober sans devenir déserteur ou traître.

1810. Quant aux *Turnvereine* (associations de gymnastes), créés par Ludwig Jahn à la suite des guerres napoléoniennes, ils ont une double finalité : former des corps robustes et aguerris pour la défense de la patrie, mais aussi, à travers l'exercice physique, constituer une éducation totale au national. A ses gymnastes, Jahn impose un uniforme égalitaire et la connaissance des monuments culturels allemands. Les *Turnvereine* libéraux inquiètent suffisamment le pouvoir pour être interdits et leur structure démantelée en 1819. L'assassinat d'August von Kotzebue, écrivain-espion à la solde du tsar, par un étudiant membre du mouvement en sert de prétexte. Jahn lui-même est incarcéré jusqu'en 1825, puis interdit d'enseignement de gymnastique. La rigueur antilibérale se relâchant, les *Turnvereine* renaissent dans les années 1840, en étendant l'intégration au national à de plus larges catégories de la population : on y trouve désormais des ouvriers et des Juifs. Des entraînements de gymnastique sont même proposés aux enfants et aux femmes. De grandes fêtes ont lieu par tout le pays, où les démonstrations de gymnastique se concluent par des discours appelant à l'unité nationale. Les *Turnvereine*, qui sont souvent en relation avec les organisations de travailleurs et les clubs démocratiques, ont une intense activité culturelle : création de librairies, de salles de lecture, organisation de conférences. Et les membres du mouvement arborent le symbole vestimentaire du libéralisme patriotique : le chapeau noir orné d'une plume. En avril 1848, les associations locales se fédèrent en une Union gymnastique allemande qui se veut soutien de l'Assemblée réunie à Francfort pour élaborer une constitution libérale [8]. Le dessein proclamé de l'Union est d'œuvrer à l'unité du peuple allemand en développant l'esprit de fraternité et la puissance physique et spirituelle de la nation. Les gymnastes participent aux combats des années 1848-1849. La répression qui suit frappe sévèrement les *Turnvereine*, dont les dirigeants sont emprisonnés ou s'exilent. Le mouvement se replie sur le seul entraînement physique. Il retrouve sa fonction d'éducation au

8. Pour l'histoire des *Turnvereine* et de leur rôle en 1848, cf. Claire E. Nolte, « The German Turnvereine », dans *Encyclopedia of 1848 Revolutions*, publication universitaire collective sur Internet, http//www.cats.ohiou.edu/~chastain/rz/turnvere.htm, mai 1998.

national à la fin des années 1860 : mais l'unification allemande s'effectue dans un contexte idéologique tout autre.

Le mouvement tchèque *Sokol* relève de la même volonté d'éducation au national par l'exercice physique. Il est fondé en 1862 par Miroslav Týrš, un docteur en philosophie, avec le soutien de Jindrich Fügner, banquier triestin originaire de Prague. Le *Sokol* (faucon) se veut incarnation de l'âme nationale, fraternité laïque et démocratique. Le costume porté par ses membres l'affiche : leur chemise rouge est une référence aux troupes garibaldiennes (Fügner était un ami du révolutionnaire italien), leur couvre-chef est slave, orné d'abord de la cocarde républicaine française puis de la plume libérale. Les insignes et les drapeaux des *Sokols* sont conçus par le peintre Joseph Manès, dont l'œuvre est toute consacrée à l'illustration de la nation (c'est lui qui a orné de scènes rurales la grande horloge de l'Hôtel de ville de Prague). Les groupes de *Sokols* jouent un grand rôle dans le développement et l'élargissement de la conscience nationale. Leurs fêtes, nombreuses, présentent de gigantesques « exercices d'ensemble » : aussi harmonieux que spectaculaires, ils sont propres à convaincre les spectateurs autochtones et étrangers – des délégations de toute l'Europe sont régulièrement invitées – de l'existence d'une nation. Laquelle n'est pas étroitement tchèque : une fédération tchéco-slovaque, ébauche du futur État, est formée en 1896, l'année où se tient à Prague la grande exposition ethnographique, elle aussi dite tchéco-slovaque. L'année précédente, le *Sokol* s'était ouvert aux femmes. Faisant office de modèle d'éducation nationale démocratique, le *Sokol* essaime dans l'espace slave. Mais il accompagne aussi les immigrés, à Londres ou à Paris et, surtout, aux États-Unis. Les puissantes associations américaines de *Sokols* pèseront de manière non négligeable sur la création, par les vainqueurs de la Première Guerre mondiale, de la Tchécoslovaquie qui a pour premier président Masaryk, l'intellectuel et homme politique dans lequel se reconnaît le mouvement. Masaryk, d'ailleurs grand sportif, est un adhérent des *Sokols* qui deviennent l'organisation de masse du nouvel État. Le libéral modèle *Sokol* sera repris par les organisations de gauche, avec un adjectif précisant la redéfinition politique : « Faucons rouges » ou *Rote Falken* seront les mouvements éducatifs et récréatifs des Jeunesses socialistes. Il y aura même des *Falcons* dans la Catalogne républicaine des années 1930.

Comme les *Sokols*, les *Turnvereine* suivent les migrants : ils se développent à partir des années 1860 dans les villes industrielles américaines et constituent les premières associations de gymnastique du Nouveau Monde. Le *Deutsches Turnverein* de Paris organise une fête au Pré-Catelan en 1865, où sont invités des délégués des associations gymnastes alsaciennes. Car l'éducation physico-patriotique, sur le modèle allemand, arrive en France par l'Alsace. La première fédération, l'Union des sociétés de gymnastique de France (USGF), fondée en 1873, compte dans ses dirigeants de nombreux originaires de la province désormais soustraite à la patrie. La débâcle de 1870, mais aussi la Commune de Paris, vont contribuer à l'expansion dans la France républicaine des associations où l'on exerce la vigueur physique en intégrant à la nation. « Patrie, courage, moralité » est la devise de l'USGF, « Pour la patrie, par la montagne », celle du Club alpin français fondé l'année suivante. Qu'il s'étende aux classes populaires ou reste réservé à une minorité aisée, l'exercice physique est un devoir et un apprentissage patriotiques.

Parallèlement au modèle gymnaste allemand, les sports anglais s'exportent en Europe. Eux aussi sont nés d'une perspective pédagogique dans le cadre d'une idéologie libérale : mais l'élite sociale à laquelle ils sont initialement destinés n'a pas, comme en Allemagne, à se mobiliser pour construire l'État-nation. L'objectif est plutôt de redéfinir les rapports entre l'individuel et le collectif par l'apprentissage de la concurrence loyale, du respect des règles communes et de l'esprit d'équipe. La compétition et non l'affrontement sauvage, l'intelligence et l'énergie plutôt que la force brute. Et par les sports individuels, la découverte du dépassement de soi, de la performance. Thomas Arnold, *headmaster* de la *Public School* à Rugby, est l'un des premiers pédagogues à faire de la pratique sportive une école morale et civique, qui apprend à l'élève à se gouverner lui-même dans le cadre de compétitions où l'agressivité est contrôlée. Les sports collectifs inventés dans ce cadre s'inspirent des jeux pratiqués dans les fêtes populaires, mais leur normalisation en fait une éducation intellectuelle autant que physique, puisque la stratégie y compte en définitive plus que la dépense d'énergie. Les sports anglais suivent les migrants : agents commerciaux, militaires, ingénieurs. C'est souvent par les ports qu'ils arrivent sur le continent, dans le dernier quart du siècle. Mais déjà, en Angleterre, le sport n'est plus seulement une pratique de l'élite sociale. L'Association de football, à la fin du siècle, compte des dizaines de milliers de licenciés. Et c'est aussi un spectacle. La finale de la *Cup* attire plus de 100 000 personnes dès 1890. Le sport devient puissant facteur d'intégration nationale, fournissant à double titre un support d'identification commune à des catégories sociales distinctes.

A l'éducation sportive anglaise est vite attribuée l'exceptionnelle réussite industrielle, économique et coloniale de la Grande-Bretagne. Avec une conséquence : la multiplication des initiatives pour imiter cette pédagogie formant efficacement les hommes au monde nouveau de la démocratie libérale et de la compétition économique ou technologique. Un jeune aristocrate français, monarchiste par sentiment, mais convaincu que son pays n'a pas d'autre avenir que républicain, décide, après un voyage en Angleterre, de se consacrer à l'introduction systématique du sport anglais dans la formation de la jeunesse. Mais il porte un autre grand projet : faire de la compétition sportive la représentation d'un monde idéal où la compétition est émulation pacifique et où la victoire couronne le meilleur. Pierre de Coubertin parvient à former un Comité international olympique en 1894, et les premiers Jeux sont ouverts à Athènes en 1896, le jour de la fête nationale grecque. Triomphe de l'internationalisme sportif ou de la nation grecque ? Coubertin aurait voulu que les premiers Jeux fussent tenus à Paris, mais la Grèce, héritière privilégiée du patrimoine antique, a réussi à imposer sa capitale, au prix de lourdes dépenses assumées par l'État, un riche mécène de la diaspora et une souscription publique. Et fort opportunément, c'est un pauvre berger grec qui remporte le marathon, épreuve sportive créée pour l'occasion afin de renouer la chaîne des âges et inscrire la modernité dans une « tradition » antique[9].

9. La référence au guerrier grec, mort d'épuisement après avoir couru de Marathon à Athènes pour annoncer la victoire des Grecs sur

Le paysan Spiridon Louys conforte aussi à merveille par sa victoire la représentation de la joute sportive comme communion universelle par-delà les différences sociales. Les Olympiades, après quelques difficultés, verront se diversifier les épreuves [10] tandis que se multiplie le nombre de nations en compétition. Car plus que des individus, ce sont des nations qui s'affrontent : tout vainqueur devient un héros illustrant par son exemple les vertus de sa patrie. Effet formidable quand une nation, comme ce fut le cas avant la Première Guerre mondiale, n'a pas encore été officiellement reconnue : les Jeux de Stockholm, en 1912, accueillent une délégation de Bohême et une autre de Finlande, alors que les États dont elles dépendent sont également représentés [11]. Or le Finlandais Hannes Kolehmainen remporte le 5 000 mètres, le 10 000 mètres et le cross-country, donnant un nouvel élan de fierté à sa nation, quand bien même le jeune champion, né dans une famille pauvre, doit partir après sa victoire aux États-Unis pour gagner sa vie.

Les Jeux olympiques, comme toutes les autres grandes compétitions internationales, deviennent un haut lieu de démonstration identitaire. De la part des nations invitantes, d'abord, qui se mettent en scène pour les visiteurs autochtones ou étrangers. Lesquels sont de plus en plus nombreux, au moins virtuellement par le journal, puis la radio et la télévision. L'événement sportif se double de cérémonies spectacu-

les Perses, était tout à fait propre à soutenir la fierté d'une nation, qui n'avait recouvré que depuis quelques décennies une indépendance perdue après la conquête par d'autres envahisseurs venus d'Orient.

10. La création de Jeux d'hiver sera retardée jusqu'en 1924, en raison de l'existence de Jeux nordiques fondés en 1901 en Suède. On y trouvait un riche ensemble de sports de neige et de glace ainsi que des démonstrations de musiques, danses et chants nationaux.

11. Les compétitions internationales, dans certains cas, dissocient encore État et nation, l'exemple le plus connu étant le Tournoi des cinq nations. Les athlètes de RDA et de RFA seront rassemblés dans une commune équipe allemande jusqu'aux Jeux olympiques de Mexico en 1968 (pas de reconnaissance du Comité de RDA par le CIO avant cette date) ; à défaut d'hymne national commun aux deux États, c'est l'*Hymne à la joie* de Beethoven qui est joué lors du couronnement des athlètes allemands.

laires qui, au fur et à mesure que l'on avance dans le siècle, puisent de plus en plus intensément dans le patrimoine identitaire. Au point que l'on reprochera aux Jeux d'Atlanta de manquer d'âme et d'afficher trop crûment une identité fondée sur des produits de consommation à diffusion mondiale. Les Jeux d'Albertville, de Lillehammer ou de Nagano, par contraste avec ces « jeux Coca-Cola », se sont appuyés sur la déclinaison traditionnelle, moderne ou postmoderne du patrimoine identitaire, même si les enjeux commerciaux y étaient tout aussi puissants. Lors des compétitions-événements médiatiques, équipes et supporters affichent leur appartenance nationale par des drapeaux, des hymnes, des détails vestimentaires. Et c'est dans les compétitions sportives que se généralise l'usage d'un des éléments les plus pittoresques de la « check-list » identitaire, l'animal national. Dès 1907, les maillots des rugbymen de l'équipe d'Afrique du Sud arborent le springbok.

Le sport devient pratique de masse à partir du début du XXe siècle, toujours dans une perspective d'éducation et d'intégration au collectif, mais sur fond d'oppositions politiques. Confessionnels ou laïques, conservateurs, libéraux ou socialistes et, dans l'entre-deux-guerres, communistes ou fascistes : les clubs se multiplient. Le sport est un enjeu politique et l'affirmation d'une opinion, mais la structure est la même pour tous. Les associations locales sont incluses dans des Unions nationales, et, le plus souvent, des Fédérations internationales. Ce qui contribue à développer massivement la perception de la nation comme cadre naturel de la société.

Parcourir la nation

Athlétisme et sports collectifs se déroulent dans des espaces clos, spécialement aménagés et surtout urbains. Mais les sports de déplacement se développent aussi considérablement au début du siècle, en étant investis de fonctions spécifiques : appréhender l'espace de la patrie, communier en lui et par lui.

Naissance d'une épopée populaire nationale : en 1903, le

directeur du journal *L'Auto* décide, pour augmenter ses tirages, de mettre en place la plus grande épreuve cycliste du monde, le Tour de France. Marathon sur machine, combat grandiose contre toutes les violences de la nature, pluie, froid, canicule, mais aussi déclivités terribles. Pour subir l'épreuve, il faut savoir souffrir. Les coureurs sont issus de milieux où l'endurance au mal est vertu capitale. Mais par leurs jambes et leurs maux, c'est un parcours collectif au plus intime de l'espace national qui s'effectue. Les plaines interminables aux mirages de chaleur, les cols alpins et leurs précipices, les rivages escarpés deviennent les chants d'une geste chaque année recommencée dont les journalistes sportifs sont les aèdes. Ou les décors d'un grand opéra dont les populations massées sur le bord des routes pour applaudir les coureurs forment les chœurs, variations d'un hymne à l'unité nationale dont le finale éclate dans la capitale. Ou bien, plus simplement, les épisodes du roman-feuilleton à suspense de juillet, dont le protagoniste principal n'est pas le maillot jaune [12], mais la France elle-même qui n'en finit pas de soumettre à son ordalie les concurrents. A celui qui aura le mieux su la connaître, la comprendre, la pénétrer, ira la récompense. Champion grâce auquel tout un peuple découvre et possède le corps de la Patrie. Le Tour de France est un événement sportif, c'est aussi un discours amoureux qui n'en finit pas de décrire et de désirer la nation incarnée, dans ses beautés comme dans ses imperfections. Par les reportages flamboyants d'adjectifs ou les illustrations photographiques, une autre peinture du paysage se crée : des sites, pittoresques, certes, mais où l'homme a pris place, par l'effort.

Parcourir le territoire, directement ou par procuration, c'est inlassablement s'y inscrire et le décrire. Ce sont des professionnels, journalistes, écrivains et photographes qui, à l'occasion des grandes compétitions cyclistes [13] ou automobiles, effectuent le travail de mise en écriture et représentation. Mais

12. C'est à partir de 1919 que le premier du classement est revêtu du maillot jaune, couleur du papier utilisé pour le tirage de *L'Auto*.

13. A l'imitation du Tour de France, le Giro italien est lancé en 1905, le Tour de Belgique en 1907 et la Vuelta espagnole en 1935.

le modèle de double prise de possession, physique et scripturale, du territoire, s'étend aussi aux amateurs : en amont et en aval d'une expédition se trouvent un texte et des images qui indiquent ce qu'il faut voir et éprouver[14]. Les associations bourgeoises de cyclotouristes, alpinistes ou randonneurs le prescrivent à leurs adhérents ; les organisateurs de voyages scolaires ou les mouvements de jeunesse tenteront, avec ou plus ou moins de succès, de le diffuser plus largement. Les associations excursionnistes qui éclosent en Catalogne dans le dernier quart du XIXe siècle publient systématiquement des revues où les adhérents consignent tout un nouveau savoir, bagage et but spirituel de leurs expéditions : histoire des monuments, connaissances scientifiques sur les terres parcourues, folklore[15].

Dans son programme éducatif, le fondateur des *Turnvereine* avait inclus les excursions patriotiques (*patriotische Wanderungen*), mais c'est seulement à la fin du siècle que la marche à pied devient un sport collectif qui allie éducation physique et morale. En 1896, des lycéens de l'agglomération berlinoise lancent le mouvement des *Wandervögel* (« oiseaux migrateurs ») qui a pour principe une régénération de la jeunesse par la confrontation avec la nature, loin de l'oisiveté et des vices urbains. Le rejet proclamé de l'utilitarisme lié à la société industrielle, de l'amollissement et du conformisme conduit à proclamer un idéal d'affirmation de soi par l'ascèse et la solidarité, qui peut s'avérer apte en définitive à former une élite adaptée au nouveau monde social. Les *Wandervögel*, dont le nombre croît rapidement, pratiquent l'abstinence, d'alcool et de tabac, et leurs randonnées se veulent apprentissage en dehors des lycées-casernes de la liberté, de la camaraderie, de l'endurance et du sentiment patriotique. Ils entonnent des chants populaires accompagnés à la guitare (des

14. Cf. Catherine Bertho Lavenir, « Le voyage : une expérience d'écriture. La revue du Touring Club de France », dans *Par écrit* (sous la direction de Daniel Fabre), *Ethnologie des écritures quotidiennes*, Paris, Éd. de la Maison des sciences de l'homme, « Ethnologie de la France », 1997, p. 273-299.

15. Cf. Joan Prat Carlos, « Du folklore à l'ethnologie dans les revues catalanes (1862-1984) », *Hésiode*, 1991, n° 1, *Au miroir des revues, ethnologie de l'Europe du Sud*, p. 117-137.

recueils sont spécialement édités par le mouvement), jouent des pièces de théâtre populaire et célèbrent des fêtes « traditionnelles » comme le solstice. La revue mensuelle illustrée des *Wandervögel*, fondée en 1904, fournit tout un répertoire de « traditions » allemandes à faire renaître par la jeunesse et des exemples d'organisation de fêtes [16]. A l'occasion du centième anniversaire de la bataille des Nations de Leipzig, en 1913, le mouvement met en place un grand rassemblement fédératif, avec prononciation d'un serment solennel, qui réaffirme le principe d'abstinence et met l'accent sur les valeurs de libre choix et de responsabilité. Les jeunes filles sont acceptées au sein des *Wandervögel* à partir de 1911 ; trois ans plus tard, certaines sections font reconnaître leur droit d'exclure les Juifs de la jeunesse allemande libre et responsable. Mais le mouvement reste officiellement non confessionnel et indépendant des partis [17], et il essaime dans les pays périphériques de l'Allemagne. Comme toutes les associations de jeunesse, il sera frappé d'interdiction par le régime nazi, qui s'en inspirera néanmoins en partie pour ses propres organisations. C'est aussi dans l'Allemagne du début du XXe siècle que naît une nouvelle structure d'éducation parascolaire, les auberges de jeunesse : le modèle est repris dans plusieurs dizaines de pays, comme celui du mouvement scout, lancé par le général anglais Baden-Powell en 1908.

16. Les périodiques de certains sous-groupes de *Wandervögel* comme *Der Freie Wanderer, Monatschrift für volkstümliches Wandern*, édité par les *Abstinente Wanderscharen*, utilisent le « calendrier germanique » (*Scheemond*, *Sonnenwende*) pour dater leurs numéros. A côté de publicités pour des chaussures de marche et des préparations alimentaires saines à base de céréales et de fruits secs, on y indique comment acquérir des recueils de chants et danses populaires. Aux lecteurs on apprend par le texte et l'image comment célébrer des fêtes authentiquement germaniques, ou pratiquer des jeux traditionnels allemands.

17. Les *Wandervögel* concernent surtout la jeunesse bourgeoise, scolarisée dans l'enseignement secondaire. L'Union des jeunes travailleurs allemands (*Verband junger Arbeiter Deutschland*), fondée en 1906 et dotée du mensuel *La Jeune Garde*, est d'inspiration socialiste (Karl Liebknecht collabore au périodique) : elle met aussi l'accent sur le combat contre l'alcoolisme et sur l'activité sportive. On retrouve la même volonté de lutter contre l'alcoolisme dans le mouvement contemporain de jeunesse catholique *Quickborn*.

Découverte de soi et de relations authentiques à autrui par la nature sauvage : tel est l'objectif proclamé. Mais c'est une prise de possession de la nature, recivilisée pour sa consommation récréative, qui se joue. Le territoire est approprié, cartographié, équipé : les montagnes se hérissent de refuges, les sentiers sont balisés, les forêts jalonnées d'auberges pour randonneurs. L'aventure est planifiée, on peut même prévoir sa durée ; les aléas climatiques en sont le seul véritable facteur de surprise.

La nature nationale

La nature entre dans le patrimoine identitaire sur le mode de la tradition fragile et menacée de disparition imminente. La nature nationale est éternelle, mais elle va succomber sous le viol des vandales : industriels, constructeurs de barrage, architectes modernistes ou hôteliers avides.

Paris, 1901 : création de la Société pour la protection des paysages de France ; Berlin, 1904 : fondation du *Bund Heimatschutz* (Union pour la protection de la petite patrie) ; Berne, 1905 : lancement solennel du *Heimatschutz* ou Ligue pour la conservation de la Suisse pittoresque ; Paris, 1909 : premier Congrès international pour la protection des paysages ; Stuttgart, 1912 : deuxième Congrès international, avec des délégations belge, française, néerlandaise, norvégienne, autrichienne, allemande, suisse. L'année suivante est constituée l'*Associazione nazionale per i paesaggi e i monumenti pittoreschi d'Italia*. La nouvelle grande opération patrimoniale se mène, comme de juste, par des échanges internationaux d'idées et d'expériences. Avec, en arrière-plan, un modèle d'action préalablement mis au point : celui de la constitution des monuments historiques. Aux droits attachés à la propriété du sol, les militants de la protection des sites opposent une conception du paysage comme bien collectif de la nation. La valeur esthétique et patriotique, dans le cadre patrimonial, doit l'emporter sur la valeur d'usage. Ce qui suppose des opérations analogues à celles qui sont menées pour ériger un bâtiment ancien en monument historique. Des représentations littéraires et picturales aussi bien que des discours érudits contruisent un regard esthétique sur l'objet, disent l'importance qu'il a pour la nation et soulignent la nécessité pour chacun d'y être attaché. Les premières décisions officielles de protection de sites naturels, prises en France en 1861, étaient d'ailleurs consécutives à l'invention picturale du paysage : elles délimitèrent dans la forêt de Fontainebleau des zones à conserver à l'état naturel, c'est-à-dire à l'identique des tableaux peints quelques années auparavant. Quatre décennies plus tard, la tâche que s'assignent les militants de la nature est de grande ampleur : il s'agit de sélectionner dans l'ensemble du territoire les espaces à mettre sous haute protection, de déterminer les modalités de leur conservation, d'instaurer des dispositions générales contre les atteintes à l'esthétique et de mettre en place une éducation collective apprenant à la population que le respect et l'amour des beaux paysages sont un devoir patriotique. La préservation de la nature nationale est donc une affaire qui mobilise largement dans la bourgeoisie cultivée et rassemble hommes politiques, écrivains, peintres, folkloristes, historiens, sociologues, architectes. L'accent est tout particulièrement mis sur la nécessité de former le regard des populations et de diffuser le plus largement possible une perception esthétique correcte des sites. La diffusion de photographies est largement utilisée à cette fin. L'union des sensibilités et des goûts, par-delà les distinctions sociales, apparaît indispensable à la phase ultime de l'unification nationale qui se joue à l'ère de la culture des masses. Les associations énoncent d'ailleurs comme un de leurs objectifs l'organisation d'un vaste et vigilant réseau de surveillance sur tout le territoire, apte à repérer toute dégradation et à la signaler aux instances supérieures. A l'échelon local ou national, les associations font pression sur les pouvoirs publics pour qu'ils arrêtent des mesures contre les vandalismes en tout genre. De fait, l'arsenal législatif des pays industrialisés s'enrichit progressivement de dispositions qui limitent quelque peu les droits de la propriété privée, mais qui sont toujours déclarés insuffisants pour les militants de la nature. Le combat, à la fin du XXe siècle, est toujours vivace. De cette négociation toujours recommencée est née une nouvelle sorte d'institution muséale où sont conservées *in vivo* flore, faune et activités agricoles traditionnelles : les parcs nationaux. Le modèle, une fois n'est pas coutume, vient du Nouveau Monde [18].

Au demeurant, est tenu pour espace naturel tout ce qui semble menacé par la modernité : non seulement les lieux jusque-là impropres à toute exploitation humaine, mais ceux qui ont été l'objet d'une mise en valeur économique traditionnelle. C'est-à-dire les sommets montagnards et le cœur des forêts, mais aussi les campagnes et les villages, voire les quartiers anciens des villes. Comme la sauvegarde des monuments historiques, la préservation de la nature et du paysage ne va cesser d'accroître les objets de sa sollicitude. Le *Heimatschutz* helvétique organise ainsi des commissions chargées de la « protection des beautés naturelles », de la « lutte contre l'enlaidissement des sites par les panneaux-réclame », de la « défense du patrimoine architectural », de la « sauvegarde des us et coutumes » ou du « soutien à l'artisanat local » [19]. Parmi les associations régionales que fédère le *Bund Heimatschutz* allemand, certaines s'occupent essentiellement de folklore et d'art populaire. Et la Société française de protection des paysages est étroitement liée aux sociétés qui se consacrent à l'art populaire, à l'ethnographie, à l'architecture traditionnelle. En fait, la notion de nature à protéger fonctionne souvent comme une synthèse du patrimoine identitaire préalablement construit, totalement incarné dans un espace. Comme le proclame le lancement d'une pétition suisse contre le projet de construction d'un funiculaire :

18. Le premier parc national est celui de Yellowstone, institué en 1872 pour préserver, lors de la conquête de l'Ouest, une part du rêve américain.

19. Cf. Diana Le Dinh, *Le Heimatschutz, une ligue pour la beauté* (sous la direction de Hans-Ulrich Jost), Lausanne, Université de Lausanne, « Histoire et société contemporaine », 1992. Pour le *Heimatschutz* allemand et la Société pour la protection des paysages de France, cf. Dany Trom, « Natur und nationale Identität », dans *Natur und Emotion* (édité par Étienne François, Hannes Siegrist et Jakob Vogel), Göttingen, Vandenhoeck und Ruprecht, 1995, p. 147-167.

> Nous ne luttons pas seulement pour le Cervin, nous luttons pour tous les hauts sommets. Ils sont les cimes glorieuses de notre histoire, les phares de notre vie nationale [20].

L'institution en Carélie orientale du parc national du Kalevala, décidée en 1996, présente d'ailleurs la particularité de résulter d'un traité entre deux États : la zone appartient à la Fédération de Russie, mais elle est considérée par les Finnois comme berceau de leur nation et ce sont eux qui prennent en charge le financement. C'est au demeurant contre l'exploitation sauvage de la forêt de Carélie russe par des entreprises finnoises que les écologistes de Finlande mènent le combat.

Le tourisme est tour à tour pourfendu comme adversaire et célébré comme allié privilégié par les associations de défense de la nature. Allié parce qu'il est supposé développer l'amour de la nature nationale et œuvrer à sa conservation ; adversaire parce que l'infrastructure qui accompagne son développement dénature le paysage. Bien évidemment, cette contradiction se résout par la mise en opposition de deux formes de tourisme. La bonne, supposée recherche pure d'authentique, prête à en payer le prix en termes d'inconfort et d'effort ; la mauvaise, impropre à distinguer le frelaté du vrai, le kitsch du beau, exigeant la facilité. Ce *topos* structure encore aujourd'hui la plupart des discours tenus sur le tourisme et permet d'en proposer des usages sociaux différenciés. Mais le tourisme « bon » ou « mauvais » relève d'une activité économique qui se fonde principalement sur le patrimoine national et le reconforme pour une consommation ludique.

La consommation identitaire

On ne visite pas n'importe quoi : seuls les pays sous régime communiste ont imposé aux groupes de vacanciers l'arpen-

20. Ernest Bovet, « Le Cervin », *Heimatschutz*, juin 1907, p. 42, cité par Diana Le Dinh, *op. cit.*, p. 60.

tage rituel d'usines sidérurgiques ou de chantiers navals. La modernité industrielle n'est montrable, exceptionnellement, que si elle est performance technologique. Le répertoire des *videnda* nationaux, des « choses à voir », suit d'assez près la « check-list » identitaire : des monuments historiques, des paysages emblématiques ou pittoresques, des villages préservés, des musées, des vieux quartiers, des boutiques d'artisanat local. La détermination des étapes d'un voyage touristique est fort peu variée. Son caractère plus ou moins élitiste se mesure surtout au temps accordé à chaque étape et au raffinement du discours d'information. Même le premier tourisme populaire de l'Europe catholique, celui des pèlerinages, se conforme à partir de la fin du XIXe siècle au cadre général. Lourdes, La Salette, Fatima : les apparitions de la Vierge, désormais, ont lieu dans de superbes sites montagnards. L'énorme expansion du tourisme, tout au long du XXe siècle, ne crée pas de nouvelles catégories dans l'inventaire du patrimoine identitaire, hormis peut-être pour la gastronomie, qui flanque désormais systématiquement dans les guides de voyage la liste des châteaux, festivités et points de vue [21]. Mais il y a adaptation de l'offre à une demande croissante à la fois par une multiplication des *videnda* et par une concentration spatiale et temporelle. Le touriste, à l'inverse du voyageur fortuné du siècle précédent, dispose de peu de temps : parcourir le territoire en allant d'un élément patrimonial remarquable à un autre, au prix de journées vides, ne relève pas de sa pratique. En fait, l'idéal est la réunion, sur un espace limité, du monument historique, du site pittoresque, du village préservé, de l'artisanat à l'ancienne et de fêtes traditionnelles. Ce qui est tout à fait réalisable, les retombées économiques valant généralement l'investissement. Les affiches publicitaires des compagnies ferroviaires ou des stations touristiques, longtemps, mettent l'accent sur cette pluralité. Le

21. Cf. Julia Csergo, « La spécialité gastronomique comme objet patrimonial », dans *L'Esprit des lieux* (sous la direction de Daniel J. Grange et Dominique Poulot), Presses universitaires de Grenoble, 1997, p. 183-195. L'expansion touristique à la fois multiplie les « plats locaux typiques » et fait apparaître des « plats nationaux », comme la paella dite valencienne, devenue symbole gastronomique de l'Espagne, ou la pizza napolitaine qui finit par gagner toute l'Italie.

travail accompli par les pouvoirs publics, les groupements de commerçants ou les associations du type des syndicats d'initiative pour densifier l'offre en matière d'attraction identitaire est intense : création de panoramas, mise en visite de bâtiments anciens, nettoyage de villages et de vieux quartiers insalubres et malodorants pour les rendre pittoresques et charmants ; sans oublier la rédaction de brochures donnant toutes les indications utiles pour une consommation conforme. Le touriste ne découvre pas, il retrouve ce qu'il savait être à voir et devient lui-même agent de diffusion d'un savoir normé. La carte postale illustrée, iconographie de masse qui apparaît avec le siècle et s'impose comme indispensable accessoire de la consommation touristique, va être le plus puissant vecteur d'une éducation du regard, parfaitement normalisée, transnationale, et prescriptive : à terme, les clichés pris par les touristes reproduiront les mêmes vues, selon les mêmes angles.

Le tourisme est grand consommateur de tradition. Cela peut être dit crûment :

> Sur toute la terre, la couleur locale se meurt. Elle ne sera bientôt plus qu'un souvenir. [...] Les costumes se standardisent et les âmes avec eux. Le monde a désappris le goût du pittoresque.
> Pour les peuples qui tirent du tourisme une part importante de leurs ressources, il y a là un grave danger. Il ne faut pas croire, en effet, que les voyageurs franchissent leurs frontières uniquement pour aller voir des cathédrales et des musées. La plupart, au contraire, s'intéressent surtout à la vie, au tumulte des rues, à la floraison bariolée des costumes. Le jour où les belles fermières de Zélande ne se coifferont plus de grandes ailes blanches et ne porteront plus leurs plaques d'or aux oreilles, qui donc songera encore à prendre le bateau pour Flessingue ?
> [...] On protège les paysages. Il faudrait aussi protéger les paysannes contre la désaffection de leurs modes régionales. Je demande que les costumes soient classés monuments historiques. Je demande que les coiffes soient déclarées d'utilité publique. Je demande qu'on envoie dans des camps de concentration les jolies filles qui, si charmantes dans le cos-

> tume de leurs grand'mères, préfèrent s'habiller comme les figures de cire des grands magasins, oubliant qu'elles sont une richesse nationale au même titre que les châteaux de la Loire ou la cité de Carcassonne [22].

Les modes de vie changent, mais les traditions naissent plus vite qu'elles ne meurent. Et elles prolifèrent dès que s'amorce un développement touristique. Les fêtes populaires, souvent religieuses, sont aménagées pour devenir spectacle public. Elles sont disciplinées et embellies. Au besoin, elles sont déplacées dans le temps : les touristes viennent principalement en juillet et en août. Les jeux de la Passion dans la bavaroise bourgade d'Oberammergau n'ont plus lieu la Semaine Sainte, mais tous les dix ans des centaines de représentations sont données de mai à septembre. Le Carnaval, déjà réaménagé comme spectacle pour hivernants sur les rivages du Sud, reste la principale fête de la mauvaise saison. Surtout, il y a énormément de créations. Le chansonnier Théodore Botrel, au début du siècle, lance à Pont-Aven une Fête des fleurs d'ajoncs, le premier dimanche d'août, bien sûr : le village breton était déjà connu, grâce aux peintres, comme un haut lieu d'archaïsme pittoresque, mais il manquait fâcheusement de festivités. La plupart des stations balnéaires, assez vite, sont en mesure de proposer à leur clientèle une fête traditionnelle de proximité. La villégiature suisse d'Interlaken offre à ses estivants, à partir de 1910, une transhumance bovine, avec des vachers experts dans l'art de jodler et de faire résonner le cor alpin [23]. L'invention de manifestations publiques en costumes devient une activité ordinaire des organismes de promotion touristique. La peinture du XIXe siècle fournit en abondance des thèmes : travaux agricoles (moisson, vendange, cueillette de fruits, éventuellement, en bord de mer, retour de pêche), cérémonies religieuses ou familiales (processions, mariages), événements historiques. Au besoin, les érudits locaux sont priés de

22. Georges-Armand Masson, dans *La Femme de France*, cité dans *L'Action régionaliste*, août 1936.

23. Cf. Regina Bendix, « Tourism and Cultural Display : Inventing Traditions for Whom ? », *Journal of American Folklore*, avr.-juin 1989, p. 131-147.

fouiller les archives et d'y découvrir trace d'anciennes fêtes, pour ancrer la nouvelle tradition dans le passé. Les réussites sont aussitôt imitées, éventuellement à une échelle plus modeste : les touristes les plus fortunés pourront s'offrir le spectacle principal, les autres se contenteront des variantes.

Tout touriste rentre à la maison muni de souvenirs. L'art national présenté dans une version de luxe lors des grandes Expositions fournit les bases d'une production de masse, à prix modiques et d'exécution simple. Avec création régulière d'objets « plus authentiques » – et plus chers –, éventuellement pourvus d'un label garantissant leur caractère traditionnel. Avec le tourisme naît en fait une version décorative et portable du patrimoine identitaire, faite de miniatures de monuments historiques, de reproductions de sites, d'« articles locaux » sans usage pour les autochtones ou de poupées costumées.

CHAPITRE II

La nation par la joie

La nation, au cours du XXe siècle, devient l'horizon « naturel » de la vie quotidienne. Reste que l'adhésion du prolétariat à l'idée nationale ne paraît ni évidente ni inéluctable pour les couches sociales qui l'ont déjà adoptée et qu'inquiètent les possibles tentations internationalistes et révolutionnaires de la classe ouvrière. De là des entreprises diversifiées et intensément menées pour intégrer les masses dans la nation et les amener à reconnaître leur véritable communauté d'appartenance. La pédagogie de masse du national a pour support privilégié le patrimoine identitaire.

L'éducation prolétarienne par le folklore

En arborant le costume traditionnel, les jeunes femmes ne font pas qu'accomplir leur devoir vis-à-vis de la balance des paiements nationale. Elles revêtent une armure morale qui les prémunit contre les vices de la modernité :

> Le costume national constitue pour les femmes la ligne de conduite symbolique à laquelle elles peuvent se tenir dans tous leurs faits et gestes. [...] Une jeune fille revêtant le costume national ne lit pas de romans-feuilletons d'un goût douteux, elle ne suspend pas des chromos aux parois de sa chambre ; elle sait qu'on attend d'elle qu'elle entretienne la maison d'une façon conforme à l'esprit paysan [1].

1. Ernst Laur, *Le Paysan suisse, sa patrie et son œuvre, conditions et évolution de l'agriculture suisse au XXe siècle*, Brougg, 1939,

C'est la formulation outrancière – comme il est d'usage à propos des femmes et de leur corps – d'une conviction largement répandue dans les premières décennies du XXe siècle : le folklore doit tenir lieu de culture pour les masses de l'âge industriel. Il est supposé apte à intégrer le prolétariat dans la nation, en lui servant de garde-fou contre les tentations dégradantes de l'industrie des loisirs et en lui donnant le sens du beau et du bien.

L'urbanisation et le développement du salariat ont fait apparaître une donnée nouvelle de la vie sociale : l'existence de temps libres populaires, régulièrement répartis. Ils sont certes limités, mais la durée annuelle du temps ouvré tend à diminuer, du fait des revendications des travailleurs et d'un changement dans la gestion patronale qui se préoccupe désormais de la reproduction de la force de travail et de la qualification de la main-d'œuvre. Le problème qui en découle est celui de l'occupation de ces nouveaux temps libres qui sont estimés hautement dangereux pour leurs bénéficiaires et la société tout entière [2]. Les logements populaires urbains, exigus et souvent surpeuplés, n'offrent pas les mêmes ressources que les demeures bourgeoises pour les activités de détente. Tous ceux que préoccupe la question sociale ont une hantise : le cabaret où le travailleur libéré de l'usine part se réfugier. Par conséquent, il apparaît aux élites bourgeoises qu'un de leurs devoirs majeurs consiste à fournir aux populations des activités et des lieux pour passer leurs soirées et leurs dimanches.

> Il est nécessaire, pour la sauvegarde de l'ordre public que les masses ouvrières ne consacrent pas leurs loisirs à développer les fléaux sociaux ou à fomenter des troubles. Tout moyen qui tend à les éloigner de l'alcoolisme ou de la sédition contribue

---

p. 696-700, cité dans Monique Pavillon, *La Femme illustrée des années vingt*, Université de Lausanne, « Histoire et société contemporaine », 1986.

2. Cf. Anne-Marie Thiesse, « Organisation des loisirs des travailleurs », dans *L'Avènement des loisirs* (sous la direction d'Alain Corbin), Paris, Aubier, 1995, p. 302-322.

> au maintien de cet ordre. L'éducation populaire en est un : elle offre aux travailleurs des occupations saines et, éclairant leur intelligence, les conduit à la modération [3].

Les responsables politiques et syndicaux de gauche partagent la même crainte de l'abrutissement des masses par l'alcool ou ses variantes (cinéma, dancing, littérature populaire). Dans les pays industrialisés, la question de l'organisation des loisirs se substitue, comme préoccupation sociale majeure, à celle de l'organisation du travail [4]. Avec la création de la Société des nations et du Bureau international du travail, la réflexion et les échanges d'expériences se font à une large échelle. Des congrès internationaux des loisirs sont tenus régulièrement dans les années 1930, qui rassemblent des délégations de toutes obédiences – catholiques, laïques, socialistes aussi bien que fascistes. L'encadrement des temps libres populaires y est traité comme une tâche politique de la plus haute portée, ainsi que le proclame le discours d'ouverture du Congrès de 1936 :

> L'organisation judicieuse des loisirs des travailleurs est une condition essentielle non seulement de la paix sociale à l'intérieur des pays, mais encore de la paix politique entre les nations.

Le Congrès, comme les Jeux olympiques, se tient cette année-là à Berlin. Du coup, c'est Rudolf Hess, ministre du Reich, qui prononce cette déclaration inaugurale.

Loisirs récréatifs, certes, mais plutôt re-créatifs : car l'idée est de pallier le déficit initial d'éducation des prolétaires par

3. François Bloch-Lainé, *L'Emploi des loisirs ouvriers et l'éducation populaire*, Paris, Sirey, 1936, p. 15.

4. Stéphane Gerson, dans son étude sur la formation d'un patrimoine historique dans la région du Nord de la France, relève que les élites locales, dès la monarchie de Juillet, créent de nombreuses fêtes urbaines en évoquant la gloire et les bénéfices commerciaux qu'elles procurent à leur ville. Mais elles soulignent aussi, déjà, que ces fêtes servent à détourner le peuple de la sédition et du cabaret, et sont efficaces pour l'intégrer dans la société. Cf. Stéphane Gerson, *Pays and Nation : The Uneasy Formation of an Historical Patrimony in France – 1830-1870*, thèse pour le doctorat d'histoire, Université de Chicago, 1997.

des occupations saines, enrichissantes, qui élèvent l'âme en fortifiant le corps et redressent une fâcheuse tendance naturelle à la déchéance et à l'avilissement. Les clubs sportifs et les jardins ouvriers tiennent une grande place dans l'énorme dispositif mis en place pour lutter contre le cabaret en développant l'apprentissage de valeurs individuelles et collectives. Mais le loisir de masse encadré repose aussi largement sur le « revivalisme » folklorique.

Pour intégrer véritablement le prolétariat dans la nation, ne cessent de répéter idéologues et militants, il faut élaborer une culture transclassiste fondée sur une esthétique, une éthique et un sentiment d'appartenance partagés par tous. Or le prolétariat a été vite déclaré inapte et rétif à la culture raffinée des élites sociales. L'échec relatif d'expériences comme les universités populaires et les diverses expéditions missionnaires de jeunes intellectuels enthousiastes portant aux travailleurs les joies pures mais austères de la haute culture est venu à point pour le confirmer. Et c'est donc une autre culture, dite authentiquement populaire et supposée accessible aux masses modernes, qui est proposée pour la communion de toutes les classes dans l'union nationale. Le précieux trésor, pieusement transmis au sein de la paysannerie à travers les siècles, est promu modèle des loisirs de masse du XXe siècle. Avec une application immédiate dans les innombrables fêtes créées dans les centres urbains, tout à la fois spectacles touristiques et autocélébrations communautaires : les groupes folkloriques costumés qui se succèdent en chantant et en dansant sous le regard bienveillant des autorités représentent de manière particulièrement attractive et chatoyante l'unité d'une population ordinairement divisée dans son mode de vie et ses intérêts. Mais, plus profondément, on attend des traditions populaires qu'elles régénèrent le prolétariat et lui offrent une dignité qui est supposée lui manquer initialement. Pendant des décennies, les initiatives se suivent pour procurer au prolétariat une élévation spirituelle par le folklore et pour combattre les produits déclarés frelatés et nocifs du commerce des loisirs : airs rustiques contre chansons de music-hall, danses paysannes contre java, artisanat à l'ancienne contre kitsch manufacturé. C'est là le grand combat des associations de type *Heimatschutz*, qui font de la commerciale culture de masse moderne la cible principale de leurs attaques. Le combat peut sembler d'arrière-garde et conservateur : il n'est pas dépourvu de succès et mobilise également des militants qui récusent l'ordre social existant. Au sein des organisations de gauche se créent des groupes de danses folkloriques ou de chants traditionnels.

Dans les années trente, les associations populaires de jeunesse, qu'elles soient de droite ou de gauche, confessionnelles ou laïques, se réfèrent régulièrement au folklore pour leurs activités ludiques et récréatives. Porteurs de foulards rouges ou de bérets bleu marine peuvent se haïr et s'affronter rudement : mais tous reçoivent au sein de leurs mouvements respectifs une solide formation en matière de folklore national... et international. Les gouvernements européens de l'entre-deux-guerres, aux orientations politiques pour le moins différenciées, encouragent d'ailleurs quasiment tous l'initiation au folklore dans le cadre de l'enseignement primaire. Et les petits enfants du peuple, sous la houlette de leurs instituteurs, sont invités à faire revivre les traditions de leurs ancêtres, malencontreusement perdues depuis peu. En 1938, ainsi un décret institue au ministère de l'Éducation nationale français une Commission des arts et traditions populaires qui doit, entre autres tâches, « répandre le goût et les pratiques de la musique, des chants et des danses et faire retrouver la dignité des fêtes et spectacles de tradition populaire [5] ». A l'occasion de l'Exposition internationale de 1937 et du Congrès international de folklore qui y est associé, on discute encore de l'intérêt de costumes nationaux traditionnels adaptés à la vie moderne : ces débats sont reproduits sans ironie aucune dans la presse. Le Bureau international du travail, dans les années 1930, diligente plusieurs enquêtes qui ont pour objet l'utilisation des arts populaires traditionnels pour les loisirs des travailleurs. Bien évidemment, toutes ces entreprises sont impuissantes à enrayer l'irrésistible avancée du jazz, du cinéma, de la jupe courte et de l'indéfrisable. Elles en constituent le discours, négatif, d'accompagnement.

5. Commission instituée par décret du 19 mai 1938, composée de trois sections dont les premiers présidents sont respectivement l'historien Lucien Febvre, le géographe Albert Demangeon et le délégué général de la Fédération régionaliste française Jean Charles-Brun.

L'univers social engendré par le capitalisme industriel est traversé par de puissantes fractures internes, qui opposent des groupes aux intérêts antagonistes. Mais le discours politique qui lui est contemporain, celui de la création des nations, est au contraire promesse de bonheur par l'abolition des différences et la fraternité dans un collectif. Cette contradiction est biaisée en fait par le recours à des imprécations constantes contre la modernité urbaine et industrielle, érigée en source de tous les maux ; elles sont de plus en plus virulentes à mesure que cette modernité devient le cadre de vie ordinaire de la majorité de la population. Dans les premières décennies du siècle, la disqualification éthique et esthétique du monde contemporain et la promotion inverse de la mythique tradition rurale constituent la base d'une représentation très consensuelle du monde. Ce qui explique l'expansion et l'audience énorme de mouvements culturels comme le régionalisme des pays latins [6] ou son équivalent germanique, la *Heimatkunstbewegung*, qui déclinent sous toutes les formes la dénonciation de la contemporanéité industrielle et la recherche d'un salut dans le retour aux origines rurales. Cette difficulté à dire positivement la modernité, qui constitue l'une des grandes fragilités des États-nations du XXe siècle, va donner un tour particulier au discours idéologique des régimes totalitaires : ils annoncent la construction d'un monde et d'un homme nouveaux, contre la décadence présente, tout en promettant le retour à un passé national hautement valorisé.

6. Cf. Anne-Marie Thiesse, *Écrire la France, le mouvement régionaliste de langue française entre la Belle Époque et la Libération*, Paris, Presses universitaires de France, 1991, et « Les petites patries et la grande Nation. Le mouvement littéraire régionaliste français et la *Heimatkunstbewegung* », dans *Philologiques III*, *op. cit.*, p. 339-362. Cf. également Karl-Heinz Rossbacher, *Die Heimatkunstbewegung*, Stuttgart, Klett, 1975 ; Diana Le Dinh, *Le Heimatschutz, op. cit.* ; Daniel Maggetti et Dieter Müller, *Bonnes Lectures, textes populaires de Suisse romande 1880-1990*, Carouge-Genève, Éd. Zoé, 1992 ; Hans-Ulrich Jost, *Les Avant-Garde réactionnaires, 1890-1914*, Lausanne, Éd. d'En-bas, 1992.

Le Congrès international des loisirs de 1936 s'achève en une grandiose bacchanale. Tous les groupes venus animer la partie récréative de la manifestation se mêlent : Magyars, chœurs paysans de Zeeland, danseurs du Marais vendéen, chanteurs tyroliens, groupe chorégraphique de Bergen. Triomphe de l'Internationale folklorique ?

> Ce fut un vrai déchaînement d'allégresse. On entendait claquer les fouets, soixante tambours de Bâle exécutèrent des roulements, des Italiens, des Suédois, des Norvégiens, des Danois, chantaient pêle-mêle, le biniou de Bretagne accompagnait de ses sons nasillards un chœur de Roumains, une ronde se mêlait à l'autre jusqu'au moment où les accents de la musique allemande sonnant la retraite mirent un terme à cette joie débordante [7].

Quatre ans plus tard, c'est le bruit des bottes allemandes qu'entendent résonner chez eux les joyeux folkloristes.

Folklore totalitaire

L'Italie fasciste veille à l'organisation des loisirs de la population. L'*Opera nazionale Ballila*, du nom d'un jeune héros mythique de l'indépendance [8], s'occupe des jeunes ; on y entre dès l'âge de quatre ans sous le doux nom de Fils de la Louve. Quant aux adultes, ils sont pris en charge à la sortie du travail par l'*Opera nazionale Dopolavoro* (OND), instituée en 1925. L'OND gère les infrastructures et associations sportives, culturelles et touristiques. Sous contrôle du parti

7. *Compte rendu du Congrès mondial des loisirs et de la récréation*, Hambourg-Berlin, 25 juillet-30 juillet 1936, Hambourg, Hanseatische Verlaganstalt, 1936, p. 61 (en français).

8. C'est le jeune Giovan Battista Perasso, dit Ballila, qui aurait déclenché à Gênes en 1746 une insurrection populaire contre les forces autrichiennes, les forçant à quitter la ville pendant quelque temps. Au moment du Risorgimento, la figure de Ballila devint symbole de l'Italie populaire se soulevant contre la tyrannie étrangère. Le gamin Ballila, pendant italien et patriotique de Gavroche, est au centre de moult tableaux historiques du XIXe siècle.

unique, elle doit « veiller à la constitution et à la mise en service d'institutions capables d'élever physiquement, intellectuellement et moralement les travailleurs intellectuels et manuels pendant leurs heures de liberté [9] ». Elle a mis sous son contrôle ce qui existait auparavant, l'a développé et créé de nouvelles organisations. C'est par l'OND qu'on va, collectivement, au spectacle, en pique-nique, en excursion patriotique, à l'entraînement sportif ou à la fête [10]. Le revivalisme folkloriste s'y épanouit, pour la plus grande gloire de la tradition nationale et de la communion des classes dans la société fasciste [11]. Au sein de l'OND est mise en place une Commission nationale des arts et traditions populaires, qui s'appuie sur un vaste réseau de comités provinciaux. Les érudits sont commis à l'exhumation de vieilles traditions locales, à leur remise en forme et à la transmission de modèles imitables. L'invention festive bat son plein dans l'Italie fasciste : partout on célèbre la petite patrie locale et la grande Nation du Duce avec force danses en costumes, défilés de chars décorés, concours de chants et de poésies dialectales. Entre deux groupes folkloriques passent des chars allégoriques représentant les grandes « batailles » du régime : contre l'analphabétisme, pour le blé, pour la conquête de l'Éthiopie. Le sport n'est pas oublié : ainsi, le *Palio* d'Asti est-il flanqué de courses de motos et de vélos ainsi que de matchs de football. Le régime favorise la tenue de « semaines municipales » ou de « mois régionaux » pendant lesquels sont concentrées

9. Cf. Jean-Claude Richez et Léon Strauss, « Un temps nouveau pour les ouvriers : les congés payés », dans *L'Avènement des loisirs*, *op. cit.*, p. 373-413.

10. En 1935, Palmiro Togliatti donne une série de cours sur le fascisme à l'école léniniste de Moscou. L'un d'eux porte sur l'organisation des loisirs. Togliatti souligne l'enjeu politique que représente le *Dopolavoro* et donne pour tâche aux « camarades » d'y entrer systématiquement pour organiser la lutte. Togliatti indique que l'inexistence d'une organisation globale des loisirs a été « l'une des plus graves lacunes dans le mouvement ouvrier italien ». Cf. Palmiro Togliatti, *Recherches internationales à la lumière du marxisme*, 3e trimestre 1971, numéro spécial, *Le Fascisme italien*.

11. Pour une étude approfondie du folklorisme fasciste, cf. Stefano Cavazza, *Piccole Patrie, feste popolari tra regione e nazione durante il fascismo*, Bologne, Il Mulino, 1997.

des activités récréatives de toutes sortes. A partir de 1930, à la suite d'une crise du secteur viticole, ordre est donné d'en haut d'organiser partout une « journée du raisin », fixée au 28 septembre. Alors que la romanité ancestrale, revue façon peplum hollywoodien, fournit le décor grandiose des cérémonies à la gloire du parti et de son chef, la tradition populaire sert de support, plaisant et pittoresque, à la représentation des beautés variées de la patrie. Elle a aussi une finalité commerciale régulièrement énoncée. Le tourisme étranger représente pour l'Italie fasciste un indispensable apport en devises. C'est aussi un excellent moyen pour le régime d'améliorer son image de marque sur la scène internationale. De là des instructions officielles pour rationaliser l'offre festive, imposer un calendrier qui évite les effets de concurrence inutile entre villes proches et donner à voir aux touristes des spectacles ordonnés où l'enthousiasme populaire est exempt de tout débordement. Mais on crée aussi des fêtes qui offrent à un public cultivé les plaisirs mêlés du spectacle sportif et de l'histoire réanimée. Le modèle siennois du *palio* inspire de très nombreuses imitations dans les cités qui peuvent s'enorgueillir d'un riche patrimoine architectural médiéval : l'attrait des costumes historiques et la compétition aussi haletante que mystérieuse entre *contrade* font de ce retour dans le passé un complément de choix aux richesses muséales et ecclésiales de la ville. Asti, Ferrare, Legnano font renaître leurs propres *palii*. Nombre de villes se dotent de compétitions sportives médiévales, comme le *calcio storico* florentin recréé en 1930[12], ou la « joute au Sarrazin » d'Arezzo l'an-

12. Le *calcio* florentin est une sorte de proto-football, autour duquel furent organisées de gigantesques fêtes dans la Florence des Médicis. Elles tombèrent en désuétude au début du XVIIIe siècle. Le *calcio* florentin devint, dans le cadre du Risorgimento, un symbole de la lutte pour la liberté contre l'oppression étrangère. Un roman historique d'Alessandro Ademollo, publié en 1840, mit à l'honneur une anecdote : durant le siège de la ville par les troupes de Charles Quint, la jeunesse se serait ostensiblement adonnée à une partie de *calcio* pour signifier sa tranquillité d'âme et son mépris de l'ennemi. Les fêtes actuelles du *calcio* font se succéder un grandiose défilé en costumes Renaissance et une compétition régulée où les coups, éventuellement violents, sont permis. Des veaux de la race emblématique de la Maremma sont offerts aux vainqueurs. Les brochures touristiques

née suivante. La publicité touristique utilise abondamment des photos de ces fêtes ; cet usage externe ne va nullement à l'encontre de leur appropriation par les populations locales comme objet de fierté et support identitaire.

Hitler, lors de sa visite en Italie de 1938, aura droit à une dégustation panachée des fêtes néo-médiévales toscanes : on lui présentera aux jardins de Boboli du *palio* siennois, de la joute arétine et pisane et, en ville, un match de *calcio* florentin.

Depuis l'année précédente, des accords conclus entre le *Dopolavoro* et son homologue allemand conduisent en Italie des fournées de travailleurs germaniques pour des périples touristiques bien encadrés. Le régime nazi montre ostensiblement qu'il est à même d'offrir à des prolétaires des plaisirs jusque-là réservés à la bourgeoisie.

L'organisation de loisirs de l'Allemagne hitlérienne a été créée dès 1933. Elle dépend du Front du travail qui remplace les syndicats désormais interdits, et auquel l'adhésion est obligatoire [13]. Le *Dopolavoro* sert de modèle, et l'organisation allemande des loisirs s'appelle d'ailleurs initialement *Nach der Arbeit* (Après le travail) avant de prendre un nom plus dynamique : *Kraft durch Freude* (La force par la joie). Organisation de masse, pour le moins : elle concerne trente millions d'individus... *Kraft durch Freude* fait voyager les travailleurs allemands [14] à la découverte de leur pays, dans l'ordre, la discipline et le rappel constant des grands slogans nazis.

Kraft durch Freude dispose d'un Bureau *Volkstum und Heimat*, spécialisé dans l'action nationale-socialiste sur le folklore et la protection du paysage. Le périodique qu'il édite

contemporaines tendent à ancrer la pratique du *calcio* dans la culture des grands ancêtres, en suggérant que ce jeu fut pratiqué par les légions romaines et peut-être même auparavant par les Étrusques.

13. Cf. Jean-Claude Richez et Léon Strauss, dans *L'Avènement des loisirs*, cité.

14. Dès la République de Weimar, le principe des congés payés était largement pratiqué en Allemagne, même s'il n'y avait pas de législation générale sur la question. En 1929, la quasi-totalité des ouvriers allemands avaient des congés payés, contre une infime minorité de leurs homologues français.

sous ce nom à partir d'avril 1934 se présente explicitement comme la continuation de la revue *Das Land,* lancée en 1893 dans le cadre du mouvement naissant du *Heimatschutz*[15]. Cette inscription ostensible dans un mouvement antérieur de défense du patrimoine est caractéristique de la récupération nazie de tout le travail patriotique accompli antérieurement, y compris dans une perspective idéologique très différente. L'organigramme de *Volkstum und Heimat* prévoit des sections spécialisées pour les différents thèmes du *Heimatschutz* : chants et danses populaires, artisanat, excursions, fêtes, costumes traditionnels. On y travaille, bien évidemment, à l'organisation de réjouissances collectives comme la Fête nationale de la moisson, créée en 1933, et à la réanimation d'innombrables traditions locales. Les groupes folkloriques de *Kraft durch Freude* participent aux manifestations qui consacrent l'apogée du dictateur, au Congrès du Parti à Nuremberg : Frisons, Bavarois, Palatins, Prussiens, en costumes régionaux, défilent à travers les rues de la ville, pour saluer la gloire du Führer. La mise en scène de l'union des différentes régions dans le Reich unitaire est très fréquente durant l'ère nazie. Elle prend parfois la forme de procédures militaires : un chef énonce solennellement, un par un, le nom de chaque région[16] allemande dont le représentant doit, tout aussi solennellement, répondre « présent ». A Nuremberg, on n'a pas oublié de faire figurer dans le cortège les Allemands ressortissant d'un État étranger, comme les Siebenbürger, populations germanophones de Transylvanie.

Fournir l'argumentaire de revendications irrédentistes est d'ailleurs un des buts évidents des encouragements à la recherche folklorique. L'Italie fasciste a lancé des opérations

15. Fondée en 1893 par Heinrich Sohnrey, la revue *Das Land* était devenue rapidement le périodique de l'Association de défense du paysage et mise en valeur de la petite patrie (*Verein für ländliche Wohlfahrts- und Heimatpflege*).

16. Pour désigner les différentes parties de l'Allemagne, le terme utilisé est celui de *Stämme*, référence aux tribus germaniques qui se seraient implantées sur telle ou telle partie du territoire. Cet usage a été introduit bien avant l'ère hitlérienne, qui l'a systématisé. Cela permettait d'ailleurs d'éliminer toute référence aux *Länder* de la République de Weimar.

sur l'étude des folklores du Haut-Adige, de Corse et de Slovénie, afin de mettre en lumière leur continuité avec la culture italienne. Les premières annexions territoriales de l'Allemagne hitlérienne sont menées au nom du principe des nationalités : les populations de culture allemande d'Autriche et des Sudètes doivent retourner dans la grande Patrie germanique. Le prétexte est grossier, mais il est avalisé par les autres puissances européennes.

L'utilisation intensive du folklore par les régimes fasciste et nazi leur permet aussi de célébrer très ostensiblement le peuple national. La propagande hitlérienne prétend que le capitalisme a été aboli en Allemagne en 1933, et avec lui la division entre classes antagonistes. Le régime se targue d'avoir fait naître la véritable nation allemande, communauté unitaire qui ne connaît aucune distinction sociale. *Ein Volk, ein Reich, ein Führer*. Le folklore, envisagé sous les régimes précédents comme base d'une moderne culture de masse pacifique, est investi comme preuve sans cesse renouvelée de cette unité, cependant que la propagande totalitaire stigmatise « l'art dégénéré du cosmopolitisme bourgeois ». Le premier numéro de *Volkstum und Heimat*[17], organe du mouvement du même nom, s'ouvre par une photo champêtre du Führer en culotte courte et grandes chaussettes de laine, suivie d'un éditorial du responsable du mouvement, Werner Haverbeck, qui martèle le caractère éminemment populaire de la « Révolution » nationale-socialiste :

> La nouvelle culture populaire n'est pas le domaine réservé de bourgeois ayant eu le privilège d'une haute formation ou d'artistes dépourvus de nerfs et de racines, ce n'est pas la création d'une couche supérieure passée par l'Université, ce n'est pas l'œuvre de ceux qui au nom d'un talent technique ou d'une formation revendiquent la direction de la culture. Ou bien cette culture populaire se développera à partir de la communauté populaire, à partir du combat de la jeune troupe, comme expression de notre foi en une croissance vers le haut sans aucun exemple jusque-là et elle trouvera la forme de son expression élémentaire, ou bien elle ne sera pas.

17. *Volkstum und Heimat*, cahier numéro 1, avril 1934.

L'article est flanqué d'une citation du Docteur Ley, le chef de *Kraft durch Freude* : « Le *Volkstum* est la plus profonde et la plus claire expression de la race d'une nation. La tradition, c'est l'art au sens le plus haut et le plus respectable. » Les idéologues hitlériens assignent au travail sur la culture populaire une fonction précise : non pas conserver pieusement le passé mais retrouver l'énergie primitive et forger, à partir des forces qui jaillissent du sol et du sang, du *Blut und Boden*, un homme nouveau, véritablement allemand, c'est-à-dire national-socialiste. Les nombreuses illustrations de *Volkstum und Heimat* le montrent bien : les représentations de la tradition – femme en costume régional, paysan avec sa faux – alternent avec des photographies, prises selon une esthétique du dynamisme à la Leni Riefenstahl, qui montrent des groupes de jeunes débordant d'énergie collective – sportifs exécutant des mouvements d'ensemble ou bien ouvriers au travail. L'activité folklorique nazie se donne pour un combat d'avenir. *Volkstum und Heimat* a rapidement pour sous-titre : « Équipement pour le travail folklorique et la transformation du peuple national-socialiste », avant de devenir « Écrit de combat pour le travail culturel national-socialiste » ; le mouvement du même nom est déclaré « troupe d'assaut du jeune *Volkstum* ». La langue nazie, d'une manière générale, est très militarisée. Le folklore est un des supports de la mobilisation générale permanente de la population au service du parti et de ses dirigeants. Il remplit aussi probablement une fonction d'opium du peuple. L'industrie cinématographique produit quantité de films de *Heimat*, ayant pour cadre la campagne et ses rassurantes traditions immuables. En pleine guerre, le réalisateur Veit Harlan, qui vient d'achever *Le Juif Süss*, tourne *La Ville dorée*, tragique histoire d'une jeune fille sudète qui abandonne la ferme paternelle pour les mirages de la ville et en revient déshonorée. Largement distribué dans l'Europe occupée, ce film de 1942 utilise l'innovation technologique de la pellicule en couleurs.

Les discours nazis et fascistes sur le folklore diffèrent notablement sur un point : les premiers sont saturés de références raciales et d'affirmations sur la supériorité de la race aryenne. Les chaires de folklore fondées dans les universités durant la période nazie[18] sont liées à des études sur la race et la préhistoire, qui figurent aussi dans l'organigramme de *Volkstum und Heimat*. Le Bureau Rosenberg, du nom de l'idéologue en chef du nazisme, prend d'ailleurs progressivement sous son contrôle l'activité folkloristique[19], en concurrence avec l'organisme S.S. *Ahnenerbe* (Patrimoine des ancêtres). L'aryanisation forcée de la culture populaire allemande a des aspects bénins, comme la prolifération des symboles germaniques[20] ou la tentative de rendre aux fêtes religieuses des campagnes leur sens païen primitif. Mais l'utilisation de « matériau biologique non Aryen » à des fins de « recherche scientifique » ne peut être qualifiée que par le terme – trop faible encore pour ce qu'il désigne – de crime contre l'humanité.

Le régime de Vichy proclame le folklore culture nationale de la France[21]. Comme en Italie et en Allemagne, les fêtes traditionnelles se multiplient : feux de Saint-Jean, fêtes de moisson ou de vendange, fêtes de saints locaux (le régime veut une France parfaitement catholique). Les voyages du Maréchal en ses provinces donnent lieu à de grandes parades folkloriques. Des organismes centralisés et fortement hiérarchisés se substituent aux nombreuses associations régionalistes et revivalistes qui existaient sous la Troisième Répu-

18. Cf. *Volkskunde und Nationalsozialismus* (sous la direction de Helge Gerndt), Munich, Münchner Vereinigung für Volkskunde, 1987, et Utz Jeggle, « L'ethnologie de l'Allemagne sous le régime nazi », *Ethnologie française*, 1988, n° 2, *Ethnologie et racisme*, p. 114-119.

19. Le bureau Rosenberg publie à partir de 1939 un périodique, *Deutsche Volkskunde*. Dans le premier numéro, un long article intitulé « Les études fokloriques : une science politique » passe en revue les promoteurs de la nation, Herder, Goethe, Jahn, Möser, les frères Grimm, et interprète du point de vue national-socialiste ces « précurseurs ».

20. La datation des numéros de *Volkstum und Heimat*, évidemment, utilise le calendrier « germanique » où avril se dit *Ostermond*.

21. Cf. Christian Faure, *Le Projet culturel de Vichy. Folklore et Révolution nationale*, Presses universitaires de Lyon, 1989, préface de Pascal Ory ; Anne-Marie Thiesse, *Écrire la France, op. cit.*, chapitre 8, « Régionalisme et Révolution nationale ».

blique et ils prennent en main l'initiation massive de la population aux chants et aux danses populaires. C'est surtout la jeunesse qui est concernée : des millions d'hommes sont retenus en Allemagne, et la population adulte qui reste ne dispose guère de loisirs. Dans les chantiers de jeunesse, le folklore est mis au service de la rééducation nationale de masse. Mais, à la différence de l'Italie fasciste et plus encore de l'Allemagne nazie, la France pétainiste n'est pas prise entre l'exaltation de la modernité et la célébration de la tradition. Vaincu et occupé, soumis aux réquisitions, le pays se voit assigner, dans le cadre de l'Europe sous hégémonie nazie, une vocation exclusivement agricole. Il ne s'y fera pas d'autres grands travaux que le Mur de l'Atlantique. De surcroît, le gouvernement réactionnaire issu de la défaite ne reconnaît à la France d'autre identité que rurale :

> La France de demain sera à la fois très nouvelle et très ancienne. Elle redeviendra ce qu'elle n'aurait jamais dû cesser d'être, une nation essentiellement agricole. Comme le géant de la fable, elle retrouvera toutes ses forces en reprenant contact avec la terre [22].

L'anathème porté sur la République, le régime parlementaire et les syndicats englobe le monde urbain et industriel. Selon la propagande pétainiste, la nation ne peut se retrouver qu'en redevenant purement paysanne et catholique. La France vichyste prend l'allure, selon l'expression de Marc Bloch, d'un « vaste musée d'antiquailles [23] ». Le patrimoine identitaire est revu dans une perspective paysanniste : nos ancêtres les Gaulois étaient des paysans-soldats, Jeanne d'Arc une fille sublime de la paysannerie française catholique, Henri IV et son conseiller Sully les meilleurs protecteurs des paysans français [24]. Les

22. Déclaration du maréchal Pétain à la presse américaine, le 22 août 1940.

23. Marc Bloch, *L'Étrange Défaite*, Paris, Colin, 1957 (texte rédigé en 1940).

24. Le seul prix culturel créé par le gouvernement de Vichy s'appelle le prix Sully-Olivier de Serres ; il récompense des ouvrages littéraires et scientifiques consacrés à la vie paysanne et est décerné sous l'égide du ministère de l'Agriculture.

beaux paysages de France sont des champs de blé et des vignobles, sous le patronage d'un clocher.

La propagande de la Révolution nationale repose essentiellement sur cette promesse de restaurer la nation et son identité ; le régime, pendant ce temps, s'engage toujours plus avant dans la Collaboration. Folklorisme et régionalisme vichystes ont sans doute fait office, pendant une brève période au moins, de leurre efficace à la politique d'abdication nationale.

Le folklore ne disparaît pas du patrimoine identitaire avec l'effondrement des régimes totalitaires occidentaux. Mais son usage change. La question de l'intégration du prolétariat à la nation paraît désormais sans objet : la croissance économique et la redistribution des richesses au sein d'« États-providence » semblent avoir résolu le problème. L'organisation des loisirs populaires n'est plus un enjeu politique, mais simplement un secteur de l'économie. Le développement massif du tourisme, en revanche, fait du folklore un support de consommation extrêmement sollicité. Toutefois, l'apogée de l'industrialisation occidentale dans les années 1960, peu avant le basculement vers une autre phase de la modernité, et la réduction drastique de la paysannerie comme catégorie sociale donnent lieu à un nouveau mouvement de promotion de la culture traditionnelle : il se présente comme protestataire, de gauche et juvénile. En Italie, des ethnologues et des artistes militants qui se réclament des analyses gramsciennes entreprennent de créer un folklore moderne et révolutionnaire, notamment musical, qui reprend les rythmes et les mélodies de la musique populaire traditionnelle en lui donnant, par les textes, un contenu politique protestataire. En France, durant la décennie qui suit Mai 68, le monde rural et ses traditions sont érigés en bastions de la lutte anticapitaliste. L'utopie progressive-régressive entend dépasser les contradictions de la société contemporaine en proposant, par le retour à un monde précapitaliste, de substituer au productivisme des valeurs comme la convivialité, la fraternité communautaire et le respect de la nature. Contre le folklore de consommation touristique, de nouvelles traditions « plus authentiques », à forte valeur éthique, sont mises en place : néo-artisanat dont la valeur tient au travail investi, fêtes qui sont supposées n'avoir pas de spectateurs mais seulement des participants, produits « biologiques » excluant le recours à des adjuvants chimiques. Pendant ce temps, le capitalisme change de forme : d'anciennes zones industrielles deviennent de gigantesques friches. D'usines abandonnées, on pourra faire désormais une nouvelle catégorie de musées, monuments historiques de l'ère postindustrielle.

National-communisme

« En 1917, Lénine, Staline et Kirov nous ont apporté le bonheur. Mais nos ennemis ont voulu la mort de nos chefs aimés et la destruction de notre pays. Ils ont tué Kirov. Moi, kolkhozienne, j'ai réuni mes enfants autour de la table et nous avons regardé le portrait de Kirov qui a donné sa vie pour notre bonheur. Notre parti ouvrier a tué les assassins et les a fusillés. » Tel est le résumé d'un poème-lamentation composé par une rhapsode populaire en 1934, alors que Kirov vient d'être liquidé sur ordre secret de Staline. Le folklore oral russe des années 1930-1940 produit une riche collection de contes et de chants lyriques ou épiques à la gloire de la révolution bolchevique et des dirigeants du Parti. La génération n'est pas tout à fait spontanée, puisque des folkloristes se chargent d'assister dans leurs créations les aèdes des campagnes [25] et leur organisent des stages de formation. Mais la tradition populaire, même dûment bolchevisée, n'est guère mise en avant dans la construction de la culture soviétique, malgré l'intérêt soutenu que lui témoigne Gorki. Le passé est disqualifié comme archaïsme aliénant qui doit disparaître dans la nouvelle société communiste. *La Ligne générale*, le film tourné par Serguei Eisenstein en 1929, a précisément pour titre original *L'Ancien et le Nouveau* : la paysanne Martha, qui

25. Cf. Tatiana Grigorievna Ivanova, « La littérature orale narrative et son utilisation dans la période stalinienne », *Ethnologie française*, décembre 1996, n° 4, *Paroles russes*, p. 727-738.

vit dans un village où règnent la superstition et l'obscurantisme, sous le joug de riches koulaks, prend conscience des bienfaits de l'industrialisation et de la nécessité d'une coopérative agricole. Pour marquer la rupture avec le passé et l'instauration d'une nouvelle société, pour supprimer tout ce qui est considéré comme archaïsme aliénant, le régime, à travers l'appareil du Parti, instaure de nouvelles coutumes, de nouveaux rituels : des fêtes soviétiques remplacent les anciennes fêtes rurales et religieuses. Tout le patrimoine identitaire est d'ailleurs réélaboré. Aux anciennes grandes figures de l'histoire russe sont substitués les héros de la révolution bolchevique. *Le Cuirassé Potemkine* (1925), *Octobre* (1927), *Tchapaiev* (1934)[26] participent de l'écriture d'un nouveau récit fondateur, mené en général selon une esthétique cinématographique d'avant-garde. *Tempête sur l'Asie* (1929), tourné par Vsevolod Poudovkine sur un scénario d'Osip Brik, met d'ailleurs en scène, sur un épisode de la guerre en Mongolie, la nécessité de liquider l'ancien patrimoine identitaire, dont les ennemis de classe peuvent se saisir contre la Révolution. Le héros est un paysan qui a rejoint les partisans ; un général anglais décide de le présenter comme un descendant de Gengis Khan pour manipuler la population. Finalement, le héros prend la tête d'un soulèvement contre les ennemis du peuple soviétique. Une imagerie abondante diffuse dans toute l'Union les représentations des grands hommes et des anecdotes édifiantes de la Révolution. La cathédrale moscovite du Saint-Sauveur, construite au XIXe siècle pour commémorer la victoire sur les troupes napoléoniennes, est détruite[27], ainsi que des milliers d'églises orthodoxes. Le cadavre embaumé de Lénine devient la relique du nouveau régime. Mais la fin des années 1930 et la menace de guerre contre l'Allemagne

26. *Tchapaiev*, tourné par Gueorgui Vassiliev et Serguei Vassiliev, a pour héros un paysan sans instruction, commandant un détachement de partisans durant la guerre civile.

27. Les projets de construction d'un bâtiment à la gloire du socialisme soviétique n'aboutissent pas, et une grande piscine occupe l'emplacement de l'ancienne cathédrale, jusqu'à la fin du régime communiste. La reconstruction à marche forcée de la cathédrale, hautement symbolique, a été l'un des grands chantiers de la nouvelle municipalité de Moscou.

amènent une nouvelle interprétation du passé russe, comme témoignage d'une force de résistance comme les ennemis. Alexandre Nevski, vainqueur des chevaliers Teutoniques à la tête de son armée de volontaires populaires, et même le tsar Ivan le Terrible [28] sont mobilisés au service de la grande lutte patriotique. Le sentiment national est à nouveau cultivé, y compris dans son versant « anticosmopolite » et antisémite. La critique littéraire et artistique souligne avec insistance que les grandes œuvres ont trouvé leur inspiration dans le sol de la patrie et l'âme du peuple. Progressivement, l'ancien patrimoine identitaire est réévalué : les monuments historiques, les églises et les icônes, l'art populaire, le folklore sont à nouveau objet de sollicitudes et deviennent support, tant en interne que pour l'étranger, de la célébration du régime. Les cellules des partis frères occidentaux sont surabondamment approvisionnées en poupées russes, samovars, œufs de Pâques colorés et châles paysans qu'elles doivent écouler dans leurs fêtes, entre deux piles des œuvres de Marx-Engels-Lénine : excellent moyen, apparemment, de convaincre les prolétaires occidentaux des réussites de l'économie soviétique. Les voyages organisés par l'Intourist entrelacent les visites d'usines et les « discussions avec des ouvriers » de visites d'églises ou d'anciens palais aristocratiques et de soirées folkloriques.

La Hongrie de l'entre-deux-guerres célébrait en grande pompe le 20 août la fête du roi-fondateur saint Étienne. Une procession solennelle dans les rues de Budapest promenait la dextre du monarque sanctifié, encadrée par des cortèges de jeunes gens en costume national et des dignitaires ecclésiastiques ; le Parlement tenait ce jour-là une session solennelle, en souvenir de la création de l'État national. En province, la célébration nationale se fondait avec la fête traditionnelle du nouveau pain fait avec les premières gerbes de la moisson.

28. Le film *Alexandre Nevski*, réalisé par Eisenstein, date de 1938. Mais *Ivan le Terrible*, d'Eisenstein également, tourné à partir de 1942, n'a été diffusé qu'après 1958. Staline, le trouvant ambigu, ne le laissa pas sortir sur les écrans. Ivan le Terrible, dans le film, est constamment menacé par des traîtres qui complotent pour l'assassiner et dont il triomphe par la ruse. Ovationné par le peuple, il proclame la nécessité d'un pouvoir fort pour vaincre les ennemis de la patrie.

Les paysans en costume traditionnel portaient le pain, décoré de rubans aux couleurs nationales, au maître du domaine. Le régime communiste maintient la cérémonie, qui désormais fête officiellement la nouvelle Constitution socialiste. Saint Étienne et les cérémonies religieuses passent à la trappe ; des parades militaires, des discours sur le socialisme, des défilés et des spectacles folkloriques, un feu d'artifice constituent les réjouissances, à côté d'un gigantesque rassemblement politique où le secrétaire général du Parti (ultérieurement le président) coupe le pain de moisson [29].

Les régimes communistes d'Europe centrale et orientale ont très vite composé avec le sentiment national, avant de s'en servir comme élément de légitimation, voire, dans certains cas, de l'exacerber au dernier degré. L'idéal internationaliste est affirmé, sur fond d'Armée rouge et de directives venues de Moscou. Mais l'absence de compromis, en matière de démocratisation de la vie politique et de liberté d'expression, ainsi que la domination totale du parti unique sont en quelque sorte compensées par l'exaltation de la nation et de son peuple, lequel est crédité d'un esprit démocratique manifeste tout au long de son histoire qui triomphe par l'instauration du communisme. Au moment où les campagnes sont transformées par la collectivisation, le « folklorisme d'État » fait naître dans les usines et sur les chantiers des milliers de groupes d'amateurs bien encadrés, qui pratiquent chants et danses traditionnels. Ils entrent en compétition lors de gigantesques festivals. Le grand rassemblement *Cîntarea României* (Chant de la Roumanie), qui présente des spectacles grandioses consacrés aux coutumes populaires, entremêlés de chœurs patriotiques chantant la vie heureuse du peuple guidé « par le meilleur d'entre ses fils », réunit jusqu'à trois millions de participants. Les salles de réception des bâtiments officiels sont ornées des produits de l'art national, meubles ou tapis. Les fêtes et les rituels traditionnels, athéisés et socialisés, forment la base de la nouvelle solennité. On offre du pain et du miel (ou du pain

29. Cf. Peter Niedermüller, « Die Volkskultur und die Symbolisierung der Gesellschaft : der Mythos der Nationalkultur in Mitteleuropa », conférence au Ludwig-Uhland Institut de Tübingen, novembre 1990.

et du sel) pour accueillir officiellement les hôtes, sous des banderoles rouges avec des slogans sur la fraternité des peuples. Pas de jazz ni de rock and roll à la radio, mais des programmes musicaux qui font une grande part à la musique traditionnelle. L'initiation au folklore national joue un rôle considérable dans les organisations de la jeunesse ; en Bulgarie, elle est même enseignée à l'école comme discipline de base. Des troupes professionnelles de folklore, formées dans des écoles spécialisées et salariées de l'État, font des tournées nationales et internationales. A partir des années 1960, des « villages touristiques », comme Hollókö [30] en Hongrie ou Leresti en Roumanie, sont aménagés. Ils mettent en scène un mode de production agricole archaïque que le régime communiste, par la collectivisation, est supposé avoir aboli. Il est vrai que tout ce qui peut évoquer la misère ou la saleté en est soigneusement éliminé. Les visiteurs peuvent voir des paysans en costumes colorés s'adonner aux travaux agricoles à l'ancienne, célébrer des « mariages traditionnels » et danser dans les rues ; des boutiques proposent à la vente les produits de l'« artisanat local » dont la fabrication est déterminée par des ethnographes. Le folklorisme socialiste nourrit sa contradiction : dans les années 1970, alors que la jeunesse occidentale lutte contre l'aliénation capitaliste et l'industrie culturelle américaine par la musique folk et les danses rustiques régionales, la jeunesse protestataire hongroise lutte contre l'hégémonie socialiste en opposant au folklore officiel une musique et une chorégraphie dites authentiquement traditionnelles. C'est en Transylvanie, érigée des décennies auparavant en conservatoire de la culture nationale hongroise et incluse dans les frontières de la Roumanie, que les jeunes Hongrois ont trouvé une « vraie tradition » qu'ils recueillent et diffusent. Le mouvement des « mai-

30. Les panneaux en allemand placés à l'entrée du village de Hollókö indiquent que l'on se trouve dans une zone naturelle protégée instituée en 1977, incluse dans un parc national et que « l'art, la manière de vivre du village sont en concordance organique avec le passé et le présent de la *hongarité* (*Ungarnstum*) ». Hollókö est lieu de visite pour les touristes mais aussi pour les groupes scolaires hongrois. Le village est double : les habitants vivent généralement dans la partie moderne et descendent chaque jour dans le village ancien pour l'animer.

sons de la danse » fait vivre une culture nationale *underground* et protestataire, plus ou moins tolérée par le régime.

Les régimes communistes recourent de plus en plus largement au patrimoine identitaire pour soutenir l'orgueil national et tenter de créer un consensus sous l'égide du Parti. Des quantités de musées de plein air sont créés à partir de la seconde moitié des années 1960, sur le modèle du *Skansen* suédois [31]. Même la République démocratique allemande, qui a rasé la demeure royale de Berlin pour édifier à la place un « Palais de la République », finit par réinstaller la statue de Frédéric II sur la grande avenue Unter der Linden et multiplie les musées d'histoire nationale. La ville de Chemnitz avait été rebaptisée Karl-Marx-Stadt : à l'occasion de la commémoration solennelle de la naissance de Luther, en 1983, le pouvoir communiste change le nom de la ville de Wittenberg pour celui de Lutherstadt [32]. La Roumanie de Ceaucescu est entraînée par son Conducator dans un national-communisme qui exalte le sang et le sol et pousse aux dernières extrémités le culte des grands ancêtres daces [33]. L'automobile produite par les usines roumaines à partir d'un modèle de Renault est même appelée *Dacia*. Le « Génie des Carpates » finira d'ailleurs par faire établir une généalogie hallucinante le reliant aux Daces *via* la série des princes valaques. Vlad l'Empaleur, connu en Occident sous le nom de Dracula depuis le roman de Bram Stoker, est abondamment célébré comme héros de la lutte nationale contre les Turcs. Ironie de l'histoire : c'est

31. Cf. cette définition polonaise du rôle des musées de plein air : « Les *skansens* doivent devenir des centres didactiques qui nous enseigneront l'histoire, développeront nos sentiments patriotiques et renforceront nos liens émotionnels avec la région. Ils peuvent aussi avoir un rôle éducatif important pour les écoles, les centres culturels et sociaux, puisque les *skansens* sont un parfait décor pour les leçons de polonais, d'histoire, de géographie et de biologie. Les sentiments patriotiques de la jeunesse ne peuvent pas être développés seulement par un enseignement verbal », Franciszek Midura, « Skansen Museology in Poland », dans *Open-Air Museums in Poland*, Muzeum Budownickwa Ludowega w Senoku, 1981, p. 48-49.

32. Cf. Guy Hermet, *Histoire des nations et du nationalisme en Europe*, Paris, Seuil, 1996, p. 209.

33. Cf. Catherine Durandin, *La Roumanie de Ceauşescu*, Paris, Guy Épaud, 1988.

d'une manipulation audiovisuelle utilisant des cadavres exhumés d'un cimetière que partira l'insurrection aboutissant à l'exécution du Conducator.

> La poésie d'Essénine est éclairée d'une lumière divine de religiosité, d'amour du prochain, de pénitence. Elle est imprégnée de la beauté des plaines de Riazan, de l'harmonie enchanteresse de la nature, du visage romantique de notre pays de bouleaux. Son lyrisme reproduit l'incomparable polyphonie des chansons russes où palpite le cœur de notre peuple, la richesse de ton de notre langue, sa diversité rythmique et sonore, ses formes métaphoriques. Oui, Essénine est la Russie même, son âme et son cœur [34].

C'est dans le dernier numéro de la *Pravda* qu'a paru ce chant à la gloire de l'âme et du sol russes. Le journal « fondé le 5 mai 1912 à l'initiative de Vladimir Ilitch Lénine », comme le rappelait sa première page, se déchaînait ce jour-là contre Boris Eltsine et son « coup d'État ». Un anonyme « écrivain au bord du gouffre » y déclarait la Russie inimaginable sans la religion orthodoxe, « seule à lever la voix pour défendre les offensés et les humiliés ». Mais l'ancien apparatchik devenu président n'avait pas attendu ces rappels à l'ordre national pour faire ostensiblement allégeance à la Sainte Russie et à son âme éternelle.

Lorsque tombe le Mur de Berlin et après lui, comme un château de cartes, les pouvoirs communistes européens, le nationalisme apparaît sur le devant de la scène. L'effondrement soudain d'un système fondé sur la coercition pose comme urgence la reconstitution d'un lien social à partir duquel rebâtir la société civile, poser la notion d'intérêt collectif et définir la légitimité du pouvoir. Le recours au sentiment d'identité nationale est mobilisable à cette fin, dans une perspective démocratique. Mais il est tout aussi utilisable pour une fuite en avant où la dénonciation des ennemis de la

34. Youri Prokouchev, « Essénine le poète visionnaire », dans la *Pravda*, 2 octobre 1993, traduction intégrale du numéro par Pièces à conviction, Sceaux.

nation et les appels à la revanche tiennent lieu de ligne politique et de projet social. La conversion d'anciens dirigeants communistes au nationalisme xénophobe s'avère un excellent moyen de conserver des positions de pouvoir qu'un fonctionnement démocratique eût pu remettre en cause. Présenter la nation comme une citadelle assiégée, ou infiltrée par ceux qui veulent sa perte, c'est créer un consensus fondé sur la peur et la haine. Le passage à la guerre, au massacre, à « l'épuration ethnique » soude la communauté par les atrocités subies ou commises.

Quand implose le système communiste, la mutation du capitalisme a déjà provoqué dans les pays occidentaux une crise sociale profonde. Le chômage massif, la marginalisation d'une part croissante de la population et le déclin de la confiance accordée aux gouvernements issus des partis démocratiques entraînent la résurgence, sporadique ou tenace, de l'extrême droite raciste et xénophobe. Ce nationalisme-là désigne comme principal responsable des maux de la société postindustrielle le prolétariat contemporain issu de l'immigration et le déclare inintégrable à la nation.

Identité européenne

> Les nations ne sont pas quelque chose d'éternel. Elles ont commencé, elles finiront. La confédération européenne, probablement, les remplacera.
>
> ERNEST RENAN,
> « Qu'est-ce qu'une nation ? »,
> conférence faite en Sorbonne
> le 11 mars 1882.

Les héros de notre histoire identitaire sont toujours vivants ; on peut les croiser sur les autoroutes de l'information. Ossian et Vuk Karadžić, le *Barzaz Breiz*, le *Kalevala* et le *Kalevipoeg*, les Celtes et les Daces, les musiques traditionnelles et les artisanats nationaux sont sur le Net. Leur cybervie reflète les enjeux et les conflits contemporains.

Celtic Legacy, *Dance of the Celts*, *Barzaz Breiz-C'Hoazh Hag* : de gigantesques catalogues permettent d'acheter sur Internet, *via* un ordinateur domestique, des CD de musique celtique. Des sites spécialisés fournissent à l'amateur toutes les informations utiles et des critiques sur les productions récentes. La musique traditionnelle est aujourd'hui florissante : en témoigne la multiplication des festivals qui attirent des milliers de spectateurs. Une fois encore, le recours au vieux patrimoine européen sert l'offensive contre une hégémonie culturelle, actuellement celle des États-Unis. Mais c'est surtout sous les espèces d'un multiculturalisme de la tradition que s'élabore une forme musicale qui rompt avec les standards de la musique nord-américaine. Biniou breton et violon tsigane, chœurs bulgares et polyphonies corses, airs scandinaves et écossais : ils se succèdent dans les programmes des festivals et sont même souvent mêlés pour des compositions entièrement nouvelles. S'y ajoutent éventuellement les instruments et les rythmes de musiques arrivées en Europe avec l'immigration : les tambours africains et le raï arabe font la jonction avec la musique celtique ou occitane. Melting-pot transeuropéen et transhistorique : le guitariste d'un groupe de rock gothique italien s'appelle Ossian, le bassiste Vlad et le joueur de synthétiseur Silent Bard. La création d'un nouveau patrimoine identitaire par l'interpénétration des composantes nationales serait-elle déjà en bonne voie ?

Mais les extrêmes droites nationalistes ont investi elles aussi le legs ancestral : des chansons rocks exaltent les Vikings, les Celtes ou les Germains, voire les dieux du Panthéon nordique, et les enrôlent dans le combat raciste contre les immigrés. Quant à la Ligue du Nord d'Umberto Bossi, qui a inventé la Padanie et l'a pourvue en quelques années d'une histoire et d'une culture « nationales », elle relance la thèse, déjà avancée à la fin du siècle dernier par des folkloristes piémontais, d'une dualité de peuplement de l'Italie : le Nord étant, bien sûr, issu des Celtes. Les druides, victimes des envahisseurs étrangers et de l'intolérance catholique romaine, sont convoqués par les militants padaniens dans le combat antifiscal.

La guerre des Daces fait rage sur Internet : des sites hongrois attaquent la théorie de la continuité daco-roumaine, pendant que des sites roumains énumèrent les preuves du peuplement ininterrompu du territoire national depuis les grands ancêtres. Le combat linguistique à propos de l'ex-Yougoslavie n'est pas moins vif. Quantité de sites croates expliquent longuement, avec force citations, que le nouvel État-nation a une langue propre, attestée depuis le haut Moyen Age et radicalement différente du serbe ; Vuk Karadžić, créateur du serbo-croate, est dénoncé comme l'un des premiers activistes de l'impérialisme panserbe. Le grammairien, honoré sur sites serbes comme l'une des figures majeures de l'histoire culturelle nationale, est vilipendé sur les sites monténégrins comme celui qui a été incapable de distinguer l'originalité de la langue monténégrine et l'a laminée dans sa réforme. Bien évidemment, ces affrontements linguistico-nationalistes sur le Web se mènent en anglais...

Plus tranquillement, d'autres États-nations, anciens ou nouveaux, proposent aux internautes la découverte de leur glorieux patrimoine et de ses déclinaisons contemporaines. La Finlande présente l'HyperKalevala CD-Rom, les nouveaux timbres reproduisant les tableaux de Gallen-Kallela sur les chants de l'épopée et même sa traduction dans des langues extra-européennes. Les Pays baltes expliquent leur littérature, montrent leurs tableaux, décrivent leur artisanat.

Il n'est pas nécessaire de disposer d'un matériel compliqué pour ouvrir un site Web, et la diffusion d'informations par cette voie est d'un coût modique. La célébration de la nation sur Internet est plus souvent le fait de particuliers que d'organismes officiels ou d'institutions publiques.

Les identités nationales sont-elles menacées par la globalisation ? Elles ont en tout cas trouvé pour l'instant une nouvelle vitalité grâce au médium planétaire symbole des changements en cours. La véritable question est plutôt de savoir si la fonction sociale et politique qu'elles ont remplie depuis deux siècles va perdurer.

Un spectre hante l'Europe de l'ère postcommuniste : le réveil des nationalismes. Il a son double : la mondialisation liquidatrice des nations. Les prédictions d'avenir prennent souvent forme d'une Apocalypse à causalité contradictoire. Le capitalisme a changé de base et d'échelle. La mondialisation des échanges, la puissance des entreprises multinationales et la mobilité du capital financier restreignent les possibilités de contrôle des États sur la production de richesse et sa répartition. Les États européens doivent gérer les conséquences sociales de décisions économiques sur lesquelles ils ont de moins en moins prise. Des droits acquis au travers de luttes et de compromis dans le cadre des États-nations s'avèrent caducs : à quoi sert-il de faire grève contre une entreprise qui redéploie sa production au gré de la conjoncture ? La souveraineté politique procède de la nation ; mais l'État dans lequel elle s'inscrit voit sa propre souveraineté restreinte *de facto* par des agents économiques pour lesquels les frontières territoriales ne font plus sens. La nation, sous la forme que nous lui connaissons, est apparue alors que s'engageait une profonde mutation économique. Elle a été la force de cohésion qui a permis de construire une organisation politique et sociale à la mesure de changements qui ont bouleversé totalement le mode de vie des populations. Que son rôle s'achève au moment où s'engage une autre mutation radicale n'a rien de tragique, à condition qu'une nouvelle force de cohésion vienne la remplacer. Le dépassement historique de la nation ne signifiera d'ailleurs probablement pas plus sa mort que sa construction ne fut destructrice d'autres formations collectives, simplement reléguées à un rôle secondaire.

L'Europe se donne une structure destinée à répondre aux défis de l'économie-monde. Sa conception est dérivée de celle des États. L'Union européenne édicte des règlements communautaires, instaure sur son territoire la libre circulation des personnes et des biens, émet une monnaie ; elle a un parlement et un exécutif. Lui fait en revanche défaut tout ce à quoi correspond la nation : une identité collective, l'attachement à un territoire commun, l'idéal partagé d'une fraternité solidaire. Les Européens en l'état actuel des choses semblent aussi pourvus d'identités nationales que dépourvus d'identité européenne. Les illustrations retenues pour la nouvelle monnaie le montrent bien : les billets en euro sont ornés de ponts et de fenêtres fictifs, inspirés par la chronologie des styles architecturaux de l'Europe occidentale (les trois derniers siècles étant d'ailleurs réservés aux grosses coupures, les échanges courants se feront sous le signe des époques prénationales). Mais, il y a deux siècles, l'identité commune d'un junker prussien et d'un paysan bavarois, d'un berger calabrais et d'un bourgeois toscan, n'avait, c'est le moins qu'on puisse dire, rien d'évident. L'histoire de nos nations montre bien qu'une identité collective se construit, dans un travail lui-même collectif, qui prend appui sur les nouveaux médias de communication. Elle donne une autre leçon, plus importante : la nation a été élaborée en lien avec deux idées alors neuves en Europe : le bonheur et la démocratie. Celles-là ne sont pas obsolètes. L'élaboration d'une identité commune ne fera pas sens si elle n'est pas associée à un véritable projet politique proposant aux ressortissants de l'Union de redevenir acteurs de leur destin.

Bibliographie

Cette bibliographie, succincte, ne reprend pas l'ensemble des ouvrages cités et référencés dans les notes. Elle indique seulement les principaux ouvrages récents sur la construction culturelle des nations en Europe.

Anderson (Benedict), *Imagined Communities. Reflection on the Origin and Spread of Nationalism*, Londres, Verso, 1983 (trad. française d'Emmanuel Dauzat, *L'Imaginaire national*, Paris, La Découverte, 1996).

Baggioni (Daniel), *Langues et Nations en Europe*, Paris, Payot, 1997.

Bayart (Jean-François), *L'Illusion identitaire*, Paris, Fayard, 1996.

Birnbaum (Pierre) (sous la direction de), *Sociologie des nationalismes*, Paris, PUF, 1997.

Cabanel (Patrick), *La Question nationale au* XIX*e* *siècle*, Paris, La Découverte, 1997.

Casanova (Pascale), *La République mondiale des Lettres*, Paris, Seuil, 1999.

Catalogue de l'exposition « Marianne und Germania, 1789-1889 », Berlin, septembre 1996-janvier 1997, Berlin, Argon Verlag, 1996.

Catalogue de l'exposition « Les révolutions de 1848, l'Europe des images, le printemps des peuples », Paris, Assemblée nationale, févr.-mars 1998.

Caussat (Pierre), Adamski (Darius) et Crépon (Marc) (sous la direction de), *La Langue, source de la nation. Messianismes séculiers en Europe centrale et orientale du* XVIII*e* *au* XX*e* *siècle,* Sprimont, Mardaga, 1996.

Centlivres (Pierre), Fabre (Daniel) et Zonabend (Françoise) (sous la dir. de), *La Fabrique des héros*, Paris, Éditions de la Maison des sciences de l'homme, 1999.

Chiva (Isac) et Jeggle (Utz), *Ethnologies en miroir*, Paris, Éditions de la Maison des sciences de l'homme, 1987.

Citron (Suzanne), *Le Mythe national*, Paris, Éditions ouvrières, 1980.

Colley (Linda), *Britons, Forging the Nation 1707-1837*, Yale University Press, 1992.

Delannoi (Gil) et Taguieff (Pierre-André) (sous la direction de), *Théories du nationalisme. Nation, nationalisme, ethnicité*, Paris, Kimé, 1991.

Dieckhoff (Alain), *La Nation dans tous ses États, les identités nationales en mouvement*, Paris, Flammarion, 2000.

Espagne (Michel) et Werner (Michael), *Philologiques III*, Paris, Éditions de la Maison des sciences de l'homme, 1994.

Espagne (Michel), *Le Paradigme de l'étranger. Les chaires de littérature étrangère en France au* XIXe *siècle*, Paris, Cerf, « Bibliothèque franco-allemande », 1993.

Fabre (Daniel) (sous la direction de), *L'Europe entre cultures et nations*, Paris, Éditions de la Maison des sciences de l'homme, « Ethnologie de la France, Regards sur l'Europe », 1996.

Flacke (Monika) (sous la direction de), *Mythen der Nationen, ein europäisches Panorama*, Berlin, Deutsches Historisches Museum, 1998, catalogue de l'exposition « Mythen der Nationen », Berlin, mars-juin 1998.

François (Etienne), Siegrist (Hannes) et Vogel (Jakob), (sous la direction de), *Nation und Emotion, Deutschland und Frankreich im Vergleich*, Göttingen, Vandenhoeck und Ruprecht, 1995.

Fox (Inman), *La Invención de España, nacionalismo liberal e identitad nacional*, Madrid, Cátedra, 1998.

Gellner (Ernest), *Nations and Nationalism,* Oxford, 1983 (éd. française, Paris, Payot, 1989).

Guiomar (Jean-Yves), *La Nation entre l'histoire et la raison*, Paris, La Découverte, 1990.

Haupt (Georges), Loewy (Michaël) et Weil (Claudie), *Les Marxistes et la Question nationale*, Paris, Maspero, 1974.

Haupt (Heinz-Gerhard), Müller (Michaël M.), Stuart (Woolf), *Regional and National Identities in Europe in the* XIXth *and the* XXth *Centuries*, The Hague-Boston, Kluwer Law International, 1998.

Hermet (Guy), *Histoire des nations et du nationalisme en Europe*, Paris, Seuil, 1996.

Herzfeld (Michael), *Ours once more. Folklore, Ideology, and the Making of Modern Greece*, Austin, Texas University Press, 1982.

Hobsbawm (Eric) et Ranger (Terence), *The Invention of Tradition*, Cambridge, Cambridge University Press, 1983.

Hobsbawm (Eric), *Nations and Nationalism since 1780*, Cambridge, Cambridge University Press, 1990 (trad. française de Dominique Peters, *Nations et Nationalisme depuis 1780*, Paris, Gallimard, 1992).

Hroch (Miroslav), *Social Preconditions of National Revival in Europe, a Comparative Analysis of the Social Composition of Patriotic Groups among the Smaller European Nations*, Cambridge, Cambridge University Press, 1985 (éd. originale *Die Vorkämpfer der nationalen Bewegung bei den kleinen Völkern Europas*, Prague, Acta Universitatis Carolinae Philosophica et Historica, monographie XXIV, 1969).

Kastoryano (Riva) (sous la direction de), *Quelle identité pour l'Europe ? Le multiculturalisme à l'épreuve*, Paris, Presses de Sciences Po, 1998.

Leal (João), *Ethnographias Portuguesas (1870-1970), Cultura Popular e Identidade Nacional*, Lisbonne, Publicações Dom Quixote, 2000.

Leerssen (Joep), *National denken in Europa, Een cultuurhistorische schets*, Amsterdam, Amsterdam University Press, 1999.

Lipiansky (Edmond Marc), *L'Identité française, représentations, mythes, idéologie*, Paris, Éditions de l'Espace européen, 1991.

Löfgren (Orvar), « The Nationalization of Culture », *National Culture as Process*, rééd. de *Ethnologica Europea*, XIX, 1, 1989.

Marfany (Joan-Llúis), *La Cultura del catalanisme*, Barcelone, Empúries, 1995.

Michel (Bernard), *Nations et Nationalismes en Europe centrale, XIXe XXe siècle*, Paris, Aubier, 1995.

Muséologie et Ethnologie, Paris, Réunion des Musées nationaux, 1987.

Noiriel (Gérard), *Population, Immigration et Identité nationale en France*, Paris, Hachette, 1992.

Nora (Pierre) (sous la direction de), *Les Lieux de mémoire*, Paris, Gallimard, 3 tomes, 7 volumes, 1984-1992.

Pastoureau (Michel), *Les Emblèmes de la France*, Paris, Bonneton, 1999.

Paysans et Nations d'Europe centrale et balkanique ; la réinvention du paysan par l'État, Paris, Maisonneuve et Larose, 1985.

Pénisson (Pierre), *Johann Gottfried Herder. La Raison dans les Peuples*, ouvrage collectif, Paris, Cerf, « Bibliothèque franco-allemande », 1992.

Pomian (Krzystof), *L'Europe et ses nations*, Paris, Gallimard-Le Débat, 1990.

Poulot (Dominique), *Musée, Nation, Patrimoine, 1789-1815*, Paris, NRF-Gallimard, 1997.

Romantik und Nationen im Osten Europas, Vienne-Cologne, Corvina, 1990.

Schnapper (Dominique), *La France de l'intégration, sociologie de la nation en 1990*, Paris, Gallimard, 1991.

–, *La Communauté des citoyens. Sur l'idée moderne de la nation*, Paris, Gallimard, 1994.

Schulze (Hagen), *État et Nation dans l'Histoire de l'Europe*, Paris, Seuil, 1996.

Smith (Anthony D.), *The Ethnic Origins of Nations*, Oxford, Blackwell, 1986.

–, *National Identity*, Londres, Penguin Books, 1991.

Sternhell (Zeev), *La Droite révolutionnaire. Les origines françaises du fascisme*, Paris, Seuil, 1978.

Terrain, carnets du *Patrimoine ethnologique*, n° 17, *En Europe, les nations*, octobre 1991.

Winock (Michel), *Nationalisme, Antisémitisme et Fascisme en France*, Paris, Seuil, 1982.

Index

Table

DEUXIÈME PARTIE

FOLKLORE

TROISIÈME PARTIE

CULTURE DE MASSE

RÉALISATION : PAO ÉDITIONS DU SEUIL
IMPRESSION : NORMANDIE ROTO IMPRESSION S.A.S. À LONRAI
DÉPÔT LÉGAL : OCTOBRE 2001. N° 41406-8 (1402326)
IMPRIMÉ EN FRANCE

Éditions Points

Le catalogue complet de nos collections est sur Le Cercle Points, ainsi que des interviews d'auteurs, des jeux-concours, des conseils de lecture, des extraits en avant-première…

www.lecerclepoints.com

Collection Points Histoire

DERNIERS TITRES PARUS

H385. Chronologie du Moyen Âge, *par Michel Zimmermann*
H386. L'Étoffe du diable, *par Michel Pastoureau*
H387. La Bataille de Paris, *par Jean-Luc Einaudi*
H388. 1515 et les grandes dates de l'histoire de France *par Alain Corbin*
H389. Les Origines intellectuelles du IIIe Reich, *par George L. Mosse*
H390. La Légende de Napoléon, *par Sudhir Hazareesingh*
H391. La Prostitution à Paris au XIXe siècle *par Alexandre Parent-Duchatelet*
H392. La Guérilla du Che, *par Régis Debray*
H393. L'Orgasme et l'Occident, *par Robert Muchembled*
H394. *Mon* histoire des femmes, *par Michelle Perrot*
H395. La Reine scélérate, *par Chantal Thomas*
H396. La Pierre de Rosette, *par Robert Solé et Dominique Valbelle*
H397. Mal et modernité, *par Jorge Semprun*
H398. Mémorial de Sainte-Hélène, t. 1 *par Emmanuel de Las Cases*
H399. Mémorial de Sainte-Hélène, t. 2 *par Emmanuel de Las Cases*
H400. Le Siècle des communismes, *Collectif*
H401. Histoire de la Bretagne et des Bretons, t. 1 *par Joël Cornette*
H402. Histoire de la Bretagne et des Bretons, t. 2 *par Joël Cornette*
H403. Héros et merveilles du Moyen Âge, *par Jacques Le Goff*
H404. Les Templiers, *par Alain Demurger*
H405. La Suisse, l'or et les morts, *par Jean Ziegler*
H406. Chronologie de la Rome antique, *par Yann Rivière*

H407. Les Fondations de l'islam, *par Alfred-Louis de Prémare*
H408. Rois et reines de France, *par Bernard Phan*
H409. Histoire de la décolonisation, *par Bernard Droz*
H410. L'Égypte, passion française, *par Robert Solé*
H411. Les Druides, *par Jean-Louis Brunaux*
H412. Chronologie de la France au XXe siècle, *par Bernard Phan*
H413. Brève histoire du fascisme, *par Renzo De Felice*
H414. La Guerre du Rif
par Vincent Courcelle-Labrousse, Nicolas Marmié
H415. Histoires grecques, *par Maurice Sartre*
H416. Les Origines de la solution finale
par Christopher R. Browning
H417. Batailles, *par Hervé Drevillon*
H418. Les Juifs américains, *par André Kaspi*
H419. 2000 ans d'histoire gourmande, *par Patrice Gélinet*
H420. Nourritures canailles, *par Madeleine Ferrières*
H421. La Croix et le Croissant, *par Richard Fletcher*
H422. Bagnards, *par Marion F. Godfroy*
H423. Chronologie de la Seconde Guerre mondiale
par Bernard Phan
H424. Pierre Mendès France, *par Jean Lacouture*
H425. La Vie sexuelle à Rome, *par Géraldine Puccini-Delbey*
H426. Chronologie de la Grèce antique, *par Paulin Ismard*
H427. Histoire des révolutions, *par Martin Malia*
H428. Histoire de la Prusse, *par Michel Kerautret*
H429. Histoire du débarquement en Normandie
par Olivier Wieviorka
H430. Les Voix de la liberté, *par Michel Winock*
H431. L'Europe est-elle née au Moyen Âge ?, *par Jacques Le Goff*
H432. L'Invention de la drague, *par Jean Claude Bologne*
H433. Bonaparte à la conquête de l'Égypte, *par Robert Solé*
H434. Chronologie de la Première Guerre mondiale
par Bernard Phan
H435. Aux origines de l'histoire des religions
par Philippe Borgeaud
H436. La Religion flamboyante, *par Jacques Chiffoleau*
H437. L'Ivrogne et la Marchande de fleurs, *par Nicolas Werth*
H438. L'Expérience de l'histoire, *par Reinhart Koselleck*
H439. Chronologie des États-Unis, *par Pierre Sicard*
H440. Parlez-vous sans-culotte ?, *par Michel Biard*
H441. Comment notre monde est devenu chrétien
par Marie-Françoise Baslez
H442. Bêtes de somme, *par Éric Baratay*
H443. La Société médiévale, *par François Icher*
H444. La Mer, *sous la direction d'Alain Corbin et Hélène Richard*

H445. 1939. Demain, la guerre, *par Richard Overy*
H446. Noir, *par Michel Pastoureau*
H447. Histoire du corps, t. I, De la Renaissance aux Lumières
sous la direction de Georges Vigarello
H448. Histoire du corps, t. II, De la Révolution
à la Grande Guerre, *sous la direction d'Alain Corbin*
H449. Histoire du corps, t. III, Les Mutations du regard.
Le XXe siècle
sous la direction de Jean-Jacques Courtine
H450. Histoire de l'Europe urbaine, t. I, La Ville antique
par Xavier Lafon, Jean-Yves Marc et Maurice Sartre
H451. Histoire de l'Europe urbaine, t. II, La Ville médiévale
par Patrick Boucheron et Denis Menjot
H452. Histoire de l'Europe urbaine, t. III, La Ville moderne
par Olivier Zeller
H453. Histoire de l'Europe urbaine, t. IV
La Ville contemporaine jusqu'à la Seconde Guerre
mondiale, *par J.-L. Pinol, F. Walter*
H454. Histoire de l'Europe urbaine, t. V, La Ville coloniale
par Odile Goerg et Xavier Huetz de Lemps
H455. Histoire de l'Europe urbaine, t. VI
La Ville contemporaine après 1945, *par Guy Burgel*
H456. L'Allemagne nazie et les Juifs,
t. I, Les Années de persécution (1933-1939)
par Saul Friedländer
H457. L'Allemagne nazie et les Juifs
t. II, Les Années d'extermination (1939-1945)
par Saul Friedländer
H458. Régimes d'historicité, *par François Hartog*
H459. L'Empire gréco-romain, *par Paul Veyne*
H460. La Formation de la classe ouvrière anglaise
par Edward P. Thompson
H461. Mitterrand. Une histoire de Français
t. II, Les Vertiges du sommet, *par Jean Lacouture*
H462. Nos ancêtres les Gaulois, *par Jean-Louis Brunaux*
H463. Une histoire de la violence
par Robert Muchembled
H464. Einsatzgruppen, *par Michaël Prazan*
H465. Une histoire symbolique du Moyen Âge occidental
par Michel Pastoureau
H466. Choix fatidiques. Dix décisions qui ont changé le monde
(1940-1941), *par Ian Kershaw*
H467. Le Siècle juif, *par Yuri Slezkine*
H468. Les Empires coloniaux
sous la direction de Pierre Singaravélou
H469. La Maison Dieu, *par Dominique Iogna-Prat*

H470. 1940. L'année noire, *par Jean-Pierre Azéma*
H471. La Mémoire désunie, *par Olivier Wieviorka*
H472. L'Ours, *par Michel Pastoureau*
H473. La Guerre de Cent Ans, *par Christopher Allmand*
H474. L'Intégration des jeunes, *par Ivan Jablonka*
H475. Histoire du christianisme, *sous la direction d'Alain Corbin*
H476. Les Métamorphoses du gras, *par Georges Vigarello*
H477. Histoire de chambres, *par Michelle Perrot*
H478. Giotto et les humanistes, *par Michael Baxandall*
H479. Les Héros de l'histoire de France, *Alain Corbin*
H480. L'Islam, l'islamisme et l'Occident *par Gabriel Martinez-Gros et Lucette Valensi*
H481. L'Empire portugais d'Asie, *par Sanjay Subrahmanyam*
H482. Histoire de l'Afrique du Sud *par François-Xavier Fauvelle-Aymar*
H483. Histoire des grands-parents que je n'ai pas eus *par Ivan Jablonka*
H484. Du nouveau sous le soleil, *par John R. Mc Neill*
H485. Mélancolie ouvrière, *par Michelle Perrot*
H486. Stèles. La Grande Famine en Chine (1958-1961) *par Jisheng Yang*
H487. Histoire des Carolingiens. VIIIe-Xe siècle (inédit), *par Marie-Céline Isaia*
H488. La Querelle des universaux, *par Alain de Libera*
H489. La Guerre de Vendée, *par Jean-Clément Martin*
H490. Les Écrans de l'ombre, *par Sylvie Lindeperg*
H491. La Fin. Allemagne, 1944-1945, *par Ian Kershaw*
H492. Vasco de Gama. Légende et tribulations du vice-roi des Indes, *par Sanjay Subrahmanyam*
H493. Une histoire politique du pantalon, *par Christine Bard*
H494. Vingt destins dans la Grande Guerre. La beauté et la douleur des combats, *par Peter Englud*
H.495 L'Empire des français, 1799-1815. La France contemporaine, t. 1, *par Aurélien Lignereux*
H496. Monarchies postrévolutionnaires, 1814-1848. La France contemporaine, t. 2, *par Bertrand Goujon*
H497. Le Crépuscule des révolutions ? 1848-1871. La France contemporaine, t. 3, *par Quentin Deluermoz*
H498. L'Histoire à parts égales. Récits d'une rencontre, Orient-Occident (XVIe-XVIIe siècle) *par Romain Bertrand*
H499. La Victoire endeuillée. La sortie de guerre des soldats français (1918-1920), *par Bruno Cabanes*
H500. Les Vérités inavouables de Jean Genet *par Ivan Jablonka*